KB045725

스승을
죽인
제자들

스승을 죽인 제자들

불멸의 스승을 뛰어넘다

정명섭 지음

진정한 가르침과 배움에 대하여

청출어람靑出於藍이라는 사자성어가 있다. 중국 전국시대의 사상가인 순자가 한 말인데 원래는 '학문을 갈고 닦는 것을 멈춰서는 안 된다學不可以已, 푸른색은 쪽에서 취했지만 쪽빛보다 더 푸르고靑取之於藍而靑於藍 얼음은 물로 이루어졌지만 물보다도 더 차다氷水爲之而寒於水'라는 뜻에서 유래되었다. 배우기를 그치지 않고 계속하면 결국은 가르침을 베푸는 스승을 능가할 수 있다는 뜻이다. 스승을 뛰어넘으라는 청출어람은 불순함보다는 도전과 열정을 상징하면서 요즘도 관용적으로 자주 쓰인다.

우리는 태어나서 걸음마를 배울 때부터 스승을 만난다. 유치원에서 초등학교를 거쳐 대학교까지 누군가가 늘 지식을 전달해준다. 사회에 나오면 직장 상사가 비공식적인 스승 노릇을 한다. 취미생활이나 운동을 즐기려고 해도 동아리 선배나 코치가 존재한다. 어떤 스승을 만나느냐에 따라 운명이 바뀐다는 사실은 누구에게나 자명하다. 스승이 직접 자신의 경험을 녹여서 전달해주는 지식은 책이나 다른 수단을 통한 것보다 더 큰 영향력을 갖기 때문이다.

제자는 스승을 존경하거나 혹은 증오하면서 가르침을 받아들이고 자신의 세계와 가치관을 완성해나간다. 이러한 과정에서 어떤 제자는 스승의 길을 따라가면서 그림자를 자처하기도 하고, 또 어떤 제자는 스승이 가지 말라는 길을 선택함으로써 스승과 평생 반목한다. 기다리라는 가르침을 받지만 도전에 눈을 뜨거나, 계승하라는 얘기를 듣지만 새로운 창조에 앞장서기도 한다. 혈연이 아니면서 이렇게 개인의 삶에 막대한 영향을 미치는 인간관계란 찾아보기 어렵다. 또한 스승과 제자의 관계는 작게는 두 사람의 운명부터 크게는 한 시대나 국가의 운명을 좌우하기도 한다.

수많은 사제관계를 통해서 지식의 진보와 발전이 이뤄지고 세상이 변화해왔다. 과학의 발달을 비롯해 문명을 바꾼 획기적인 사상思想의 탄생은 시간이 흐른다고 저절로 이뤄지지 않는다. 이는 역사 속 스승과 제자의 끊임없는 갈등과 도전이 낳은 결과물이다. 따라서 세상의 흐름을 읽기 위해서는 반드시 스승과 제자의 관계를 살펴봐야 한다. 스승의 가르침을 충실히 따른 제자와 가르침을 거스르면서 스승과 대립한 제자들의 치열한 삶 속에 세상을 움직이는 보이지 않는 힘과 원칙이 숨어 있기 때문이다. 계승과 창조로 대표되는 이 묘한 관계 속에서 스승과 제자들의 개인적인 삶과 운명뿐만 아니라 역사의 흐름도 관찰할 수 있다.

나는 이 책에서 지극히 당연했기 때문에 아무도 이야기하지 않았던 것들을 풀어보려고 한다. 이 책 안에 담긴 것은 단순히 위대한 스승과 좋은 제자에 관한 이야기가 아니다. 스승의 가르침을 충실히 따른 바람직한(?) 제자에 관한 이야기보다는 스승에게 반기를 들고 때로는 정반대의 길을 개척한 경우를 더 많이 담았다. 역설적이지만 청출어람의 뜻 그대로 제자가 스승을 능가하거나 등을 돌리거나 혹은 파괴함으로써 가르침을 더 충실히 계승했기 때문이다. 그런 갈등과 파괴의 관계 속에서 제자가 꿈꿨던 것, 그리고 스승이 만들려고 했던 것이 무엇인지 찾아보고 그것이 오늘날 우리에게 어떤 의미를 지니고 있는지 곱씹어 보고자 한다.

돌이켜보면 내 운명에도 스승의 존재가 깊은 영향을 미쳤다. 서른이 넘는 나이에 처음 글을 썼을 때 얼마 못 가 포기하려고 했던 적이 있었다. 그때 배상열 작가가 직접 전화를 걸어 다독여주면서 글을 계속 쓸 것을 권유했다. 놀라운 것은 그때까지 배상열 작가와 나는 일면식도 없는 사이였다는 점이다. 만약 그때 배상열 작가의 격려가 없었다면 계속 글을 쓰지는 못했을 것이다. 가족들을 제외하고 내 운명에 이렇게 강력한 영향력을 미치는 경우는 없었다. 어쩌면 이 이야기를 쓰기로 결심한 가장 큰 이유는 바로 그런 불가사의한 관계에 대한 의문을 조금이나마 풀어보고자 하는 욕심일지도 모른다.

차례

3부 스승을 추월하다

| 1부 | 스승에게 등을 돌리다

* 1장에 등장하는 이색(1328~1396, 고려 후기의 학자)의 초상화. 국립중앙박물관

스승과 제자라는 관계 혹은 제도는 역사 발전에 큰 기여를 했다. 한 사람의 사상과 신념, 기술이 가르침을 통해 타인에게 전달되면서 문명은 시작되었다. 예수 그리스도와 열두 제자에게서 유럽 문명의 토대라고 할 수 있는 기독교가 생겨났고, 공자와 그의 제자들 덕분에 동양 문명의 진수라고 할 수 있는 유학이 대를 이으며 전수될 수 있었다. 물론 문자를 통해서 광범위하게 퍼져나가고 보존되긴 했지만 얼굴을 맞대고 오랜 시간 교육과 토론을 통해서 전달되는 방식을 따라가진 못한다. 하지만 모든 제자들이 스승의 가르침을 따르기만 했다면 세상이 이만큼 발전했을까?

제자들은 스승의 가르침을 온전히 받아들이기도 했지만 의문을 품기도 했다. 가르친다는 것은 신념과 지식을 심어주기도 하지만 동시에 의구심과 도전을 품게 하기도 한다. 그래서 제자들은 스승이 가리키는 방향과 다른 곳을 바라보면서 새로운 세계를 꿈꾼다. 어쩌면 그것은 모든 일에 의문을 던지고 자신을 세상의 중심으로 놓는 인간의 특성상 자연스러운 일인지도 모른다.

보통의 인간관계 관점에서 보면 이들을 배신자라고 불러야 하지만 그러고 싶지는 않다. 우리는 순응하는 대신 질문하고 그 물음에 답하면서 발전해온 존재이다. 지식이나 신념은 단순히 이어지는 것으로는 완성될 수 없다. 새로운 것은 끊임없이 갈등하고 충돌하면서 탄생한다. 수많은 스승과 제자들이 갈등과 충돌을 벌이면서 새로운 시대의 문을 열었다. 거창하게 인류 문명까지 갈 것도 없다. 개인이나 조직 역시 순응 대신 반항과 금기에의 도전을 통해서 기회를 만들고 큰 도약을 이뤘다.

제자가 스승에게 배워야 할 가장 중요한 것은 새로운 시대를 보는 안목과 변화를 주도하는 용기다. 그리고 제대로 배운 제자는 앞으로 나아가려면 기존의 틀을 부숴야 한다는 것을 안다. 또한 부숴야 할 것 중에는 스승의 가르침도 있다는 것을 깨닫는다. 이를 은유적으로 표현하면, 스승으로 대표되는 구물舊物을 죽이는 것이야말로 스승의 가르침을 진정으로 실현하는 것이라는 것을 안다.

▬ 정도전은 스승인 이색에게서 성리학을 배웠다. 하지만 현상 유지를 바랐던 스승과는 달리 그는 변화를 꿈꿨다. 스승이 보지 못했던 모순을 봤고, 그것을 해결하기 위해서는 다른 길을 가야 한다고 생각했다. 목표를 이루기 위해서는 스승에게서 등을 돌려야 한다는 극한의 결심이 필요했다. 이색과 반목한 정도전에게는 스승을 배반했다는 엄청난 비난이 쏟아졌다. 하지만 그는 자신이 꿈꾼 세상을 만들기 위해 기꺼이 스승과 결별했다. 스승의 가르침보다 더 큰 목표를 이루는 소명이 자신에게 있다고 믿었기 때문이다.

▬ 한때 송시열의 후계자라는 얘기까지 들었던 윤증은 몇 가지 오해와 갈등을 거치면서 스승과 불구대천의 원수지간이 되고 말았다. '송자'라고까지 불리면서 추앙받던 송시열과 대립한다는 것은 큰 모험이었다. 하지만 윤증은 아버지와 자신의 명예를 위해 기꺼이 등을 돌렸다. 자신이 옳다고 믿는 무언가를 고수하기 위해 기꺼이 스승과도 결별한 윤증의 이야기는 2장에서 확인할 수 있다.

김옥균에게는 풍운아라는 별명이 붙었다. 안동 김씨의 일원이라는 안락한 자리를 박차고 나와 스승인 박규수에게 배우지 않았던 혁명을 시도했기 때문이다. 그는 스승의 가르침을 제대로 실천하려면 가진 것을 포기하고 모험에 뛰어들어야 한다는 사실을 몸소 보여주었다. 스승의 가르침이라는 틀을 깨고 나옴으로써 더 큰 가르침을 받아들인 것이다.

우륵의 제자인 계고는 스승의 음악을 멋대로 고쳐버렸다. 그러면서 스승인 우륵이 가지고 있던 가야의 색깔을 빼버리고 신라의 색깔을 집어넣었다. 하지만 역설적으로 그런 계고 덕분에 가야금은 가야와 신라가 멸망한 이후에도 오늘날까지 살아남았다.

고려를 지키려고 했던 스승 밑에서

조선을 세운 인물이 나왔다

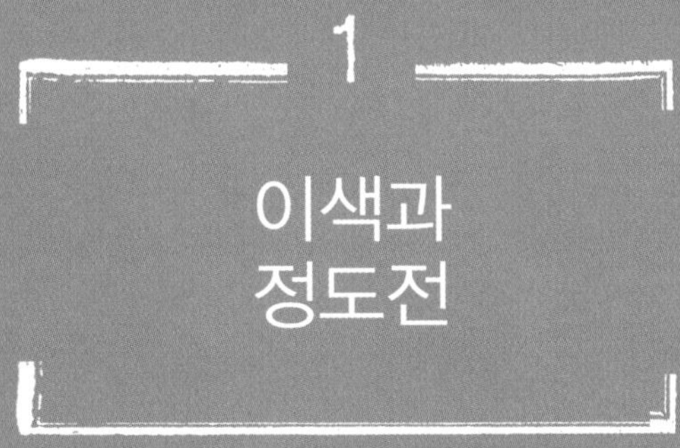

1 이색과 정도전

"백성이 있고 나라가 있는 법입니다. 백성이 없는 나라가 있을 수는 없습니다." 정도전이 착 가라앉은 목소리로 말하고는 말없이 성균관을 바라봤다. 마치 성균관 하나 다시 세웠다고 나라가 잘될 리는 없을 것이라는 마음이 담긴 눈빛이었다. 그 눈빛을 본 이색은 아주 예전에 그를 처음 만났을 때 느꼈던 불길함이 떠올랐다.

공민왕 16년(서기 1367년) 겨울, 개경

발립鉢笠[1]을 쓰고 품이 넉넉한 홍색 도포를 입은 이색李穡은 흐뭇한 표정으로 성균관成均館[2]을 바라봤다. 새로 들어올 학생들을 맞이하기 위해 노비들이 새로 만들어진 성균관 안팎을 부지런히 청소하는 중이었다. 말을 할 때마다 입김이 나오는 추운 날씨였지만 보기만 해도 훈훈한 광경에 이색은 미소를 지으면서 입을 열었다.

"홍건적의 침입으로 개경이 불바다가 되면서 성균관도 없어지고 말았지. 내내 가슴이 아팠는데 다행히 임금께서 숭문관 자리에 새로 세우라 명하였으니 기쁘기 그지없네."

그러자 옆에 서 있던 성균관 박사 정몽주鄭夢周가 거들었다.

"임금께서 유학을 생각하시는 마음이 참으로 큽니다. 이제 새로 성균관이 세워지고 유생들이 들어오면 나라를 지탱할 인재들이 길러질 것입니다."

"그래야지. 그래야 하고말고. 내가 살아생전에 원나라가 이리 무너지게 될 줄을 어찌 알았겠는가? 중원의 폭풍은 우리에게는 악몽이 될 걸세. 당장 홍건적이 날뛰었던 걸 보게나. 거기다 왜구들은 하루가 멀다 하고 나타나서 약탈을 하니 나라꼴이 말이 아닐세."

몇 년 전 이성계李成桂를 따라 종군했던 정몽주가 걱정스러운 표

1 고려시대 관료들이 쓰던 위쪽이 둥근 모자(이하 모든 주는 지은이주)

2 조선시대 성균관이 아니라 고려시대의 성균관이다.

정으로 대답했다.

"그렇지요. 이럴 때일수록 나라를 든든하게 받쳐줄 인재들을 길러야지요. 나라가 혼란스러워지면서 무신들이 다시 어깨를 펴고 있지 않습니까."

그러자 같은 생각이라는 듯 고개를 끄덕거린 이색이 말했다.

"임금께서 선비들을 중하게 여기시고 유학을 일으킬 생각을 하시니 다행일세. 내 나이 이제 환갑일세. 이제 자네 같은 젊은 선비들의 어깨에 이 나라의 운명이 달려 있음을 잊지 말게나."

이색은 고개를 조아린 30대의 정몽주를 흐뭇한 표정으로 바라봤다. 한참 얘기를 나누던 두 사람은 등 뒤에서 들려오는 발자국 소리에 고개를 돌렸다. 위쪽이 납작한 검정색 평정건에 백저포白紵袍[3] 차림의 선비가 다가오는 게 보였다. 20대 중반에 체구는 작은 편이었지만 눈빛이 형형한 것을 본 이색이 정몽주에게 물었다.

"저기 오는 저 선비는 삼봉三峯[4]이 아닌가?"

"그런가 봅니다. 눈빛이 여전한 걸 보니 성격도 어디 가지 않은 모양입니다."

두 사람이 돌아보자 눈길을 밟고 황급히 달려온 정도전鄭道傳이 고개를 조아렸다.

"날이 추운데 어찌 나와 계십니까? 스승님."

3 고려시대 임금과 사대부들이 입었던 하얀색 겉옷

4 정도전의 호

"성균관이 다시 문을 여는 날이 코앞이라 나와 봤느니라. 그러는 너는 이리 추운 날 어찌 이곳에 왔느냐?"

이색이 미소를 지으며 얘기하자 정도전도 환하게 웃었다.

"이곳에서 스승님과 동문들을 만나 학문에 눈을 뜬 것이 어제일 같습니다. 홍건적의 난으로 잿더미가 되었다는 소식을 듣고 목놓아 울었는데 오늘 다시 문을 연다는 소식을 듣고 한걸음에 달려왔습니다. 그리고 쑥스럽지만 저도 이곳에서 학생들을 가르치게 되었습니다."

정도전의 얘기를 들은 두 사람 모두 반색을 했다. 정몽주가 그의 손을 덥석 잡았다.

"그럼 자네도…"

"그러네. 나도 자네처럼 성균관 박사로 임명이 되었다네."

환하게 웃은 정도전의 모습을 본 이색도 흐뭇하게 웃었다.

"내가 성균관에서 길러낸 인재들이 후예를 기르기 위해서 이곳에 돌아왔구나. 내 성균관 대사성으로서 힘껏 도울 터이니 너희들은 하루속히 나라를 지탱할 선비들을 길러내어야 한다."

그러자 정도전의 두 손을 꼭 잡고 있던 정몽주가 대답했다.

"반드시 그리하겠습니다, 스승님."

흥분이 가라앉자 정도전이 자못 심각한 표정으로 말했다.

"그나저나 임금께서 며칠 전에 신돈辛旽의 집을 찾아갔다고 합니다. 들리는 소문에는 신돈에게 평생 배신하지 않겠다는 약조까지 하신 모양입니다."

얘기를 들은 이색의 표정이 어두워졌다.

"지지난달에도 그 자의 집에 찾아가 별채에 머무르더니 이번에도 찾아갔다는 말이냐? 자고로 중이 설치면 나라가 위태로워진다고 하였다. 내 임금께 신돈을 멀리하라고 고해야겠다."

스승인 이색이 분개하자 정도전이 조심스럽게 말했다.

"임금께서 권문세가의 발호를 막고 나라를 개혁하기 위해서 중용한 것 아니겠습니까?"

"어찌 임금께서 한낱 이름 없는 중에게 옥체를 굽혀서 약조까지 하다니, 있을 수 없는 일이다."

"진정으로 있을 수 없는 일은 권문세가들이 백성들의 땅을 함부로 빼앗고 괴롭히는 일입니다. 백성들은 굶주림과 왜구의 약탈에 시달리고 있는데 저들은 비단옷에 호의호식을 하며 지내고 있습니다."

정도전의 얘기를 들은 이색은 고개를 저었다.

"아무리 그렇다고는 하나 세상일에는 법도가 있는 법이다. 임금이 권위를 잃고 사대부가 체통을 놓으면 나라가 어찌 되겠느냐?"

"나라가 나라꼴을 잃은 지는 이미 오래되었습니다."

"그게 무슨 말이냐? 임금께서 계시고 성균관이 이렇게 다시 세워졌는데 나라꼴을 잃다니."

이색이 화를 냈지만 정도전은 조금도 물러나지 않았다.

"제가 몇 년 전에 충주사록忠州司錄[5]으로 나가서 두 눈으로 똑똑

5 사록은 정7품 관직으로서 지방의 반란진압이나 향리의 감찰 등을 맡았다. 조선시대 들어와서는 폐지되었다.

히 보았습니다. 백성들은 길거리에서 굶어죽고 부모를 잃은 아이들의 울음소리가 하늘을 찌르는데, 관리라는 자들은 자기들의 배를 불리는 일에만 열중했습니다. 그러다 왜구들이 쳐들어오면 자기 재산만 싸들고 도망칩니다. 반면 남은 백성들은 저들에게 끌려가거나 죽습니다. 그리고는 왜구들이 물러나면 태연하게 돌아와서 예전과 다름없이 큰소리를 치면서 백성들을 쥐어짭니다."

주먹을 불끈 쥔 정도전이 스승을 바라보다가 덧붙였다.

"백성이 있고 나라가 있는 법입니다. 백성이 없는 나라가 있을 수는 없습니다."

정도전이 착 가라앉은 목소리로 말하고는 말없이 성균관을 바라봤다. 마치 성균관 하나 다시 세웠다고 나라가 잘될 리는 없을 것이라는 마음이 담긴 눈빛이었다. 그 눈빛을 본 이색은 아주 예전에 그를 처음 만났을 때 느꼈던 불길함이 떠올랐다.

자신의 아버지 이곡李穀과 막역한 사이였던 정운경鄭云敬이 자신의 아들을 데리고 왔었다. 이미 원나라에서 과거에 합격하고 벼슬까지 받았던 이색은 이름난 선비였지만 정운경의 아들은 조금도 주저하거나 겁을 먹지 않았다. 정운경은 허허 웃으면서 아들이 당돌하다고 말했다. 하지만 이색이 느낀 것은 어린 아이의 당돌함이 아니었다.

시간이 흐르고 성균관에 입학한 그를 다시 봤을 때 느낀 것은 세상을 바꿔버리고 싶다는 야망에 가득 찬 눈빛이었다. 차라리 부귀영화나 권세를 바라는 것이었다면 다행이었지만 정도전의 생각은 그런 것과는 달랐다.

이색의 불편한 심기를 눈치 챘는지 정도전은 성균관을 둘러보겠다며 발걸음을 돌렸다. 멀어져가는 제자의 뒷모습을 보면서 이색은 낮은 한숨을 쉬었다.

'부디 내 생각이 틀려야 할 텐데 말이야.'

갈림길에서

14세기 중후반 고려인들은 여러 가지 낯선 상황에 직면했다. 절대불멸일 것 같던 원나라가 들불처럼 일어난 농민 반란군에게 무너지는 모습을 목격했고, 왜구들이 해안은 물론 내륙까지 쳐들어와서 노략질을 하는 광경을 지켜봐야만 했다. 새로운 시대가 왔음을 직감한 이색 같은 사대부들은 새로운 사상과 개혁이 필요하다고 믿었다. 하지만 그러기에는 고려의 상황이 여의치 않았다. 하지만 고려를 지키기 위해 일어선 이색의 옆에서 그의 제자 정도전은 새로운 나라를 세우기로 결심했다.

고려인으로 태어나서 원나라 관료로 일했다가 조선인으로 죽은 파란만장한 운명의 소유자 이색은 고려 충숙왕 15년인 1328년에 태어났다. 그가 태어날 즈음 고려는 '충'자 돌림의 임금이 통치하던 시기였다. 교과서에서는 이때를 원 간섭기로 지칭하면서 반식민지 상태로 서술하곤 한다. 이 시기 고려가 암울했던 것은 사실이지만 원나라를 통해 중원의 문물을 받아들이고 인적, 물적 교류가 활발한 시기이기도 했다. 당장 이색과 그의 아버지 이곡은 원나라에 가서 벼슬을 했다. 한 세대 전의 참혹한 전쟁에 대한 기억은 사라진 지 오래였고 고려의 임금부터 사대부, 백성들까지 원나라 지배 체제가 주는 안정감을 만끽하는 중이었다.

그런 시대에 태어난 이색은 원나라에 건너가 관료생활을 하던 아버지의 영향을 받으며 착실하게 유학자로 자라났다. 어릴 때부터 천재성을 드러냈고 뛰어난 문장을 자랑했다. 그의 청년 시절은 배움과 학습의 연속이었는데 이때 고려 성리학의 대가이자 위대한 문장가인 이제현李齊賢의 제자가 되었다는 얘기가 있다. 하지만 이색의 시문집인 《목은시고牧隱詩藁》에 스승을 모시지 않고 전국을 유람하면서 홀로 책을 읽으며 깨우침을 얻었다는 대목이 나오는 것을 보면 정확하지는 않다. 어쨌든 전국을 떠돌면서 공부를 하던 이색은 충목왕 3년인 1347년에 원나라 과거에 합격해 관료로 일하던 아버지를 만나러 간다. 아마 성인이 되면 유학을 가기로 이미 얘기가 되었던 것으로 보인다. 원나라로 건너간 이색은 국립대학인 국자감에 입학하면서 학문적으로 성장한 것은 물론 다양한 문화를 접하면서 인간적으로도 성숙해진다. 고려 최초의 세계인이라 일컬어지는 이색은 오늘날의 베이징 지역인 대도는 물론 티베트 지역과 강남, 사천 지방까지 두루 둘러보면서 견문을 넓혔다. 그리고 그런 그의 경험은 고스란히 고려 후기의 개혁정책에 녹아들었다. 무엇보다도 불교를 대체할 이념인 성리학이 들어오기 시작했다는 점에서 보자면 이색의 원나라 행은 그에게도 고려에게도 여러모로 다행이었다.

원나라 국자감에서 학문을 익히고 견문을 넓히던 이색은 공민왕 2년인 1353년 이제현이 과거시험관인 지공거知貢擧로 주관한 과거에 합격했다. 그리고 같은 해 원나라가 고려에 설치한 행정기구인 정동행성에서 주관한 과거시험에 합격했고 다음 해에는 원나라로 건너가 그곳에서 열린 과거시험에도 합격했다. 오늘날로 치면 행시와 사시를 합격하고 미국으로 건너가서 명문대학의 입학시험을 통과한 셈이다.

굳이 이렇게 한 이유는 이색의 집안과 당시 고려의 사정과 깊은 연관이 있다. 비록 과거를 시행해서 관리를 뽑는다고는 하지만 이미 권문세가들이 조정을 장악한 상황이라 이색 같이 크게 내세울 것 없는 집안 출신은 과거에 합격했다는 것만으로는 승진을 기대할 수 없었다. 따라서 원나라 과거에 합격한 뒤 그 권위를 이용해서 관료생활을 시작하는 우회로를 이용하는 경우가 많았다. 이는 원나라 과거를 더 높이 평가해주는 당시 고려의 사회 분위기와 깊은 연관이 있다. 당장 그의 아버지 이곡도 그런 방식으로 관료생활을 이어갔다.

원나라 과거에 합격한 이색은 예상대로 융숭한 대접을 받으며 관료생활을 시작했다. 그가 고려로 돌아왔을 때는 충자 돌림의 임금들은 모두 사라지고 공민왕이 개혁정책을 한창 펼치고 있는 중이었다. 이색은 공민왕에게 8개 항목의 개혁안을 제시했는데 가장 눈에 띄는 것이 바로 최씨 정권 시절 설치된 인사 담당 기관인 정방을 폐지하고 이부와 병부의 인사권을 회복하라는 것이었다. 공민왕은 그의 건의를 받아들이는 것은 물론 이색을 이부시랑과 병부낭중으로 임명해 문신과 무신의 인사권을 행사하도록 했다.

원나라에서 공부를 하고 고려로 돌아와서 관료생활을 시작한 그에게 자연스럽게 배움을 청하는 제자들이 찾아왔다. 그들 대부분은 이색처럼 신진 사대부 집안 출신이었고 성리학적인 교양을 갖추고 있었다. 정몽주와 이숭인李崇仁 같은 고려 후기를 수놓은 정치인이자 학자들이 그의 밑에서 학문을 익혔다. 그리고 이즈음 아버지인 이곡의 친구 정운경의 아들도 그에게 배움을 청하면서 제자가 되었다. 바로 정도전이었다.

제자들을 기르면서 관리로 일하던 이색은 원나라 반란군인 홍건적의 침입을 겪는다. 첫 번째 침략은 오늘날의 평양인 서경을 함락하는 선에서 막을 수 있었지만 공민왕 10년인 1361년의 두 번째 침입은 방어를 하던 고려군이 연달아 패배하면서 결국 도읍인 개경이 함락되고 말았다. 이색은 공민왕과 함께 안동으로 피난을 떠난다.

이색 초상화. 국립중앙박물관

홍건적의 침입, 특히 개경이 함락당한 두 번째 침입은 당시 고려인들에게 어마어마한 충격을 주었다. 생육신의 한 사람인 김시습金時習이 쓴 한문소설《금오신화金鰲新話》에는 모두 다섯 편의 소설이 실려 있다. 그중 한편인 〈이생규장전李生窺墻傳〉이 바로 이 시대를 배경으로 한다. 이야기에서 부모의 거센 반대를 무릅쓰고 최씨 낭자와의 결혼에 성공한 이생은 홍건적의 침입으로 사랑하는 아내와 가족을 모두 잃고 만다. 혼자만 살아서 개경으로 돌아온 이생은 잿더미로 변해버린 집 앞에서 망연자실해 한다. 그런 이생 앞에 죽은 아내가 나타난다. 남편의 슬픔을 본 아내의 혼령이 돌아온 것이다. 그렇게 몇 년간의 동거가 끝이 나고 죽은 아내가 저승으로 떠나자 다시 혼자가 된 이생은 시름시름 앓다가 세상을 떠나고 만다. 아내와 가족의 죽음, 그리고 가정의 파괴는 이생의 삶을 송두리째 무너뜨렸다.

홍건적의 침입과 개경의 파괴는 수많은 이생을 만들어냈고 고려

사회에 엄청난 충격을 주었다. 홍건적의 손에 넘어간 개경을 뒤로 한 채 안동으로 피난을 떠난 이색은 훗날 개경이 탈환되면서 호종의 공을 인정받고 공신의 자리에 오른다. 이후 홍건적의 침입으로 불타 버린 성균관을 새로 지으면서 성균관 대사성의 자리에 올랐다. 대사성 이색은 성균관 교수의 자리에 제자들을 불러들였다. 정몽주와 정도전을 위시한 성리학적인 교양으로 무장한 학자들이 대거 자리를 잡으면서 성균관에는 날로 학생들이 늘고 토론이 끊이지 않았다. 성균관의 재건을 주장한 이제현이 흐뭇해했을 모습이었다. 성균관 대사성 시절의 이색에게는 고려의 개혁 외에도 한 가지 할 일이 더 있었다. 바로 성리학의 전파였다. 안향安珦으로부터 시작되었다고 알려진 성리학의 유입은 당대 지식인들에게는 타락할 대로 타락한 불교를 대체할 새로운 사상이었다. 안향과 백이정白頤正으로부터 시작된 성리학 전파는 이제현을 거쳐 이색의 시대에 접어들면서 한층 굳건하게 자리를 잡아간다.

그렇다고 이색의 운명이 마냥 편한 것은 아니었다. 공민왕은 측근을 중용했지만 믿지 않는 편이었고 이색도 몇 번이나 시험대에 올라야 했다. 공민왕 17년인 1368년에 벌어진 사건은 이색을 곤경에 몰아넣었다. 공민왕은 사랑하는 노국공주의 무덤을 크게 짓는 것을 반대하던 시중 유탁柳濯을 다른 죄목을 들어서 처형하려고 했다. 이색이 처형은 너무 심하다며 반대하자 공민왕은 펄쩍 뛰면서 곧장 단식농성에 들어갔다. 그 일로 감옥에 갇힌 이색은 처형 직전까지 갔다가 용서를 받고 다시 조정에 나간다. 《고려사》 이색 열전에 나온 이 사건을 보면 공민왕의 성급한 성격이 문제의 발단이라고 오해할 수 있다. 하지만 공민왕이 그렇게 단순한 성격이었다면 왕위에 오르지도 못했고 그렇게 오랫동안 자리를 유지하지도 못했을 것이다. 자신의 권위를 지키기 위한 계산된 분노였다고 보는 게 타당하다.

이런 위기를 넘긴 이색은 공민왕 20년인 1371년 7월 고려의 최고 정무기관이라고 할 수 있는 문하부門下府의 종2품 관직인 정당문학政堂文學에 임명된다. 사형대까지 올랐던 이색의 갑작스러운 승진은 같은 해 벌어진 신돈의 숙청과 깊은 연관이 있는 것으로 보인다. 공민왕은 한때 자신이 총애했던 신돈과 그의 일파를 제거하고 이색과 이성계를 중심으로 정계를 재편하려고 했다. 이색의 정당문학 임명과 함께 훗날 조선의 태조가 될 이성계를 지문하부사知門下府事에 임명한 공민왕은 이 사실을 주변에 자랑했다.

스승과 다른 길을 걷다

평생에 걸쳐 도전의 삶을 살았던 정도전 역시 스승 이색과 비슷한 환경에서 태어났다. 충혜왕 복위 3년인 1342년에 태어난 그의 아버지는 형부상서를 지낸 정운경이었다. 경상도 봉화에 자리 잡은 그의 집안은 대대로 지방의 향리를 지내다가 정운경이 과거에 합격하면서 중앙에 진출했다. 이색의 집안처럼 신진 사대부였던 것이다. 그것 때문인지 정도전의 아버지 정운경과 이색의 아버지 이곡은 금방 친해졌다. 그것이 정운경이 자신의 영특한 아들을 이곡의 아들 이색에게 맡긴 이유였을 것이다.

관직에 임명되면서 개경에 올라온 아버지를 따라 고향을 떠난 정도전은 이색 밑에서 자신의 재능을 갈고 닦았다. 이때 다섯 살 위의 정몽주와 처음 인연을 맺었는데 아주 잘 따랐다고 한다. 이색의 밑에서 공부를 하던 그는 공민왕 9년인 1360년 성균시成均試에 합격해서 성균관에 들어가게 되었다. 하지만 다음 해와 그다음 해 고려는 미증유의 재난을 겪는다. 중원에서 일어난 반란군인 홍건적이 국경을 넘어온 것이다. 다행히 군대를 모아서 개경을 탈환하고 홍건적을 몰아내는 데 성공하지만 공민왕의 개혁정책이 한동안 중단될 정도로 큰 타격을 주었다. 비슷한 시기 과거에 급제한 정도전은 하급 관리로서 정계에 진출한다. 하지만 아버지와 어머니가 잇달아 사망하면서 장례를 치르기 위해 사직했다. 그리고 다시 복귀한 곳이 바로 새로 만들어진 성균관이었다. 성균관 대사성으로 임명된 스승 이색 밑에서 정몽주 등과 함께 성균관 교수로 등용된 것이다. 정도전이 가진 혁명가, 개혁가라는 이미지와는 거리가 먼 성균관 교수 생활은 몇 년간 계속된다.

정도전이 언제부터 역성혁명을 꿈꿨는지는 알 수 없다. 확실한 것은 성균관에서 배우고 가르치던 이 시기에 사상적 씨앗이 뿌려졌다는 사실이다. 정도전은 아버지 정운경이 세상을 떠났을 때 넉넉하지 못한 재산을 물려받았다. 스승인 이색 역시 태어나기만 하면 모든 게 보장된 권문세가 출신은 아니었다. 둘 다 스스로의 힘으로 과거에 합격해 조정에 등용되는 것으로 관직생활을 시작했다.

그들 눈에 비친 개경의 정치판은 어떤 모습이었을까? 원나라 국자감에서 몇 년 동안 공부를 하고 심지어 거기에서 과거까지 합격한 국제인 이색이나 시골뜨기이며 열혈파인 정도전, 그리고 정몽주를 비롯한 제자들 모두 같은 생각을 갖고 있었다. 밖으로는 원나라가 흔들리고 있었고 내부적으로는 권문세가들의 횡포가 극에 달한 시점이었다. 고려가 원나라의 간섭을 받는 동안 왕권이 약해지면서 권문세가들의 힘이 강해진 것이 문제였다. 이들이 농민들의 토지를 강제로 빼앗으면서 국가의 재정 수입이 줄어들었다. 줄어든 재정을 보충하기 위해서 백성들을 강제로 쥐어짜야 했고, 견디다 못한 백성들은 고향을 버리고 떠돌이 생활을 하거나 권문세가의 노비가 되는 길을 택했다. 위기감을 느낀 이제현 같은 학자들이 개혁에 나섰지만 이미 단단하게 뿌리를 내린 권문세가들은 이익에 흠집이 날만한 것은 무엇이든 반대했고 원나라 역시 고려가 자신의 손아귀에서 벗어나는 것을 원치 않았다. 충목왕 시절 개혁을 위해서 설치한 정치도감은 활동을 시작한 지 몇 달 만에 기황후의 친척을 죽였다는 이유로 문을 닫아야 했다. 이후 고려에서는 어떠한 개혁도 이뤄지지 못했다.

이색과는 다른 길을 간 정몽주 초상화. 국립중앙박물관

그렇게 시간이 흐르는 사이 왜구의 침입과 홍건적의 침입같이 국가를 위기로 몰아넣는 일들이 계속 벌어지면서 고려는 안팎으로 허물어져갔다. 이색과 정도전을 비롯한 성리학자들의 눈에 고려는 내일 무너져도 이상하지 않은 위기의 국가였다. 반면, 권문세가들 입장에서는 태평성대의 연속이었다. 위기라는 것은 자기 피부에 와닿을 때만 위기일 수밖에 없었다. 평생을 개경에서 지내면서 부족함 없이 지내던 권문세가들이 신진 사대부의 위기감을 이해할 리 없었다. 오히려 자신들의 권력에 도전하기 위한 불온한 움직임으로만 해석했다.

성균관 교수 시절의 정도전의 마음속에 적어도 역성혁명이라는 단어는 없었을 것이다. 그러나 혼돈의 시대는 필연적으로 혁명가를 탄생시키기 마련이다. 정도전은 아직까지 이색과 그의 제자들이 주축이 된 개혁가 무리에 속한 한 명에 불과했다. 본인과 가족에게는 더없이 가혹했지만 조선 전체에게는 필요했던 고난의 시기, 아니 담금질의 시기가 오기 전까지는 말이다. 하지만 정도전은 위기에 처한 고려를 구해야겠다는 인식만큼은 분명하게 가지고 있었다.

그 와중에 터진 공민왕의 암살은 당사자의 운명은 물론 고려의 운명도 뒤흔들었다. 공민왕이 암살된 표면적인 이유는 대신의 아들들로 구성된 자제위子弟衛[6] 와의 갈등 때문이었다. 사랑하는 노국공주의 죽음 이후 공민왕은 성적인 문제를 일으킨 것으로 보인다. 조선시대 편찬된《고려사》에는 이 장면을 지나치게 상세하게 적어놔서 오히려 조작 논란을 불러일으켰다. 진위 여부에 상관없이 공민왕이 정신적으로 피폐해질 정도로 구석에 몰린 것은 사실이었다. 한때 그를 따라 고난을 함께 했던 측근들은 권력 다툼을 벌이다가 김용金鏞을 필두로 모두 숙청당했고 야심차게 추진한 개혁정책은 홍건적

6 공민왕이 왕권 강화를 위해 대신들의 젊은 자식들을 측근에 모아놓은 조직

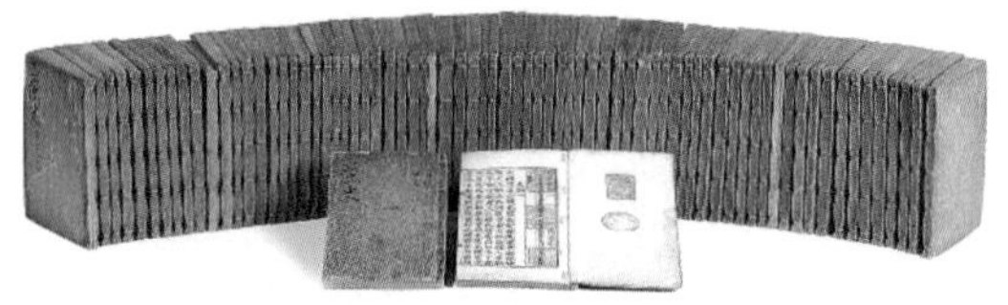

《고려사》, 국립중앙박물관
김종서, 정인지 등이 세종의 교지를 받아 만든 고려의 정사로 총 139권 75책으로 구성되어 있다.

과 왜구, 권문세가 때문에 번번이 발목을 잡혔다. 신돈 같은 측근을 중용한 것도 실패로 돌아가고, 설상가상으로 아끼던 노국공주마저 세상을 떠나자 공민왕에게 남은 건 절망뿐이었을 것이다.

공민왕의 인사 스타일도 문제였다. 공민왕은 측근을 중용했다가 문제가 생기면 처형해버리거나 책임을 떠넘기곤 했다. 공민왕으로서는 실패 정도로 치부하면 됐지만 당사자와 가족, 측근들은 목숨을 잃어야 했다. 제2차 홍건적의 침입을 물리치는 과정에서는 개경 탈환의 공을 세운 네 명의 원수四元帥인 정세운鄭世運과 이방실李芳實, 안우安祐, 김득배金得培가 김용의 농간에 의해 서로 죽고 죽이는 일이 벌어졌다. 김용이 이들을 이간질해서 서로 죽이고 처벌하게 만든 배후에는 공민왕이 있었다. 설사 공민왕이 계획한 일이 아니라고 해도 결과적으로 묵인했다는 사실은 부인할 수 없다. 권력을 지키기 위한 방법이었겠지만 문제는 이런 간계를 너무 자주 썼다는 데 있다. 측근들은 경쟁자들이 사라지는 상황을 즐기다가 문득 내 차례가 아닌가라는 불안을 느꼈고, 그 결과가 바로 1374년 10월 공민왕의 치세를 23년으로 끝낸 암살 사건이었다.

발단은 익비의 임신이었다. 노국공주가 죽고 공민왕은 후사를 얻기 위해 왕비와 후궁들을 들인다. 하지만《고려사》에 나온 대로 여자에 흥미를 잃은 건지 아니면 노국공주에 대한 사랑이 깊은 건지 별다른 관심을 보이지 않았다. 이런 상황에서 후사를 이어야 한다는 압박을 받자 자제위子弟衛였던 홍륜洪倫 등을 시켜서 관계를 맺게 한다. 이런 상황에서 부인 중 한 명인 익비가 임신을 한 사실을 내시 최만생을 통해서 보고를 받게 된다. 그런데 공민왕이 무슨 생각을 했는지 이 사실을 알고 있는 자들을 모조리 죽이고, 심지어 보고를 한 최만생도 죽이겠다고 직접 얘기한다. 놀란 최만생은 자제위에게 이 사실을 알린다. 졸지에 죽임을 당할 위기에 처한 이들은 그날 밤 잠들어 있는 공민왕을 칼로 난자했는데 피와 뇌수가 벽에 튈 정도로 잔혹한 살인이었다.

공민왕은 재위 기간 동안 몇 차례의 암살 위기를 넘긴 적이 있었지만 이번에는 죽음을 피해가지 못했다. 깊은 밤에 일어난 사건은 누구 소행인지 금방 밝혀지지 않았다. 그러다 날이 밝고 홍륜과 최만생의 옷에 피가 묻은 것을 보고 진범이 밝혀진다. 이때까지 이들이 별다른 움직임을 보이지 않았다는 게 이상하지만 아마 경황이 없어서 우왕좌왕했을 가능성이 높다. 결국 암살범들은 모두 체포되고 가족과 함께 처형당한다.

진행 과정만 놓고 보면 공민왕이 최만생에게 너도 죽을 거라고 말하는 바람에 죽음을 자초한 꼴이라서 음모론이 끊이지 않지만 확실한 건, 이 일로 가장 큰 권세와 혜택을 누린 사람이 바로 어린 우왕을 옹립하면서 정권을 장악한 수시중守侍中 이인임李仁任이라는 것이다. 공민왕 암살 사건은 당사자를 제외하고도 수많은 피해자를 남겼으며 결과적으로 고려를 암살했다. 그리고 정도전은 그 피해자 중 한 명이었다.

정권을 장악한 이인임은 명나라 간섭을 피하기 위해서 원나라와 다시 손을 잡을 움직임을 보인다. 정도전을 비롯한 사대부들은 이런 움직임에 극력 반대한다. 단순히 외교정책을 둘러싼 갈등이 아니라 성리학적 소양으로 무장하고 점차 세력을 넓혀가는 신진 사대부와 이인임으로 대표되는 권문세가들의 갈등이라고 보는 게 타당하다. 조선 중기 훈구파가 장악한 조정에 사림파가 도전장을 내미는 것과 비슷한 상황인 것이다. 공민왕이 사라진 조정에서는 양쪽이 첨예하게 대립했다. 이런 와중에 고려에 왔다가 돌아가던 명나라 사신 채밀을 호위하고 가던 김의金義가 살해하고 원나라로 도주하는 일이 벌어졌다. 명나라는 고려가 원나라와 짜고 자국의 사신을 살해했다고 판단했고 고려와 명나라의 관계는 악화되어 간다. 그런 와중에 이인임이 북원에서 온 사신을 접대하라는 임무를 정도전에게 맡긴다. 이에 정도전은 북원에서 온 사신의 목을 베어 명나라로 보낼 것이라는 극언으로 응수한다.

역경과 고난

정도전의 도전은 가혹한 응답을 받는다. 이인임은 이 일을 계기로 성균관을 중심으로 포진한 신진 사대부들에 대한 대대적인 숙청을

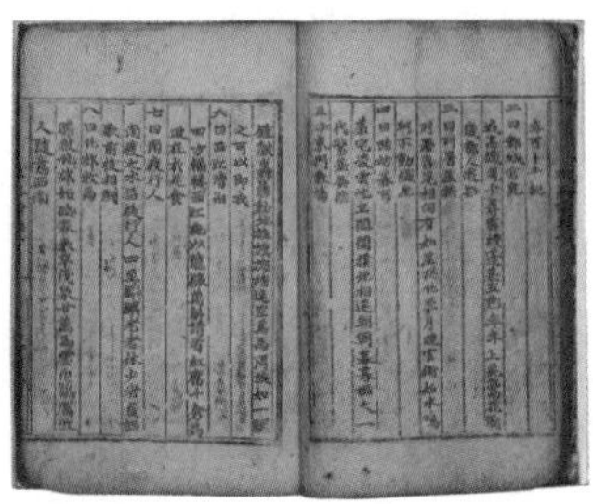

《삼봉집》, 국립중앙박물관
삼봉 정도전의 문집으로 살아있을 때(1397년) 그의 아들에 의해서 2권으로 간행되었다.

감행한다. 어쩌면 반응을 예상하고 접대를 명했을지도 모른다. 이 일로 정도전은 회진현으로 유배를 떠난다. 정몽주와 이숭인 등도 유배형에 처해진다. 그나마 유배를 떠나는 중에 세상을 떠난 다른 동료들에 비하면 운이 좋다고 할 수도 있겠다.

훗날 간행된《삼봉집》에는 이 시절에 대한 기억이 남아 있다. 정도전은 찬바람이 몸 안에 스며들 정도로 습기가 많은 비좁은 단칸방에서 나물 반찬으로 끼니를 이었다고 회상한다. 보통 사람이었다면 세상을 등졌을 법한 상황이지만 그는 오히려 차분하게 자신의 행동을 돌아봤다. 그리고 자신의 선택이 옳았다는 확신을 가졌다. 그리고 주변으로 눈을 돌려서 백성의 삶을 들여다봤다. 회진현에서의 유배 생활은 우왕 3년인 1377년까지 이어졌고 고향인 영주로 돌아가서 몇 년을 지낸다. 한때 성균관의 촉망받던 젊은 관리였던 정도전은 이제 죄인의 몸으로 고향에 내려가게 된 것이다. 그렇게 다시 몇 년이 지나고 유배형이 개경으로의 출입이 금지된 형태로 완화되었다. 한숨을 돌린 그는 개경 근처의 삼각산 기슭에 자리를 잡는다. '삼봉재'라는 집을 짓고 아이들을 가르치는 일을 했지만 윗분들의 심기를 거스르게 되면서 집이 헐리는 일이 벌어진다. 거처를 잃은 정도전은 부평으로 거처를 옮기지만 이번에도 석연찮은 이유로 쫓겨나면서 보금자리를 잃는다. 구체적으로 누가 그를 괴롭혔는지는 기록되지 않았지만 그 꼭대기에는 우왕을 옹립하고 권력을 장악하고 있던 이인임이 있었을 것이다.

정도전에게 가해지는 유무형의 탄압은 확실히 동료들과 달랐다. 함께 유배를 떠났던 정몽주와 이숭인 등은 금방 유배가 풀려서 조정에 복귀했다. 스승이자 신진 사대부들의 대부였던 이색 역시 우왕의 스승이 되면서 관료생활을 이어갔다. 그런데 왜 정도전은 유배에서 풀려나지도 않고 가는 곳마다 쫓겨났을까? 아마 정도전의 성격이 외골수라는 점이 미움을 자초하기도 했을 것이고 그의 불온함을 일찍부터 눈치 챈 이인임의 탄압도 덧붙여졌을 것이다. 그 점은 그의 스승인 이색과 동료들이 어려운 상황에 처한 정도전을 위해서 별다른 구명 활동을 하지 않았다는 사실로 어느 정도 유추해 볼 수 있다.

이러한 일련의 일들이 정도전을 남보다 더 불온하고 급진적인 인물로 만들었다. 고려가 그를 불온한 인물로 점찍었다면 그 역시 고려에 대한 희망을 버린 셈이다. 정도전은 고려가 유지되어야만 자신의 기득권을 지킬 수 있는 권문세가가 아니었다. 그래서 좀 더 급진적이고 혁명적인 생각을 가질 수 있었다. 그리고 은연중에 그것을 눈치챈 주변 사람들에게 따돌림과 냉대를 받았던 것이 당시 그가 처한 상황이었다. 그는 '과거에 급제해서 출세는 못할망정 세상의 웃음거리가 되고 말았으니 어찌할 것이냐'라는 아내의 푸념어린 편지에 나는 잘못한 게 없고 하늘이 모든 걸 정해줄 것이라는 무덤덤한 답장을 보냈다. 고생하는 아내에게 미안하다는 말 한마디 할 법한데도 그는 자신이 옳다는 것 외에는 신경 쓰지 않았다. 어쨌거나 그는 아내에게 쓴 편지대로 자신의 운명을 하늘에만 맡기지 않았다. 그가 운명을 개척하기 위해 찾아간 곳은 저 멀리 북쪽 함주였다. 그곳에는 동북면도지휘사 이성계와 그의 군대가 주둔하고 있었다.

공민왕의 갑작스러운 죽음은 어린 우왕의 즉위와 이인임으로 대표되는 권문세가들이 다시금 정계의 전면에 등장하는 계기가 되었다. 이에 반기를 든 제자들이 무더기로 유배를 떠나는 모습을 지켜봐야 했던 이색으로서는 마음이 편할 리가 없었다. 우왕은 그를 스승으로 모시고 한산부원군으로 삼았지만 정치적인 실권은 거의 없는 허수아비 신세였다. 그 사이 나이가 찬 우왕은 유모 장씨를 앞세워 이인임의 그늘에서 벗어나려고 했다.

하지만 권문세가들의 노련함은 우왕의 패기보다 한 수 앞섰다. 이인임이 주도하고 최영崔瑩까지 가담한 신하들이 개경의 흥국사에 모여서 무장시위를 벌인 것이다. 최영은 고려를 지키는 충신이라는 이미지와는 어울리지 않게 거듭 궁궐로 들어오라는 우왕의 명령에 불복했고 군대를 해산하라는 명령도 거부했다. 심지어 자신을 궁궐로 부르는 것이 우왕의 뜻인지 모르겠다는 말을 하면서 자신이 해를 입으면 휘하의 군대가 가만있지 않을 것이기 때문에 갈 수 없다는 엄포를 놨다. 결국 우왕은 유모 장씨를 내쫓고 만다. 이인임은 유배를 보낸 유모 장씨의 목을 베어 개경으로 보냈다. 그 일로 정치에 관심을 잃은 우왕은 망나니짓으로 세월을 보냈다. 큼직큼직한 일들이 많았던 고려 후기에 이 사건은 그저 해프닝으로 치부되지만 사실은 주목해야 할 사건이다. 왕권이 바닥으로 떨어지고 권문세가의 세력이 주도권을 잡았다는 것을 의미하는 상징적인 사건이기 때문이다. 이색은 이런 일련의 과정에서 아무 힘도 발휘하지 못했다. 권문세가를 대표하는 이인임이 무력을 장악한 최영과 손을 잡은 이상 그가 할 수 있는 일은 없었다.

조선 태조 이성계 어진. 문화재청

스승이 이인임의 횡포를 보면서 한숨을 쉬는 사이 정도전은 뜬금없이 북쪽 끝인 함주막咸州幕에 주둔 중인 이성계를 찾아간다. 오랜 유배와 떠돌이 생활은 정도전으로 하여금 백성들이 처한 상황에 눈을 뜨게 만들었다. 그는 상황을 타계하기 위해서는 반드시 토지제도를 바꿔야 하고, 그러기 위해서는 무력이 필요하다는 점을 절실하게 깨달았다. 이성계와의 만남은 그런 계산 끝에 나온 방안이었다. 그것이 정도전을 조선 왕조의 설계자이자 영원불멸의 개혁가로 기록케 한 원동력이었다.

이때까지 이성계는 승승장구하면서 군공을 쌓아가고 있었지만 중앙 정계에 아무런 연줄이 없는 변방의 무장에 불과했다. 경처京妻인 강씨를 얻으면서 그나마 숨통이 트이긴 했지만 개경의 권문세가 그 누구도 이성계를 자신과 같은 부류로 인정하지 않았다. 정도전은 자신처럼 외롭고 고민이 많았을 그를 통해 새로운 운명을 개척하고자 했다. 만약 이성계가 그를 받아주지 않았다면 정도전은 불평불만으로 일생을 보낸 전직 관료 출신의 지식인으로 남았을 지도 모른다. 하지만 이성계는 정도전의 번뜩이는 재능과 학문적 소양을 높이 샀다. 이제 정도전의 운명에 날개가 달린 것이다. 이성계의 도움으로 정계에 복귀한 정도전은 스승인 이색이 있던 성균관 대사성에 임명된다. 그 사이 철지 부심하던 우왕은 최영과 손잡고 이인임의 세력을 숙청하는 데 성공한다. 그리고 뜬금없이 철령위 문제로 갈등을 빚고 있던 명나라와의 전쟁을 추진한다.

공민왕의 죽음이나 정도전이 언제부터 역성혁명을 꿈꿨는지보다 우왕의 요동 정벌을 궁금해하는 사람이 꽤 많다. 이때 명나라가 건국 초기였고, 북원이 몽골로 물러난 상태였기 때문에 잘만하면 요동을 정복할 수 있었을 것이라고 믿는 사람도 간혹 있다. 하지만 요동은 빈 땅이 아니라 원나라의 잔존 세력부터 독립한 군벌세력, 원래 거주하던 여진족이 뒤섞여 있었다. 거기다 요동의 군벌 나하추를 토벌하기 위해서 명나라 군대가 요동으로 진입하기 직전이었다. 고려 역시 왜구들 때문에 대외 전쟁을 치를만한 처지가 아니었다. 왜구들이 들끓는 상황에서 요동까지 가서 명나라와 싸우라는 얘기를 들었을 때 이성계를 비롯한 장수들의 표정이 어땠을지 자못 궁금하다. 우왕은 설마 진지하게 고려가 명나라와 싸워서 이길 것이라고 생각했던 것일까? 아니면 귀찮은 애들을 멀리 보내버리고 뭔가를 하려고 했을까? 거기다 지휘관의 가족을 개경에 인질로 붙잡아뒀으면서도 진두지휘를 하겠다는 최영의 부탁을 거절했다. 자신이 탐라의 목호들을 정벌하러 갔을 때 아버지 공민왕이 암살당한 일을 떠올린 것이다. 어쩌면 최영조차 믿지 못해서 자신의 곁에 두려고 한 것인지도 모르겠다. 회군을 위한 멍석을 깔아줘도 이렇게 완벽하게 깔아줄 수는 없었다. 우왕이 말도 안되는 요동 정벌을 명령하지 않았다면, 최영이 그곳에 있었다면, 그리고 이성계가 다른 장수들을 설득하지 못했다면이라는 수많은 변수들을 뚫고 결국 위화도 회군이 이뤄졌다. 이 요동 정벌이 이성계를 제거하기 위한 거대한 음모일지도 모른다는 사실은 조선 후기의 《연려실기술》에 언급되어 있다. 결과론적인 얘기이긴 하지만 이런 음모론이 아니면 요동 정벌은 설명하기 어려울 만큼 이해가 불가능한 일이었다.

설사 우왕과 최영이 그럴 생각이 없이 순수하게 요동을 정벌할 생각이었다고 해도 이성계에게는 진퇴양난이라는 점은 변하지 않는다. 승리한다고 해도 언제까지 싸워야 할지 몰랐고, 그 와중에 자신이 양성한 병사들은 죽어나갈 게 뻔했다. 패배한다면 숙청과 죽음이 기다리고 있다는 것은 어렵지 않게 예상할 수 있다. 그런 공포감은 이성계는 물론 조민수曹敏修와 변안열邊安烈조차 전염시켰다. 결국 위화도에서 요동으로 진격하지 않고 회군하기로 결정했다. 회군 소식을 들은 공민왕과 최영은 개경으로 황급히 돌아가야만 했다. 《조선왕조실록》에는 이성계가 중간 중간 사냥을 하면서 아주 천천히 회군한 것으로 묘사한다. 하지만 위화도에서 회군한 이성계의 군대가 개경에 도착한 것은 불과 9일만이었다. 엄청난 강행군으로 우왕과 최영이 대응할 틈을 주지 않았고, 개경을 함락시키면서 정권을 장악한 것이다. 우왕은 유모 장씨를 포기했던 것처럼 최영을 포기하고 만다. 위화도 회군을 목격한 당시의 관리들은 지긋지긋하게 벌어졌던 반란의 하나라고 생각했다. 더 깊게 생각한 사람들은 무신정권 제2막이 시작될 것이라고 우울해했다. 하지만 한 명의 남자, 정도전만큼은 여기서 끝낼 생각이 없었다. 정도전이 위화도 회군에 얼마나 관여했는지는 알려져 있지 않다. 하지만 본인이 뭘 해야 하는지는 누구보다도 잘 알고 있었다고 자신할 수 있다.

경복궁 근정전勤政殿 측면. 문화재청
국가의식을 치르던 곳으로 '근정'이란 이름은 부지런하면 천하의 일은 잘 다스려진다는 의미로 정도전이 지었다.

최초의 조선인 정도전

개혁이라는 말은 낭만적이기도 하고 피가 끓기도 한다. 그리고 이 단어는 급격한 변화를 연상시킨다. 한 집안이나 작은 집단에서의 문제는 해결 방법이 간단하다. 문제의 원인이 되는 사람을 내쫓거나 무력화시키고 제도를 없애면 그만이다. 하지만 서로 밀접한 데다 보이지 않는 끈으로 연결된 국가 체제에서는 한두 가지 제도를 없애거나 몇 명을 처벌한다고 해결될 문제가 아니다. 정도전은 오랜 유배 생활을 통해 그 점을 뼈저리게 느끼고 있었다. 그는 핵심을 직접 건드리는 것이 가장 이상적인 방법이라고 생각했다. 정도전이 생각한 핵심은 바로 '땅'이었다. 무신정권과 원 간섭기, 그 이후의 혼란기를 거치면서 고려의 토지제도는 완전히 붕괴되었다. 권문세가들이 이런저런 이유로 땅을 독차지하면서 조세가 제대로 걷히지 않아 국가 재정이 휘청거렸다. 땅을 빼앗긴 백성들이 권문세가에게 의탁하면서 노비가 되는 바람에 국가는 재정을 얻을 수 있는 땅과 백성을 모두 잃게 되었다.

사실 토지 독점 문제는 오늘날의 부동산이나 취업 문제처럼 당대의 지식인이라면 모두 공감하는 문제였다. 진짜 문제는 왕조차 굴복시키는 힘을 가진 권문세가의 반발을 무릅쓰고 토지 개혁을 감행할 수 있는지 여부였다. 정권을 잡은 정도전은 조준趙浚 등의 도움을 받아서 이 문제를 해결해 나가기로 했다. 이것이 정도전이 권력을 잡기 위해 어린 왕을 옹립하고 자신의 기득권을 유지하는 데 급급했던 이인임이나 섣부르고 어설픈 개혁으로 혼란만 가중시킨 신돈과의 명백한 차이점이다. 그는 권문세가들이 불법적으로 얻은 토지를 모두 몰수하고 원래 주인에게 돌려주자고 주장했다. 사상을 의심받고 제정신이냐는 얘기를 들을 만큼 급진적이고 과격한 주장이었다. 사전 혁파私田革罷라는 이름으로 알려진 이 제도는 1950년 이승만 대통령의 토지 분배 이전에 유일하게 토지 분배가 성공적으로 이뤄진 경우다.

아울러 정도전의 토지 몰수와 재분배 주장은 많은 것들을 암시했다. 토지제도는 농업 국가의 근간이자 뼈대였다. 그런데 이 제도를 송두리째 바꾸자는 얘기는 막대한 땅을 소유한 권문세가들의 경제적인 기반을 약화시키고 과거 급제해서 정계에 진출한 신진 사대부들에게 힘을 실어주는 일이었다. 당대의 관료나 지식인이라면 결국은 국가를 바꾸는 데 이르게 된다는 것을 어렵지 않게 짐작할 수 있었다. 정도전의 계획이 명확해지자 이때까지는 이성계와 정도전에게 우호적이었던 신진 사대부들 중 일부가 사전 혁파에 반대하고 나선다. 가장 강력하게 반대한 사람은 정도전의 스승 이색이었다.

마지막 고려인 이색

이색은 위화도 회군과 뒤이어 벌어진 일련의 사태를 보면서 무신정권의 재현이라고 느꼈을 것이다. 하지만 정도전이 그가 생각했던 것보다 더 큰 그림을 그려나가자 이색은 가장 강력한 반대세력이 되었다. 사전 혁파를 위한 회의가 열렸을 때 급진파인 정도전과 윤소종尹紹宗에게 가장 거세게 반발한 사람도 바로 이색이었다. 그는 권문세가들이 빼앗은 토지를 원래 주인에게 돌려주는 것으로 충분하다고 주장했다. 하지만 진짜로 반대한 이유는 그 끝에 고려의 멸망과 새로운 왕조의 시작이 있음을 간파했기 때문이다. 창왕이 즉위한 1389년 4월 최고 정무기관이었던 도평의사사, 줄여서 도당에서 열린 토지제도 개혁 문제가 논의되었을 때 이색을 주축으로 한 온건파와 정도전과 조준을 중심으로 한 급진파의 갈등은 극에 달한다. 스승과 제자가 대립한 것이다. 이 자리에서 이색은 옛 법을 경솔하게 개혁할 수 없다며 강경하게 대응했다. 그의 의견에 우현보禹玄寶를 비롯한 제자들이 가세했다. 기록을 보면 참가자 53명 중 급진적인 토지 개혁안을 찬성한 사람은 정도전과 조준, 윤소종 정도였다. 스승과 동료의 갈등 사이에 낀 정몽주만 이러지도 저러지도 못하는 상황에 처했다.

숫자로만 보면 이색의 의견에 찬성하는 관료들이 더 많았지만 정도전에게는 이성계와 그의 군대가 있었다. 결국 사전 혁파를 위한 급전도감給田都監이 설치되었다. 위기라고 느낀 이색은 새로운 카드를 꺼내들었다. 위화도 회군 이후 폐위된 우왕의 뒤를 이은 창왕을 명나라에 입조시킬 계획을 세운 것이다. 굴욕적인 일이긴 하나 창왕이 명나라 황제의 인정을 받는다면 이성계와 정도전이 쉽사리 폐위시키지 못하리라는 계산을 한 것이다. 하지만 이색의 창왕 입조 계획은 명나라 황제 주원장의 냉담한 반응에 부딪치면서 실패로 돌아가고 말았다. 이성계 세력이 우왕에 이어 창왕까지 폐위시키자 희망을 잃은 이색은 정계를 은퇴하고 만다. 그 후의 역사는 그가 절대 보고 싶지 않았던 악몽이었다. 조선의 건국 이후 유배와 은거를 반복하던 그는 정몽주와 이숭인 같은 제자들과 아들의 죽음을 지켜봐야만 했다. 그러다가 1396년 69세의 나이로 여주 신륵사에서 세상을 떠났다. 이색이 죽었을 때 고려는 이미 사라지고 없었다.

스승과 대립을 벌이면서까지 토지제도 개혁안을 밀어붙였던 정도전은 마침내 결실을 맛본다. 우리나라에서는 토지나 노비 개혁안이 통과되면 그 이전의 장부들을 사람들 앞에서 불살라버렸는데, 이때도 어김없이 개경의 저잣거리에서 토지 장부를 불태워버렸다. 이 광경을 본 공양왕은 대를 이어온 토지제도가 내 눈 앞에서 갑자기 뒤바뀌니 애석하다고 한탄했다. 그의 한탄은 이 당시 권력의 중심이 어디에 있었는지를 명확하게 보여준다. 이 시점에 이르러서 정도전은 새로운 왕조를 열겠다는 야심을 굳이 감추지 않았다. 그것을 눈치챈 정몽주는 이성계가 사냥을 나갔다가 다친 틈을 타서 정도전 일당을 제거하려고 했다. 하지만 그의 마지막 시도는 실패로 돌아가고 선죽교에서 척살당하면서 고려의 운명도 막을 내렸다. 이후 공양왕

충남 서천에 있는 이색의 묘. 문화재청
묘자리는 무학대사가 정한 것으로 전해진다.

은 이성계와의 동맹을 맺는 시도를 통해서 고려 왕조를 유지하려고 애를 썼지만 실패로 돌아가고 말았다. 이렇게 고려가 막을 내리고 조선이라는 새로운 왕조가 문을 열었다. 개혁가로서 자신의 구상을 실현에 옮기고 새로운 국가의 탄생이라는 과제를 완성한 정도전은 이제 새로운 권력 투쟁에 휘말린다. 그리고 제1차 왕자의 난을 일으킨 이방원李芳遠에 의해 목숨을 잃고 말았다. 고려의 운명을 놓고 격렬하게 대립하던 스승이 떠난 지 2년 뒤의 일이었다.

스승과 제자가 나눈 국가의 운명

역사 속에는 수많은 개혁가들이 존재했지만, 이들 대부분은 실패로 막을 내렸다. 반면 정도전은 비록 이방원에게 죽음을 당하기는 했지만 살아생전 자신이 구상한 개혁이 실현되는 것을 지켜보는 행운을 누렸다. 무엇이 앞선 개혁가들과 정도전과의 차이점을 만들었을까? 우선 그에게는 이성계와 그가 가지고 있는 무력이 있었다. 토지제도 개혁을 위해 도당에서 회의가 열렸을 때 압도적인 반대에도 불구하고 급진파가 승리할 수 있었던 것도 바로 무력 때문이었다. 하지만 그것만 가지고는 정도전의 성공을 얘기할 수는 없다. 군사력을 비롯해서 모든 조건을 갖춘 왕조차 개혁에 실패한 사례는 수없이 많다.

어쩌면 그는 시대를 잘 타고 났다고 말할 수도 있다. 어차피 고려는 막을 내릴 운명이었고 이성계가 새로운 왕조를 열 결심을 하고 있던 시점에 맞게 정도전이 등장한 것일 수도 있다. 하지만 이 또

한 미흡한 부분이 많다. 정도전 인생에는 수없이 많은 갈림길이 놓여 있었다. 그중 하나만 다른 선택을 했어도 지금 우리가 아는 정도전이 아니라 이색의 제자 중 과격한 성격을 가진 정도전으로 남았을 것이다. 귀양을 가서 백성들의 참상을 보고 역성혁명을 꿈꿨다고는 하지만 이 시기 귀양을 가서 백성들의 생활상을 지켜봤던 사람이 비단 정도전만은 아니었다. 대체 무엇이 수많은 유배객들과 그를 차별화하고 스승 이색처럼 고려의 존속을 전제로 한 온건한 개혁을 걷어차고 급진적으로 나아가게 만들었을까? 해답은 그의 삶 모든 곳에서 찾아볼 수 있다. 정도전은 자신을 유배 보내고 삼봉재를 허물어버려 반강제로 유랑생활을 하게 했던 그 권력이 백성들을 괴롭히는 근본임을 깨달았다. 그리고 그 권력을 바로잡기 위해서는 진정한 배후인 고려를 무너뜨려야 한다는 생각을 하게 된 것이다. 보통 사람이었다면 자신을 귀양 보낸 이인임과 권문세가들에게 복수하려고 했겠지만 그가 가진 통찰력과 혜안, 결단력은 그를 다른 누구도 아닌 정도전으로 만들었다. 그리고 그 시작점에는 바로 이색의 가르침이 있었다.

스승과 제자의 갈림길이 고려와 조선의 운명을 결정지었다. 고려를 지키려고 했던 스승 밑에서 조선을 세운 핵심 인물이 나왔다는 점은 역사가 던져주는 수많은 아이러니 중 하나일 것이다. 그리고 그것은 그 시대가 겪었던 혼란과 고통을 대변해주는 사건이기도 하다. 역사 앞에 펼쳐진 수많은 갈림길 앞에서 스승과 제자는 스스로의 신념과 믿음에 따라서 다른 선택을 했고 그 끝에서 기다리고 있는 운명과 마주쳤다.

노론의 거목을 베려고 했던 사람은

소론의 거목으로 자란 제자였다

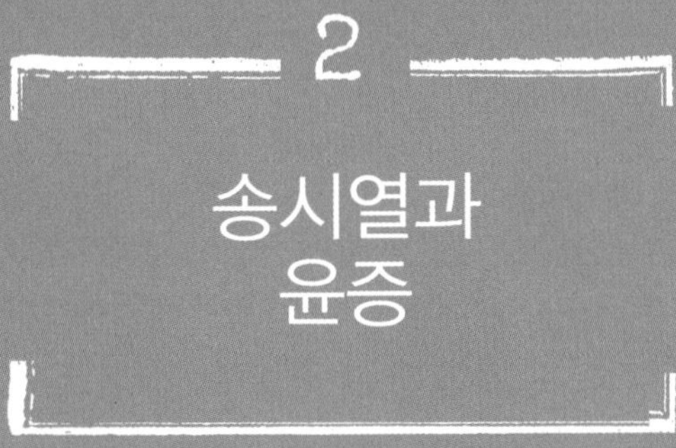

윤증은 스승이 평생 주자를 따르고 그의 가르침을 실천에 옮기라고 말했지만 정작 본인은 주자의 뜻과는 거리가 먼 행동을 하고 있다고 따졌다. 윤증의 눈에는 말로는 주자를 따르겠다고 하면서 정적을 가혹하게 제거하고 한 치의 어긋남도 용납하지 않는 스승이 괴물처럼 보였을지도 모르겠다. 하지만 송시열에게는 사문난적을 없애는 일이야말로 평생의 과업이었다.

숙종 25년(서기 1669년) 여름, 충청남도 이성

"아니, 어찌 이럴 수가 있단 말이냐!"

경상經床[7]을 주먹으로 내리친 윤증尹拯이 부들부들 떨었다. 사랑방에 모인 제자들을 대표해서 최석문崔錫文이 그를 진정시켰다.

"스승님. 고정하시옵소서."

"고정이라니, 너도 눈이 있으면 우암尤庵[8] 선생이 쓴 이 글을 보아라. 내가 그리 곡진히 부탁을 하였건만 묘갈명墓碣銘[9]으로 어찌 이런 글을 보낼 수 있단 말이냐."

윤증이 내민 서찰을 바닥에 내려놓은 최석문은 천천히 읽어 내려갔다. 분이 풀리지 않았는지 윤증이 소리쳤다.

"직접 읽어보아라."

마른 침을 삼킨 최석문이 윤증이 일러준 부분을 큰 목소리로 읽어 내려갔다.

> 나는 공에 비하면 뽕나무 벌레와 고니처럼 현격한 차이가 있어서 비록 공과 오랫동안 교류하였고 깊은 감명도 받았지만 그의 깊은 쌓임을 엿보기에는 부족한 점이 있었다. 돌이켜 보건대 늙고 병들어 죽을 때가 되었는지 그의 덕을 나타내는 글을 지음에 있어 더

7 조선시대 선비들이 사용한 책상의 일종

8 송시열의 호

9 무덤 앞에 세운 비석에 죽은 사람의 행적과 업적을 적은 글

욱 아득하기만 하여 무슨 말을 어떻게 써야할지 알 수 없다. 그동안 여러 현인들이 서술한 글월을 볼 때 많기도 하고 또 훌륭하기도 하였지만 그중에서도 현석玄石[10] 박세채朴世采가 공의 모든 것을 유감없이 표현하였다고 하겠다.

최석문이 읽기를 마치자 윤증이 또 다시 말했다.

"그 위쪽 병자년 운운하는 부분도 읽어보아라.

병자년에 오랑캐인 금나라가 스스로 분에 넘치도록 황제라고 칭하고 두 사신을 보내왔을 때 공은 앞장서서 오랑캐 사신의 목을 베어 대의를 밝힐 것을 앞장서서 상소했다. 그해 겨울 오랑캐들이 몰려오자, 공은 부인과 함께 어머니를 모시고 강화도로 들어가고 팔송八松[11]께서는 남한산성에 있었다. 공이 동지들과 강을 건너 샛길로 남한산성까지 도달할 것을 꾀하고 또한 조정의 일을 맡은 사람들의 안일한 잘못에 대해서도 논하고자 했으나 되지 않자 성 지키는 일을 함께 도울 것을 자청하였다.

최석문이 두 구절을 연달아 읽자 윤증의 사랑방에 모인 제자들이 술렁거렸다. 여전히 분이 풀리지 않은 표정의 윤증이 입을 열었다.

10 조선 후기 선비인 박세채의 호

11 윤선거의 아버지 윤황의 호

"비록 내 아버님과 우암 선생이 생전에 사이가 좀 벌어졌다고는 하지만 어찌 묘갈명을 이리 써서 보낼 수 있단 말인가? 거기다 강화도에서 동료들과 함께 죽기로 결심했다가 혼자서 살아 돌아온 것처럼 쓰다니, 이게 말이 되는 묘갈명인가? 우암 선생이 이리 치졸할 줄은 몰랐느니라."

최석문을 비롯한 제자들은 아무 말 없이 스승의 얘기를 들었다. 사실 제자들은 물론 주변 사람들 대부분은 윤증이 아버지 윤선거尹宣擧의 묘갈명을 송시열宋時烈에게 부탁하는 것을 만류했다. 윤휴尹鑴를 둘러싸고 둘이 벌인 두 사람의 갈등이 너무 깊었기 때문이다. 윤선거는 윤휴를 높이 평가했지만 송시열은 그를 사문난적斯文亂賊[12]이라고 지칭할 정도로 증오했기 때문이다. 최석문이 스승인 윤증의 눈치를 살피다 조심스럽게 입을 열었다.

"결국 기유의서己酉擬書를 보낸 게 문제였던 모양입니다."

윤선거가 죽기 직전에 쓴 기유의서는 송시열에게 윤휴와 허목許穆을 너무 적대시하지 말라고 타이르는 내용을 담고 있었다. 자존심으로는 조선 최고라고 할 수 있는 송시열에게 적합한 얘기가 아닐뿐더러 일이 복잡해진다는 주변의 만류 때문에 결국 보내지 못했다. 하지만 윤증이 아버지의 묘갈명을 부탁하면서 기유의서도 함께 보냈다. 최석문이 힘껏 만류했지만 윤증은 어차피 송시열도 알고 있을

12 주자의 가르침을 따르지 않거나 곡해하는 사람을 지칭하는 말. 조선 후기에는 정적들을 공격하는 수단으로 이용되었다.

13 죽은 사람의 행적을 적은 글

것이라면서 박세채가 지은 행장行狀[13]과 함께 기유의서를 보내고 말았다. 송시열이 보낸 윤선거의 묘갈명은 그 응답일 수도 있었다. 스승의 분노가 좀처럼 가라앉지 않자 최석문이 조심스럽게 말했다.

"일단 우암 선생에게 다시 서찰을 보내서 묘갈명을 고쳐 달라고 하시는 게 어떻겠습니까?"

"뭐라고?"

"다른 일도 아니고 아버님의 묘갈명입니다. 이 일에 시비가 붙으면 돌아가신 선친께 누가 되지 않겠습니까?"

최석문의 간곡한 설득에 윤증의 화가 누그러졌다. 화를 참은 윤증이 말했다.

"돌아가신 아버님을 생각해서 다시 청을 하지."

"잘 생각하셨습니다."

한숨을 돌린 최석문과 제자들은 윤증이 붓을 들어서 서찰을 쓰는 것을 보고 안도의 한숨을 쉬었다. 윤증이 간곡하게 청을 하면 송시열이 마음을 고쳐 제대로 된 묘갈명을 써서 보내줄 것이라고 믿은 것이다. 그렇게 되면 스승과 제자 간의 갈등 역시 막을 내릴 것이라고 말이다. 하지만 그들은 송시열의 분노와 배신감을 이해하지 못했다. 아울러 윤증이 송시열에게 화를 낸 것이 단지 돌아가신 아버지 윤선거의 묘갈명 때문이 아닌 정치적, 학문적 견해 차이가 밑바탕에 깔려 있음을 알지 못했다. 훗날 조선 후기 정치사와 당쟁사에 큰 획을 그은 회니시비懷尼是非의 시작이었다. 송시열이 머물고 있던 충청도 회덕懷德과 윤증이 머물고 있는 충청도 이성尼城의 앞 글자를 따서 붙인 것이다.

송자라고 불리다

역사에 거대한 발자취를 남겼을수록 선명한 이미지와 그 이미지를 묘사할 수식어를 쉽게 찾을 수 있다. 예컨대 김옥균에게는 혁명가, 조광조에게는 개혁가라는 수식어를 쉽사리 붙일 수 있지만 송시열에게는 부정과 긍정 그 어디에도 설 수 없는 모호한 이미지가 있다. 조선을 망친 인물로 보이기도 하고, 조선 후기 사상사에 큰 영향을 끼친 사상가로 보이기도 한다. 당쟁을 온몸으로 겪으면서 많은 반대파들을 죽였고, 자신도 83세라는 노쇠한 나이에 사약을 받고 죽은 문제적 인물이기 때문이다. 공자와 맹자에 버금가는 송자라는 칭호를 받은 한쪽에서는 조선 후기 당쟁을 고착화시켜서 마침내는 조선을 멸망에 이르게 했다는 비난을 받는다. 그가 제자 윤증과 벌인 회니시비는 그의 사상적 견고함을 보여주는 대표적인 사례이다.

조선 후기 사상사와 당쟁사를 얘기할 때 빼놓을 수 없는 인물이 바로 우암 송시열이다. 철저하게 주자를 신봉하고 따랐던 그가 조선 후기에 끼친 영향은 곳곳에 남아 있다. 대다수 우리나라 위인이 그렇듯 그의 탄생은 범상치 않았다. 선조 40년인 1607년 외가인 충북 옥천에서 태어날 때 아버지 송갑조宋甲祚는 공자가 제자들을 거느리고 집안으로 들어오는 꿈을 꾸었다고 한다. 송갑조는 광해군 시절, 과거에 합격한 후 대담하게도 인목대비가 유폐되어 있던 서궁을 향해 절을 했다. 덕분에 평생 과거를 볼 수 없는 금고형에 처해질 정도로 강직한 성격의 소유자였다. 그리고 그 성격은 고스란히 아들에게 이어졌다.

아버지는 어린 송시열에게 좋은 학자가 되기 위해서는 공자의 가르침을 받들어야 하고 그러기 위해서는 율곡 이이李珥로부터 시작해야 한다고 일러줬다. 나름 평범했던 송시열의 일상에 변화가 온 것은 인조 5년인 1627년에 일어난 정묘호란이다. 운산에 있던 형 송시희宋時熹가 죽음을 당했고, 다음 해에는 아버지 송갑조가 세상을 떠나고 말았다. 안팎으로 큰 슬픔을 겪은 송시열은 아버지의 장례를 치르고 김장생金長生을 찾아가 가르침을 받는다. 김장생이 세상을 떠난 후에는 그의 아들 김집金集에게 가르침을 받는다.

송시열 초상화. 국립중앙박물관

광해군 시절에 서궁에 있는 인목대비를 향해 절을 할 정도로 완고한 아버지와 예학의 대부인 김장생과 그의 아들 김집에게 가르침을 받으면서 송시열에게는 차츰 이념적인 완고함이 생겨났다. 거기다 정묘호란으로 인해 형까지 잃었으니 그의 마음이 무엇으로 가득 찼을지는 짐작이 간다. 김장생은 그런 송시열을 두고 독실한 사람이라 크게 진취할 것이라고 평했다. 그의 말대로 송시열은 김장생과 김집의 수많은 제자들 가운데에서 단연 두각을 나타냈다. 과거에 합격했지만 관직에 발을 들여놓지 않았던 그는 최명길崔鳴吉의 추천을 받아서 봉림대군을 가르치는 스승이 되었다.

하지만 바로 다음 해인 1636년 병자호란이 터진다. 병자호란의

회암 주자(주희) 초상화. 문화재청

결과는 정묘호란과는 비교할 수 없을 정도로 참혹했다. 그리고 제자인 봉림대군이 머나먼 청나라로 끌려가는 비극을 지켜봐야만 했다. 살아남았다는 죄책감과 제자가 끌려간 아픔은 둘째 치고 어떻게 짐승이나 다름없는 여진족에게 조선의 임금이 무릎을 꿇고 항복을 할 수 있었는지 송시열의 세계관으로는 이해가 가지 않았다. 이때의 충격은 머리에 신발을 쓰고 발에 모자를 신었다고 표현할 정도였다. 평생 지켜온 가치관이 송두리째 뒤집어질 때 사람들은 다양한 반응을 보인다.

송시열이 택한 것은 은거였다. 고향인 충북 회덕으로 내려온 그는 정신적 스승이자 마음의 고향인 주자에 깊이 빠져들었다. 김굉필金宏弼이 소학동자라고 불릴 정도로 소학에 빠져들고 김장생이 평생을 예학에 몰두했다면, 송시열은 주자의 가르침을 받들었다. 주자의 말과 가르침은 하나도 버릴 게 없으며 모두 옳다는 절대적인 믿음 혹은 원칙은 학문적인 동료였던 윤휴와 사이가 벌어지는 원인이 되었다.

주자에 대한 송시열의 집착은 지금 기준으로는 정상적인 범주를 넘어섰다고 할 수준이었다. 자신이 앓고 있는 병이 주자와 같다는 것을 알고는 기뻐했다는 대목이나 일찍 요절한 손녀를 앞에 두고 주자도 같은 일을 겪었으니 나쁘지만은 않다고 술회한 부분은 소름이 끼칠 정도다. 이것은 송시열 개인의 집착이라기보다는 당시 시대적 상황이 그렇게 흘러갔다는 점을 감안해야 한다. 강화도에서 순절한 김상헌金尙憲이나 청나라에 끌려가서 죽은 삼학사三學士(홍익한洪翼漢, 윤집, 오달제吳達濟를 지칭한다)가 부러움과 추종의 대상이 되었을 만큼 살아있는 사람 모두 갈피를 잡지 못했던 시절이었다.

그러는 동안 인조와 대신들은 송시열에게 관직을 주면서 조정에 출사시키려고 애를 썼다. 하지만 송시열은 연거푸 거부했는데 역설적으로 그럴수록 송시열의 명성은 높아만 갔다. 반정으로 정권을 잡아서 정통성이 허약한 인조 정권은 두 차례의 호란을 겪으면서 오랑캐에게 무릎을 꿇는 치욕을 겪는다. 거기다 앞서 이괄李适의 난까지 겪으면서 인조는 무려 세 차례나 한양을 비우고 도망치는 진기록을 세웠다. 그런 상황을 모면하고 인심을 얻기 위해 조정에서는 이름난 선비들을 조정에 불러들이거나 자기들 편으로 만들기 위해 애를 썼다. 산림을 받들어 중용하자는 그들의 구호에서 당시의 긴박한 정황을 엿볼 수 있다.

인조는 연거푸 벼슬을 사양하는 송시열에게 역마를 타고 올라오라고까지 지시했다. 두 차례의 호란 이후 역참이 피폐해지면서 관리들조차 역마의 사용이 금지된 상황에 비춰보면 엄청난 특혜를 준 것이다. 하지만 여전히 송시열은 조정에 나가기를 거부했다. 스승인 김장생처럼 정계에 진출하지 않고 그림자만 드리운 것으로도 영향력을 미친 것이다. 그러다 그가 가르쳤던 봉림대군이 효종으로 즉위하면서 잠시 조정에 출사했다. 하지만 그의 관직생활은 오래가지 않았다. 병과 늙은 노모를 돌보는 것을 핑계로 한양을 떠난 것이다.

그렇다면 이 시기 송시열이 꿈꾼 것은 무엇이었을까? 효종 8년인 1657년에 그가 올린 상소문을 보면 알 수 있다.

> 삼가 듣건대 오늘날 명나라의 후손이 중국의 남녘 외진 곳에 붙어 있다고 합니다. (중략) 만 리 길 거센 파도에 소식을 전하기가 어렵겠지만 정성이 있으면 먼 곳이라도 모두 미치는 법입니다. 군인이나 백성, 문신이나 무신 가운데 충성심과 신의가 깊어 모집에 응해 가기를 원하는 자가 어찌 없겠습니까. 삼가 바라건대 전하께서는 묵묵히 신묘한 계책을 세우시어 심복의 대신들과 은밀히 의논해 도모하소서.

송시열은 중국 남부 어딘가에 있을지 모를 명나라의 잔존 세력과 연락할 것을 주장한다. 그 이후에 뭘 어떻게 하겠다는 대책을 세우진 않았지만 일단 사람을 보내 연락을 하면 나라가 저절로 잘 될 것이라는 희망을 품고 있었다. 송시열이 보기에 오랑캐가 명나라를 쫓아내고 중원의 주인을 자처한 것도 모자라 임금이 오랑캐에게 무릎을 꿇고 고개를 조아렸으니 뭐가 잘못되어도 단단히 잘못된 세상이었다. 그리고 그런 세상을 바로 잡기 위해서는 어떻게든 오랑캐를 몰아내야만 했다.

그의 상소는 당연히 별다른 반응을 얻지 못한다. 그러자 송시열은 고향인 회덕에 은거한다. 오직 주자의 가르침을 받드는 것이 이 뒤집힌 세상의 유일한 해결책이라고 믿은 것이다. 그렇게 은거한 송시열에게 스물여덟 살의 젊은 선비 한 명이 찾아온다. 그와 함께 김집에게서 가르침을 받았던 윤선거의 아들 윤증이었다. 송시열은 자신의 젊은 시절을 쏙 빼닮은 것 같은 윤증을 제자로 받아들인다.

윤증 초상화. 국립중앙박물관

아버지의 운명을 짊어진 아들

스승 송시열이 아버지 송갑조의 영향을 깊게 받은 것처럼 제자 윤증의 삶에도 아버지 윤선거의 그림자가 짙게 드리워져 있다. 파평 윤씨 집안의 후손인 윤선거 역시 병자호란을 피해가지 못했다. 청나라 군이 쳐들어오자 임금인 인조는 남한산성으로 피신했고 세자와 사대부들은 강화도로 피난을 떠났다. 윤선거 역시 부인과 함께 어머니를 모시고 강화도로 피난을 떠났다. 그의 아버지 윤황尹煌은 남한산성에 머물렀다.

전세가 기울어지자 윤선거는 함께 강화도로 피난을 온 동료인 권순장權順長, 김익겸金益兼과 함께 만약 청나라 군이 강화도에 들어오면 함께 죽자고 맹세를 한다. 다른 동료들은 자결함으로써 약속을 지켰고 윤선거의 부인 역시 스스로 목을 매달아 목숨을 끊었다. 하지만 윤선거는 죽지 않고 살아남았다. 남루한 옷으로 갈아입고 정체를 숨긴 윤선거는 청나라 군에게 항복한 봉림대군이 남한산성에 이 사실을 알리기 위해 사절로 보낸 종친 진원군을 따라 강화도를 벗어난 것이다. 그가 죽지 않은 명분은 남한산성에 있는 아버지를 만나보고 죽는다는 것이었다. 하지만 동료들과 부인이 모두 자결한 상황에서 혼자서 살아남았다는 사실은 변함이 없었다. 그리고 그 일은 윤선거의 남은 생애에 결정적인 영향을 미쳤다. 조선이 청나라에 항복한 후 아버지 윤황은 귀양을 떠난다. 윤선거는 아버지를 모시고 함께 유배지로 갔다가 충청도 금산으로 내려간다. 그리고 그곳에서 남은 생애를 보낸다.

구차하게 살아남았다는 비난을 받은 윤선거에게도 병자호란의 결과는 납득하기 어려웠다. 그래서 그 해답을 찾기 위해 파고든 것이 바로 예학이었다. 너와 내가 다르고 그것을 구분하는 것은 눈에 보이는 예의범절이라는 점이 그를 매혹시켰던 건 아닐까. 비록 무릎을 꿇고 항복을 하긴 했지만 조선인은 자랑스러운 문명인이고 저들은 한낱 힘에 의존하는 야만인이라는 생각을 증명해보이고 싶었는지도 모른다.

윤선거는 예학의 거두이자 대부인 김장생의 제자가 된다. 그리고 비슷한 또래의 송시열, 송준길宋浚吉과 가깝게 지냈다. 김장생의 또 다른 제자인 유계兪棨와는 《가례원류》라는 가례집을 함께 쓰기도 했다. 가례란 집안에서 통용되는 예절을 지칭하는 것으로 예학의 기본이라고 할 수 있다. 그리고 조정에서 주어지는 모든 벼슬을 마다한 채 지낸다. 인조 7년인 1629년 윤증은 아버지를 따라 충청도 금산으로 내려갔다. 그리고 김집을 스승으로 모셨는데 그는 바로 아버지의 스승인 김장생의 아들이었다.

그 외에도 아버지의 동문이자 김집의 제자인 송준길, 권시權諰

등을 스승으로 모셨고, 권시의 딸과 결혼하면서 그의 학맥은 더욱 탄탄해졌다. 윤증의 장인이자 스승인 권시는 특히 그를 극찬했고 송준길 역시 몹시 아꼈다. 그의 명성이 점점 높아지면서 조정에서 계속 부름이 있었지만 아버지와 더불어 출사하지 않았다. 그러다 회덕에 머물고 있던 송시열을 찾아가 배움을 청한다. 1657년 윤증의 나이 스물여덟, 그리고 송시열의 나이 쉰 살이었다.

예송 논쟁에 휘말리다

얼마 후 송시열은 다시 조정에 나갔다. 효종의 갑작스러운 사망 이후 예송 논쟁에 휘말렸기 때문이다. 교과서에는 제1차 예송 논쟁으로, 당대에는 기해예송으로 불리는 이 사건의 핵심은 간단하면서도 복잡했다. 1659년 5월 십여 년간 재위한 효종이 마흔의 나이로 승하하면서 누구도 생각하지 못했던 문제 하나가 불거진다. 세자가 곧바로 즉위하면서 왕위 계승은 별다른 문제없이 넘어갔다. 문제는 인조의 계비, 즉 두 번째 왕비인 장렬 왕후 조씨, 보통 자의대비라고 불리는 여인 때문이었다. 나이는 효종보다 어리지만 족보상 어머니가 되었기 때문에 아들의 장례를 치르게 되는 셈이다. 그렇다면 그녀는 과연 상복을 얼마 동안 입어야 할까? 예법으로 따지면 간단했다. 큰아들은 3년, 그 외의 자식들은 1년 동안 상복을 입으면 되었다.

하지만 왕실이라는 특수성, 그리고 정통성 문제로까지 번지면서 상황은 복잡하게 흘러갔다. 원래 효종은 인조의 둘째 아들로서 왕위를 이을 수 없었다. 하지만 형인 소현세자가 심양에 볼모로 끌려갔다가 돌아온 후 의문의 죽음을 맞으면서 그에게 왕위가 돌아갔다. 당대에도 독살설이 돌았을 만큼 소현세자의 죽음은 갑작스러웠고, 인조는 며느리인 강빈에게 사약을 내려 죽이는 것은 물론 걸음마를 겨우 뗀 손자들을 멀리 제주도로 유배를 보냈다. 세 명의 손자들 중 둘이 그곳에서 죽음을 맞았다. 강빈의 죽음과 세손들의 귀양은 실록을 쓴 사관들조차 분개할 정도로 참혹한 일이었다. 하지만 인조에게도 변명거리는 있다. 소현세자의 동생인 봉림대군을 왕위에 앉히기 위해서는 교통정리를 확실하게 할 필요가 있었던 것이다. 물론 그 교통정리란 것이 며느리와 손자의 죽음이었다는 점은 변명의 여지가 없지만 말이다.

어쨌든 그런 과정을 거치면서 인조의 둘째 아들인 봉림대군이 효종이 되었다. 그러면서 윤증이 아버지 윤선거가 살아남은 죄를 함께 떠안은 것처럼 효종 역시 소현세자 문제를 끌어안게 되었다. 소현세자 문제를 잘못 처리할 경우 자신의 정통성은 물론 아버지 이름에도 먹칠을 할 수밖에 없었다. 그래서 그는 사람들의 예상을 뒤집고 형인 소현세자나 형수인 강빈을 복권시키지 않았다. 아울러 제주도에 있는 소현세자의 아들을 풀어주자는 주장을 한 관리를 때려죽였다. 아버지 인조가 그랬던 것처럼 강경하게 대처한 것이다. 그렇게까지 하면서 소현세자 문제를 수면 아래 가라앉히는 데 성공했지만 당사자의 죽음으로 인해 그 문제는 또 다시 수면 위로 떠올랐다. 질문은 간단했다.

"과연 효종은 인조의 첫째 아들인가? 둘째 아들인가?"

그것을 증명할 수 있는 길이 바로 자의대비가 상복을 얼마 동안 입느냐에 달린 것이다. 큰아들로 삼는다면 3년이고 그것이 아니라면 1년이었다. 만약 1년 동안 상복을 입는다면 둘째 아들이라는 점을 인정한 셈이고 그렇다면 자연스럽게 큰아들인 소현세자의 아들에게 더 정통성이 있는 게 아니냐는 물음이 따라붙는다. 별거 아닌 문제를 복잡하게 생각한다고 볼 수도 있지만 당시 예송 논쟁은 어마어마하게 민감한 문제였다.

효종의 장례를 치르는 중에 이 문제가 불거지자 왕세자였던 현종은 대신들에게 송시열을 비롯한 산림들과 이 문제를 논의할 것을 지시한다. 당시 조정은 서인이 장악하고 있었고 송시열 역시 서인 계열이었기 때문에 의견은 쉽게 모아졌다. 효종은 인조의 큰아들이 아니기 때문에 어머니인 자의대비는 1년 동안만 상복을 입으면 된다고 한 것이다. 비록 효종과 그 뒤를 잇는 현종의 정통성에 흠집이 날 수 있지만 예법을 따라야 한다는 송시열의 의견에 따른 것이다. 그렇게 약간은 복잡하고 위험했던 문제가 넘어가나 싶었다. 효종의 뒤를 이은 현종이 재위에 오른 다음 해인 1660년 3월 사헌부 장령이나 서인과 대립하고 있던 남인의 한 사람이었던 허목의 상소가 올라오기 전까지는 말이다.

허목은 왕가는 종통을 우선시하기 때문에 사대부의 예법을 따를 필요가 없다는 주장으로 이야기를 시작했다. 그러면서 효종은 인조의 왕위를 계승했기 때문에 예법에 상관없이 큰아들로 인정할 수 있고, 그렇다면 자의대비는 1년이 아니라 3년 동안 상복을 입어야 한다고 주장했다. 그리고 이를 뒷받침하기 위해서 중국 주나라 때 주

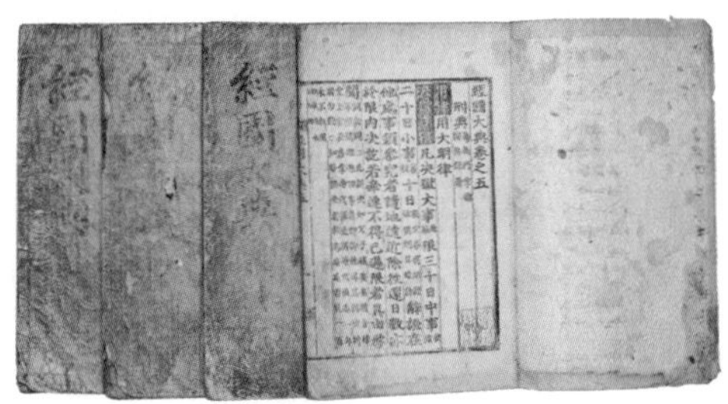

《경국대전》. 국립중앙박물관
조선의 기존 법전으로 세조 때 편찬을 시작하여 1485년(성종 16년)에 완성되었다.

공이라는 학자가 쓴 《의례》라는 책의 한 대목을 인용했다. 허목의 상소는 조정에 핵폭탄을 터트린 꼴이 되었다. 상소문을 읽은 현종은 일단 대신들과 산림들이 모여서 논의를 하라는 지시를 내린다.

하지만 이 시점부터 상복을 몇 년 동안 입느냐의 문제는 예법을 논하는 단계를 넘어서버렸다. 당장 서인의 산림이며 송시열의 친구였던 송준길이 반박하는 내용의 상소문을 올렸고, 허목이 다시 반박하는 상소문을 올렸다.

관건은, 예법에 따라 효종을 인조의 둘째 아들로 봐야 하는지 아니면 왕실이라는 특수성을 감안해 큰아들로 인정하는지 여부였다. 이 자체는 별거 아닐지 모르지만 만약 상속 문제라도 걸려 있다면 얘기가 달라질 수밖에 없다. 하물며 임금의 자리가 걸려 있으니 양쪽 다 쉽게 물러설 수는 없었다. 회덕에 내려가 있던 송시열은 뒤늦게 이 문제가 불거진 것을 알고 장문의 상소를 올려서 자신의 주장을 펼친다. 그는 아무리 왕실이라도 예법의 그늘에서 벗어나서는 안 된다고 일갈한 것이다. 평생 주자를 흠모해 예법을 익혔던 그로서는 당연한 일이었다.

그러는 와중에 남인이자 과격파인 윤선도尹善道가 허목의 주장을 지지하면서 상황은 한없이 복잡해졌다. 아마도 현종은 내심 왕위 계승의 정통성을 역설하는 남인의 3년 상복 설을 지지했던 것으로 보인다. 하지만 복잡한 예법 문제를 쉽게 거론할 수 없었고 무엇보다 송시열 같은 산림들이 거세게 반대하는 상황에서 대놓고 남인들 편을 들 수 없었다.

무엇보다도《경국대전》에 어머니는 큰아들과 둘째 아들 여부에 상관없이 1년 동안 상복을 입어야 한다는 부분이 있었기 때문에 서인 쪽에 좀 더 유리했다. 그렇게 윤선도가 올린 상소는 뜯어보지도 못하고 불태워졌고 윤선도는 유배를 떠나고 말았다. 예송 논쟁의 첫 번째 피해자였다.

이후 서인이자 송시열의 사돈이었으며 동시에 윤증의 장인이기도 했던 권시가 윤선도에 대한 유배형이 너무 가혹하다고 나섰다가 같은 서인들의 공격을 받고 관직을 내놓고 낙향했다. 윤선도의 편을 들었던 남인 관료들 역시 비판 공세를 이기지 못하고 줄줄이 파직 당했다. 그러면서 자연스럽게 예송 논쟁은 막을 내렸다. 하지만 이 과정을 지켜보면서 현종은 서인이 자신을 배려하지 않는다는 점을 섭섭하게 여겼다. 그리고 피해를 입은 남인들 역시 곱게 물러날 생각은 없었다. 기해예송의 일방적인 마무리는 두 번째 예송 논쟁을 불러오는 계기가 되었다. 하지만 송시열은 그 두 번째 예송 논쟁을 치루기에 앞서 또 한 번의 논란에 휘말린다. 이번에 겨룰 상대는 다른 당파가 아니라 바로 자신의 제자였던 윤증이었다.

깊어지는 갈등

시작은 윤선거의 죽음이었다. 현종 10년인 1669년 강화도에서 죽지 못한 삶을 뒤늦게 마친 것이다. 아들 윤증은 아버지의 묘갈명을 송시열에게 부탁한다. 원래 윤선거와 송시열은 같은 김장생의 제자였고 당파도 같아서 절친한 사이였다. 문제는 둘 사이가 아니라 윤휴 때문이었다. 처음에는 사이가 좋았다. 같은 서인이었고 무엇보다도 송시열이 윤휴의 재능을 높이 평가했기 때문이다. 처음 만난 윤휴와 사흘간 토론을 한 송시열이 친구인 송준길에게 나의 30년 독서가 참으로 가소로워 보인다고 말할 정도로 윤휴는 대단한 실력을 가지고 있었다.

송시열의 글씨. 국립중앙박물관
'해동(즉 조선)의 하늘과 땅 모두 이상적 국가 주나라의 정신을 존중하는 큰 뜻을 갖는다'라는 뜻이다.

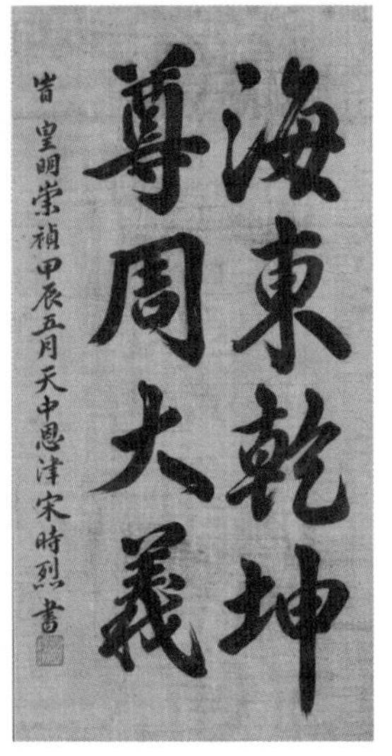

이런 두 사람이 갈라진 것은 주자를 보는 다른 시선 때문이었다. 과장을 곁들여서 주자의 숨소리조차 숭배하던 송시열에 비해서 윤휴는 주자는 주자, 나는 나라는 생각의 소유자였다. 그러다가 윤휴가 주자의 책에 자신이 직접 해석을 하고 주석을 붙인 《독서기》라는 책을 쓰면서 파국을 맞이한다. 주자의 말은 한 글자도 틀리지 않고 한 글자도 고칠 수 없다는 입장의 송시열에게 윤휴의 행동은 절대 용서할 수 없는 일이었다. 두 사람은 서로 친했던 만큼 갈등의 골도 깊어졌다. 급기야 송시열은 주자의 절대성을 인정하지 않은 윤휴를 사문난적이라고 비난했다.

송시열의 글씨. 명지대, e-뮤지엄

공부역간단의리난추심功夫易間斷義理難推尋은 '공부는 중단하기 쉽고 의리는 지키기 힘들다'라는 뜻이다.

송시열은 한 발 더 나아가 윤휴와 가깝게 지내던 윤선거에게도 절교를 강요했다. 윤선거는 내심 못마땅했지만 일단 송시열의 뜻을 받아들였다. 하지만 그 뒤에도 윤휴와의 인연을 끊지는 않았다.

평생을 죄인으로 산 아버지의 죽음 앞에서 비통해하던 윤증은 장례를 치르면서 아버지의 묘갈명을 송시열에게 부탁했다. 윤휴 문제를 알고 있던 주변에서는 모두 만류했지만 윤증은 고집을 꺾지 않았다. 겉으로는 모르지만 마음속으로는 서로 존경하고 아꼈을 것이라는 믿음을 가진 것이다. 하지만 그 믿음이 지나쳤는지 혹은 자신감에 넘쳤는지는 모르지만 윤증은 박세채가 지은 행장 외에도 기유의서를 함께 보내고 만다. 기유의서는 윤선거가 죽던 해인 기유년에 송시열에게 보내려던 편지를 지칭한다.

윤선거는 이 편지에서 송시열에게 윤휴와 허적을 너무 적대시하지 말고 같은 선비로서 소통하고 지내라고 충고했다. 윤선거로서는 예송 논쟁을 거치면서 당파간의 갈등이 심해진 것이 못내 아쉬웠던 모양이다. 하지만 이 편지는 송시열에게 닿지 못했다. 송시열의 성격을 잘 아는 주변의 만류가 심했기 때문이다. 그런데도 윤증은 아버지의 묘갈명을 부탁할 때 행장과 함께 이 기유의서도 함께 보낸 것이다. 회니시비를 얘기할 때 다들 이 부분은 그냥 별다른 언급 없이 넘어가버리곤 하지만 편지를 쓴 당사자인 윤선거조차 주저할 정도로 송시열의 과격하고 꽉 막힌 성격은 유명했다. 그럼에도 불구하고 윤증이 기유의서를 보낸 이유는 무엇일까? 아마도 윤증은 아버지 윤선거에 대한 면죄부를 받아내려고 한 것이 아닌가 싶다.

강화도에서 친구, 부인과 함께 죽지 못하고 살아남았다는 점은 평생 윤선거의 짐이 되었고, 아들인 윤증에게도 부담스러운 짐이었다. 훗날 윤증이 아버지 윤선거의 제자였던 나양좌羅良佐에게 보낸 편지에 아버지가 강화도에서 친구들과 함께 죽었어야 할 이유는 없었다고 구구절절 설명한 것을 봐서도 알 수 있다. 윤증이 이 편지를 써서 나양좌에게 보낸 것이 병자호란이 끝난 지 무려 반세기나 지난 후인 숙종 11년인 1685년이었다는 점을 감안하면 윤증이 느낀 부담감이 어느 정도인지를 짐작할 수 있다.

아무리 변명을 해도 피할 수 없었던 아버지에 대한 주변의 싸늘한 시선을 송시열이라는 권위를 통해서 벗어나려고 한 것이 아니었을까. 아울러 천하의 송시열을 타이르고 충고할 수 있는 사람은 아버지 밖에 없다는 사실도 대내외에 과시하고 싶었을지 모른다. 물론 아버지가 생존해 있을 때라면 얼토당토않은 일이겠지만 이미 죽은 사람을 상대로 어찌하진 못할 것이라는 계산도 했었을 것이다. 거기다 아버지와 송시열은 친구였고 자신은 그 제자였으니 결국은 부탁을 들어주리라고 기대하지 않았을까. 다른 무엇보다 위대한 학자이자 산림인 송시열을 믿었던 모양이다.

하지만 제자인 윤증은 스승 송시열이 뜻을 지키기 위해서라면 산 사람 뿐만 아니라 죽은 사람과도 싸울 각오가 되어 있다는 점을 미처 깨닫지 못했다. 사실 기유의서의 내용은 어떤 형태로든지 송시열의 귀에 흘러들어갔을 것이다. 하지만 풍문으로 들은 것과 실제 눈으로 본 것은 하늘과 땅 차이인 법이다. 안 그래도 기해예송을 통해 위험한 사상이 생각보다 널리 퍼져 있는 것을 경계하고 있던 송시열로서는 아무리 친구와 제자가 얽혀 있다고 해도 그냥 넘어갈 수는 없었던 문제였다. 송시열이 쓴 묘갈명은 상당히 무성의했고 강화도에서의 일도 무덤덤하게 서술했다. 본래 죽은 자에게는 너그러웠던 당시의 풍습과는 상당히 배치되는 것이다. 성의 없는 묘갈명을 받은 윤증은 여러 차례 고쳐줄 것을 부탁했다. 하지만 송시열은 바꿀게 별로 없다면서 몇 글자 고치는 것으로 응수했다. 이것으로 한때 스승과 제자였던 송시열과 윤증의 관계는 완전히 틀어지고 말았다.

두 번째 예송 논쟁

주자의 뜻을 지키기 위해서라면 모든 것을 희생할 수 있던 스승과 그 스승을 이해하지 못한 제자 사이의 갈등은 양쪽 다 예상하지 못한 쪽으로 번져갔지만 발화를 하려면 아직 시간이 필요했다. 사실 이 문제는 송시열이 겪은 수많은 싸움 중 하나에 불과했다. 당장 그에게는 두 번째 예송 논쟁이 기다리고 있었다. 기해예송을 계기로 조정에 출사한 송시열은 막강한 영향력을 발휘했다. 하지만 산에서 내려온 호랑이는 많은 적들을 만들어냈다. 자신의 뜻을 조금도 굽히지 않는 것은 학자나 선비로서는 칭찬받을 덕목이었지만 정치인으로서는 치명적인 약점이기 때문이다. 다른 당파는 물론 같은 당파 안에서도 그에 대한 반대파가 점점 늘어났다. 그런 와중에 제2차 예송 논쟁이 벌어졌다. 이번에도 시작은 누군가의 죽음이었다. 현종 14년인 1674년 2월 효종의 부인이자 현종의 어머니인 인선왕후가 세상을 떠났다. 문제는 이때까지 인조의 계비이자 효종의 어머니였던 자의대비가 살아 있었다는 점이다. 덕분에 14년 전과 비슷한 물음이 사람들 앞에 던져졌다.

"과연 효종의 부인 인선왕후는 인조의 첫째 며느리인가? 둘째 며느리인가?"

《경국대전》에는 첫째 며느리라면 1년, 둘째 며느리라면 9개월 동안 상복을 입어야 한다고 나와 있다.《의례》는 첫째 며느리는 9개월, 둘째 며느리는 5개월 동안 상복을 입어야 한다고 규정했다. 현종은 이 문제를 예조에서 정하라고 지시했다. 예조는 맨 처음에는 자의대비가 1년 동안 상복을 입어야 한다고 했다가 바로 다음 날 9개월 동안 상복을 입는 것으로 말을 바꿨다. 그러니까 인선왕후는 자의대비의 둘째 며느리라고 인정한 것으로, 14년 전 기해예송 때 효종이 인조의 둘째 아들이라고 결정한 것과 같은 결론이었다.

서인 세상이었던 조정에서는 다들 명쾌한 결론이라고 고개를 끄덕거렸겠지만 딱 한 명, 현종만큼은 심기가 불편했다. 첫 번째 예송 논쟁 때는 즉위한 지 얼마 되지 않아서 휩쓸려갔지만 이번에는 달랐다. 무엇보다도 나이가 드는데도 완고한 기질을 버리지 못한 송시열에 대한 반감이 적지 않았다. 거기다 이번에는 옆에서 부채질하는 사람들도 등장했다. 먼저, 대구에 사는 도신징都愼徵이라는 늙은 선비가 첫 번째 주자였다. 인선왕후의 장례가 끝나고 몇 달이 지난 7월 현종에게 상소문 하나가 도착했다. 바로 도신징이 보낸 상소문이었다. 도신징은 상소문에서 효종 부부는 왕위를 계승했으니 마땅히 적장자이고, 당연히 큰아들과 며느리의 예로 대해야 한다고 지적했다. 아울러 이 문제를 그냥 넘어갈 경우 현종 역시 둘째 아들의 후손이 된다고 언급했다. 이 문제를 내심 염려하고 있던 현종의 입맛에 딱 맞는 상소문이었다.

이 내용을 안 서인들은 상소문의 내용을 무시하라고 말했지만 현종은 마음에 담아두었다. 그리고 며칠 후 신하들에게 왜 자의대비가 상복을 1년 동안 입기로 정했다가 나중에 9개월로 바꾸었는지를 물었다. 현종은 기해예송 때는 큰아들과 작은아들 여부에 상관없이 어머니가 1년 동안 상복을 입어야 한다는《경국대전》의 예를 따랐으면서 이번에는 왜《의례》를 따라서 9개월 동안 상복을 입는 것으로 정했는지를 물고 늘어진 것이다.

현종의 날카로운 질문 공세에 서인 쪽 대신들이 쩔쩔 매고 있는 사이 두 번째 부채질이 등장했다. 바로 현종의 외척인 청풍 김씨 집안 출신의 승지 김석주金錫胄였다. 돌연 끼어든 그는 지난 번 기해예송 때 송시열이 효종대왕을 인조의 서자로 취급했다고 말한 것이다. 둘째 아들이라는 말을 놔두고 굳이 서자라는 말을 꺼낸 것은 현종의 마음에 불을 지르려는 속셈이었다. 현종의 외척이었던 청풍 김씨 집안은 송시열의 견제 때문에 제대로 관직에 오르지 못했고 이에 대한 불만이 가득한 상태였다. 김석주는 이번 기회를 놓치지 않고 물고 늘어졌다.

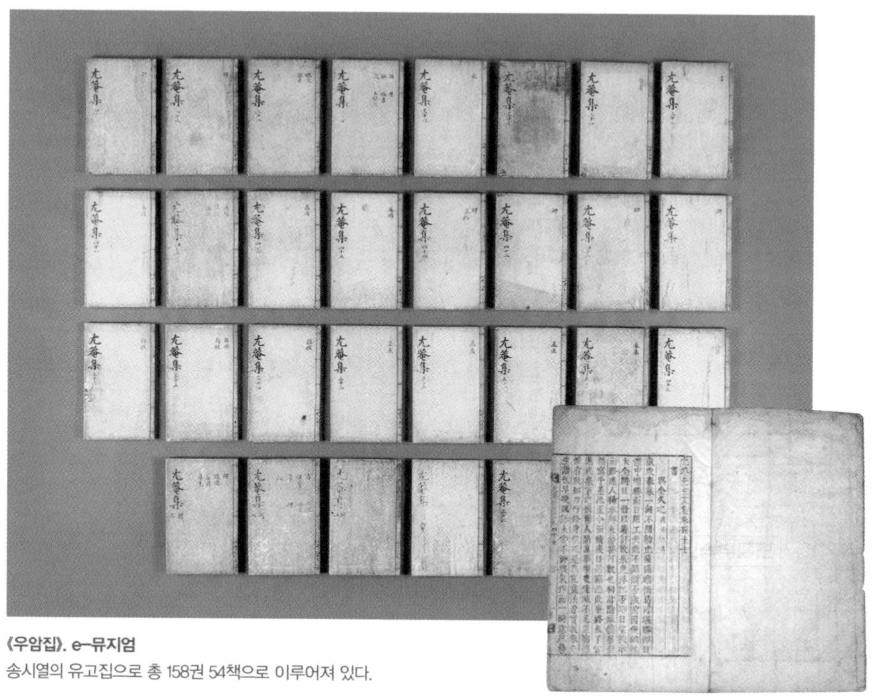

《우암집》. e-뮤지엄
송시열의 유고집으로 총 158권 54책으로 이루어져 있다.

김석주가 던진 핵폭탄은 조정을 쑥대밭으로 만들었다. 현종은 당장 결론을 내서 보고하라고 지시했다. 이른바 2차 예송 논쟁인 갑인예송이 불붙기 시작한 시점이었다. 갑인예송은 굉장히 빠르게 결론이 났고 송시열은 낙향해 있던 상태라 직접 참가하지는 못했지만, 당시 조정 관료들은 대부분 송시열의 제자들이었거나 이런저런 인연으로 얽혀있던 사이였다. 예조에서 1년간 상복을 입는 것으로 결론을 내렸다가 9개월로 바꾼 것도 송시열의 입김이 다분히 작용한 결과였다. 이런 상황이었으니 갑인예송은 현종과 송시열을 대신한 대리인들과의 다툼이라고 봐야 한다.

신하들은 갈팡질팡했지만 결론을 바꾸지는 않았다. 오히려 1차 예송 논쟁 문제는 이미 지나갔으니 따지지 말자고 변명하면서 이미 죽은 사람에게 책임을 떠넘기기도 했다. 나름 현명한 선택이었지만 현종이 원하는 대답이었던 내 아버지 효종이 인조의 적자라는 것과는 거리가 멀었다. 대신들이 유연함을 발휘하지 못한 것은 역시 예법에서는 한 발자국도 벗어날 수 없고 예외가 없다는 송시열의 영향 때문이었다.

신하들이 엉뚱한 얘기로 결론을 낸 것에 화가 머리끝까지 치밀어 오른 현종은 격노하며 다그쳤다. 하지만 송시열의 영향을 받은 서인 대신들은 고개를 숙이고 잘못을 사과했지만 상복 문제 만큼은 절대 양보하지 않았다. 결국 현종은 자신이 직접 자의대비가 1년 동안 상복을 입는 것으로 결정을 내렸다. 이것으로 두 번째 예송 논쟁인 갑인예송은 막을 내렸다. 막대한 후폭풍을 남겨놓은 채 말이다. 영의정을 필두로 서인 쪽 대신들은 줄줄이 의금부에 갇히거나 유배를 떠났다. 뒤늦게 이 사실을 안 송시열은 급하게 한양으로 올라오려고 했다. 아마 1차 예송 논쟁 때처럼 본인이 상황을 정리할 수 있다고 믿었던 모양이다. 하지만 갑작스러운 발걸음 탓인지 병이 나면서 발이 묶여버리고 말았다. 그러는 사이 현종이 갑작스럽게 세상을 떠나면서 갑인예송은 허무하게 막을 내렸다.

현종이 갑작스럽게 죽었다는 소식을 듣고 어쩌면 송시열은 안도의 한숨을 내쉬었을지도 모른다. 그 다음에 즉위한 숙종은 고작 열세 살이었기 때문이었다. 하지만 그의 기대와는 달리 어린 숙종은 70대 노학자이자 산림의 대표주자격인 송시열에게 단칼에 유배형을 내렸다. 그리고 조정은 오랫동안 숨을 죽여 왔던 남인이 차지했다. 하지만 남인들의 세상 역시 오래가지 못했다. 숙종 6년인 1680년 잘 나가던 남인들에게 날벼락이 떨어졌다. 숙종이 그들을 중용한 것은 서인들의 세력을 견제하기 위해서였을 뿐 남인들의 세력이 슬슬 올라올 기미를 보이자 숙종은 조정을 싹 물갈이하는 환국을 단행한다. 숙종의 장기長技인 물갈이가 처음으로 단행된 '경신환국'이었다. 이 와중에 덕원, 오늘날의 함경도 원산으로 유배를 가 있던 송시열은 풀려난다. 고향인 회덕으로 내려온 그를 맞이한 것은 다름 아닌 윤증이었다.

서인이 다시 집권할 수 있는 기회를 앞에 두고 스승과 제자가 다시 뭉친 것이다. 하지만 두 사람은 곧 의견 차이를 드러냈다. 윤증은 남인들을 가혹하게 처벌하는 것을 반대한 반면, 송시열은 인정사정을 두지 않았던 것이다. 그 와중에 사문난적이라는 죄명을 쓴 윤휴가 처형당하는 일이 벌어진다. 이 광경을 지켜본 윤증은 스승에게 편지를 썼다. 그해의 간지를 따서 '신유의서'라고 부르는 이 편지는 제자가 스승에게 보내는 것이라고 보기 어려울 정도로 비난과 실망으로 가득했다.

윤증은 스승이 평생 주자를 따르고 그의 가르침을 실천에 옮기라고 말했지만 정작 본인은 주자의 뜻과는 거리가 먼 행동을 하고 있다고 따졌다. 윤증의 눈에는 말로는 주자를 따르겠다고 하면서 정적을 가혹하게 제거하고 한 치의 어긋남도 용납하지 않는 완고한 스승의 뒷모습이 괴물처럼 보였을지도 모르겠다. 하지만 송시열에게는 사문난적을 없애는 일이야말로 평생의 과업이자 목숨과도 바꿀 수

윤증이 사용했던 물건들. 문화재청

있을 법한 사명이었다. 그래야 북벌을 해서 오랑캐인 청나라를 없앨 수 있고, 그게 안 된다면 조선이 주자의 가르침을 따라서 정신적인 북벌을 해야 한다고 믿은 것이다. 그러한 확고함이 송시열의 위대함이었던 동시에 지울 수 없는 그림자였고, 윤증은 당연히 그런 스승을 이해하지 못했다. 신유의서 역시 기유의서처럼 송시열에게 보내지지 않았다. 윤증의 동료였던 박세채가 극력 만류했기 때문이다. 박세채는 아예 그 편지를 자신이 보관하는 것으로 분란을 잠재우려고 했다.

윤증이 스승에게 실망한 일은 또 있었다. 바로 서인이자 외척인 김익훈金益勳이 남인인 허새許璽 형제를 역모로 몰아서 처형한 사건 때문이었다. 무인이자 외척인 김익훈은 경신환국으로 서인이 집권한 틈을 노려서 남인들을 역모 사건으로 몰아 차례차례 제거했다. 허새의 역모가 김익훈이 조작한 것임이 밝혀지면서 윤증의 실망감은 극도에 달한다. 그리고 스승이자 서인의 영수인 송시열에게 김익훈의 처분을 청했다. 서릿발 같던 송시열이 단칼에 김익훈을 처벌해서 정의를 바로 세워주리라 믿은 것이다. 하지만 이번에도 송시열은 윤증의 기대를 저버렸다. 김익훈이 자신의 스승인 김장생의 손자라는 점을 들어서 어영부영 넘어간 것이다. 아니면 사문난적인 남인을 제거하는 데 이 정도 실수는 봐줄만 하다고 생각했을지도 모른다. 어쨌든 같은 편이니까 봐준다는 송시열답지 않은 혹은 송시열다운 결정으로 윤증은 스승에게 큰 실망을 하게 된다.

등을 돌린 스승과 제자

이런 과정을 거치면서 수면 아래 잠들었던 신유의서 문제가 불거졌다. 송시열의 손자인 송순석宋淳錫이 박세채의 집에 보관되어 있던 신유의서를 베껴서 할아버지에게 보여준 것이다. 편지를 읽은 송시열은 아버지와 아들이 대를 이어서 자신을 배신했다며 분노했다. 묘갈명 문제부터 시작해서 김익훈의 처리 문제, 그리고 신유의서 문제까지 차례로 터지면서 송시열과 윤증은 본격적으로 대립한다. 서인이 송시열을 중심으로 한 노론과 윤증을 중심으로 한 소론으로 갈라진 것이다. 스승과 제자의 갈등이 끝내 분당에까지 이른 이 사건은 조선 후기 당쟁사에서 빼놓을 수 없는 사건이다.

어제까지 같은 노론이었던 사람들이 인맥과 학맥, 자신의 소신에 따라 양편으로 나눠졌다. 어쨌든 대세는 노론이었다. 송시열 같은 산림의 거두가 있었고, 무엇보다 제자가 스승을 거역한다는 것은 있을 수 없는 일이었기 때문이다. 당장 윤증에게 스승을 배신하고 헐뜯었다는 비난이 줄을 이었다. 윤증은 쏟아지는 힐난을 묵묵히 견디면서 조용히 고향에서 세월을 보냈다. 송시열 역시 청주 화양동으로 물러났다.

그리고 몇 년 후 또 한 번의 환국이 두 사람의 운명을 갈라놓았다. 남인을 몰아내고 집권에 성공한 서인을 부담스러워한 숙종이 소의 장씨에게서 태어난 아들의 원자 책봉 문제를 빌미로 서인을 몰아낸 것이다. 송시열을 비롯한 서인들이 소의 장씨에게서 낳은 아들의 원자 책봉을 반대한 이유는 표면적으로는 그녀가 후궁이고, 아직 숙종과 왕비가 젊기 때문에 아들을 낳을 수 있다는 가능성 때문이었다. 실질적인 이유는 훗날 희빈 장씨가 된 소의 장씨가 남인과 가깝다는 사실 때문이었을 것이다. 그 점을 간파한 숙종은 자신의 후계 문제까지 간섭하는 서인을 몰아내고 다시 남인을 중용한다. 숙종 15년인 1689년 벌어진 두 번째 환국인 그해의 간지를 따서 '기사환국'이라고 불린다. 문제의 인물인 김익훈을 비롯한 서인의 주요 인물들이 사약을 받아 죽고, 경신환국으로 죽었던 남인들의 신원이 복원되었다. 원자 책봉을 앞장서서 반대했던 송시열은 제주도로 유배를 가야 했다. 83세의 나이로 두 번째 유배를 떠났던 송시열은 한양으로 압송되던 중에 전라도 정읍에서 사약을 들고 온 금부도사와 마주친다. 정계의 거물이자 산 속의 호랑이 같았던 송시열의 마지막이었다.

제자였다가 원수가 된 윤증은 그 후로도 오랫동안 삶을 이어갔다. 고향에 머물면서 후학을 양성하던 그는 숙종이 내린 관직을 사양하면서 조정에 들어가지 않았다. 간간이 자신의 뜻을 담은 상소문을 올리다가 숙종 40년인 1714년에 세상을 떠났다. 그 사이 세상은 또 한번 갑술환국으로 뒤집어져서 서인, 정확하게는 노론의 세상이 되었다.

《주자대전답의》, 송시열. e-뮤지엄
《주자대전》의 난해한 부분을 해설한 책이다.

《송자대전》 목판. 문화재청

원수가 된 스승과 제자의 이야기는 둘의 죽음 이후에도 이어졌다. 노론의 영웅이었던 송시열은 죽음 이후에 날개를 펴고 비상했다. 그에게 사약을 내린 숙종에 의해 복권된 것은 물론이고 문묘에 배향되는 영광을 누렸다. 정조 때는 더 나아가서 그의 시문집 제목을 《송자대전宋子大全》이라고 정했다. 그가 주자와 공자에 버금가는 성인의 반열에 올랐다는 것을 의미한다. 물론 주자의 제자를 자처했던 그가 이런 영광을 달가워했을지는 의문이다. 반면 생전에는 비교적 평탄했던 윤증의 사후는 험난했다. 윤증이 죽었을 때 안타까워했던 숙종은 몇 년 후 소론을 배척하면서 윤증도 함께 비난했다. 그러다 소론이 지지했던 희빈 장씨의 아들 경종이 즉위하면서 명예가 회복되었고 문성이라는 시호가 내려졌다.

스승과 제자가 만든 세상

살아있을 때, 그리고 조선이 존속했던 내내 송시열은 추앙받았고 칭송의 대상이었다. 하지만 오늘날의 시선으로 송시열을 보면 독선적이고 완고한 인물로 비친다. 이황李滉이나 이이, 조광조趙光祖 같은 인물은 당쟁이 있기 전이나 본격화되기 전의 시대를 살았기 때문에 오늘날 비교적 좋은 평가를 받는 반면, 당쟁이 한참 격화되던 시기에 살던 송시열은 그런 행운을 누리지 못했다. 그 자신이 서인 세력의 핵심으로 활약했으며 노론과 소론의 분열에도 큰 책임이 있다는 점 또한 비난의 이유가 되었다. 아울러 그의 행적을 보면 오만하고 독선적인 측면이 보이고, 김익훈의 사례에서 볼 수 있듯이 경우에 따라서는 불공정한 측면도 있다. 그의 시대에 접어들면서 조선에서는 성리학, 그중에서도 오직 주자의 가르침만 얘기할 수 있게 되었고, 한 마디라도 어긋날 경우 사문난적으로 몰렸다.

송시열 유적 '만동묘'의 정면 및 현판. 문화재청
충북 괴산에 있는 만동묘의 자리는 명나라 황제 신종과 의종의 위패를 모신 사당이 있던 곳이다.

강한사(대노사). 문화재청. 송시열의 제사를 지내는 곳이다.

유봉영당. 문화재청. 윤증의 제사를 지내는 곳이다.

그의 지독한 완고함은 결국 조선을 멸망으로 이끄는 단초가 되었다. 문을 걸어 잠그고 정신 승리만 거듭하다가 크나큰 화를 부른 것이다. 하지만 그것이 송시열 개인만의 문제일까? 임진왜란이 끝나고 한 세대가 지나기 전에 겪은 정묘와 병자호란은 글자 그대로 충격이었다. 사람의 얼굴을 한 짐승이라고 일컫던 여진족에게 임금이 무릎을 꿇고 머리를 조아린 것은 상상할 수도 없는 충격이었다. 거기다 청나라는 조선을 굴복시킨 지 몇 년 지나지 않아 광활한 중국 대륙을 차지했다. 자신뿐만 아니라 정신적인 고향으로 여겼던 중국이 오랑캐의 손에 넘어가는 것을 지켜봤던 조선이 할 수 있는 건 한 가지뿐이었다. 현실을 부정하고 공허한 북벌론을 외치면서 정신 승리를 강조하는 것뿐이었다.

광풍을 맞은 조선은 점차 실리보다는 정신세계를 탐구하는 쪽으로 방향을 잡았다. 그 한가운데 있던 사람이 송시열이었다. 그가 만든 세상일 수도 있고 그런 세상이 송시열 같은 인물을 필요로 했을 수도 있다. 회니시비는 송시열의 인생에서 수없이 벌어진 다툼 중 하나에 불과하다. 하지만 상대가 아끼던 제자였다는 점, 그리고 그 결과가 노론과 소론의 분열이었다는 점에서 씁쓸함을 남긴다.

새로운 세상을 여는 데

스승의 속도는 너무 느리다

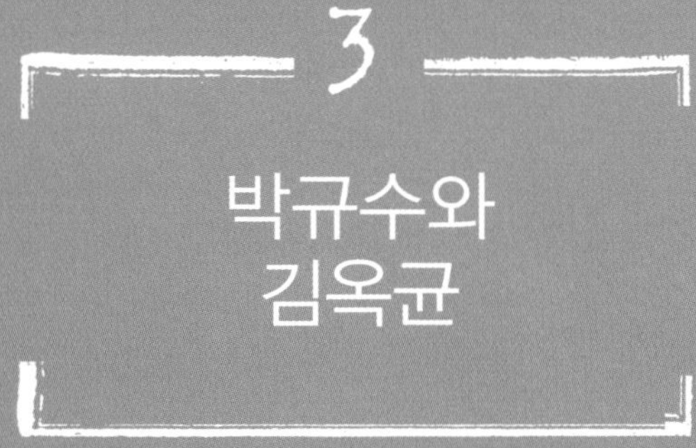

3 박규수와 김옥균

스승은 특정 제자에게 자신의 못다 한 꿈을 이룰 수 있다는 기대를 건다. 박규수는 김옥균에게 할아버지와 자신이 이루지 못한 개화를 성사시킬 것이라는 희망을 걸었을 것이다. 하지만 하나를 배우면 열을 깨닫는 천재 김옥균은 개화라는 가르침에서 한 발 더 나아가 혁명이라는 꿈을 꾸었다.

고종 10년(서기 1873년) 겨울. 한양

눈이 소복하게 쌓인 날이었다. 휘항揮項[14]을 머리에 쓴 선비가 멀리 창덕궁이 보이는 재동의 어느 기와집으로 모여들었다. 기와집 안에는 커다란 백송이 눈을 덮어 쓴 채 방문객을 굽어보는 중이었다. 솟을대문을 막 들어선 젊은 선비가 어깨에 묻은 눈을 털어내는데 등 뒤에서 부르는 소리가 들려왔다.

"금릉위錦陵尉[15] 아닌가?"

그러자 눈을 털던 젊은 선비가 고개를 돌렸다. 그러자 쭉 찢어진 눈에 단단해 보이는 턱을 가진 선비가 뒷짐을 진 채 서 있는 모습이 보였다.

"고균古筠[16]께서 어쩐 일이십니까?"

그러자 김옥균金玉均은 너털웃음을 지으며 대답했다.

"환재桓齋[17]대감께서 귀한 물건을 보여주신다고 하셔서 열 일을 마다하고 달려왔지. 자네도 올 줄 알았네."

두 사람이 잠시 얘기를 나누는 동안 이조참판을 지낸 서상익徐相翊의 아들 서광범徐光範과 과거에 합격해서 출사한 홍영식洪英植이 도착했다. 모두 박규수朴珪壽가 애지중지하는 젊은 제자들이었다. 그중에서도 좌장 노릇을 하는 사람은 가장 연장자인 김옥균이었다. 강릉

14 조선시대 남자들이 머리에 쓰는 방한모의 일종

15 박영효가 받은 작위로 그는 임금의 부마였다.

16 김옥균의 호

부사를 지낸 김병기金炳基의 양자인 그는 알성시에 합격하고 정6품 성균관전적에 임명된 총명한 젊은이였다. 동료들이 모인 것을 본 김옥균이 말했다.

"어서 사랑방으로 드세. 스승님이 기다리고 계시겠어."

머슴들이 싸리비로 쓸어 놓은 마당을 가로질러 사랑채에 도착한 김옥균은 두 손을 모으고 말했다.

"스승님. 저희 왔습니다."

그러자 사랑방 안에서 어서 들어오라는 목소리가 들려왔다. 댓돌에 신발을 벗은 이들이 미닫이문을 열고 안으로 들어섰다. 구석에 가져다 놓은 곱돌화로가 어느 정도 추위를 몰아냈다. 병풍을 등진 채 보료 위에 앉아 있던 박규수가 사랑방 안으로 들어서는 제자들을 말없이 맞이했다.

환갑이 넘은 나이라 눈썹부터 수염, 머리카락 모두 하얗게 셌지만 눈빛만큼은 형형했다. 인사를 하고 미리 가져다 놓은 털방석 위에 앉은 김옥균과 제자들은 경상經床[18] 위에 놓인 물건에서 눈을 떼지 못했다.

그런 제자들의 모습을 바라보던 박규수가 흐뭇한 표정으로 묵상墨床[19]에 놓인 안경을 집었다.

"네 너희들을 부른 것은 연경에서 귀한 물건을 하나 구했기 때문

17 박규수의 호

18 선비들이 사랑방에서 글을 읽을 때 쓰는 탁자의 일종

19 묵을 올려놓는 작은 탁자

이다."

안 그래도 그 물건의 정체에 대해서 궁금해 하던 김옥균이 입을 열었다.

"이번에 연경에 갔던 사신이 가져온 물건이 바로 이것이옵니까?"

"맞다. 이리 가까이 와서 자세히 살펴보아라."

박규수의 말이 떨어지기가 무섭게 제자들이 모여들어서 경상 위에 놓인 물건을 바라봤다. 둥그런 공처럼 생긴 물건은 받침대가 달려 있었다. 도포의 소매를 걷은 김옥균이 조심스럽게 표면을 만지자 빙그르르 돌아갔다. 잠시 주저하던 손끝으로 천천히 돌리면서 표면에 쓰인 이름들을 하나씩 말했다.

"영길리英吉利[20], 불란서佛蘭西[21], 오지리墺地利[22]… 책에서 봤던 나라들입니다."

신기해하는 김옥균에게 박규수가 말했다.

"이 물건은 지구의라는 것이다. 지구가 둥글다는 것은 이미 알고들 있겠지? 지구의는 이 땅에 어떤 나라가 어디 있는지를 알려주는 것이지."

지구의를 한참 들여다보던 김옥균이 물었다.

"그렇다면 우리 조선은 어디 있습니까?"

김옥균의 물음에 박규수는 지구의를 반 바퀴 정도 돌렸다.

20 영국을 한문으로 음차해서 부르는 명칭

21 프랑스를 한문으로 음차해서 부르는 명칭

22 오스트리아를 한문으로 음차해서 부르는 명칭

"바로 여기가 우리 조선이다."

김옥균의 눈에 박규수가 가리킨 조선이 보였다. 거대한 중국 옆에 툭 튀어나온 혹처럼 붙은 나라. 바다 쪽은 일본이 완전히 가로막은 형태였다. 그것을 보고 깊은 생각에 잠겨 있던 김옥균에게 박규수가 말했다.

"우리는 천하의 중심을 중국으로 알고 있느니라. 하지만 이 지구의를 보아라. 어디가 중심이라고 할 수 있겠느냐? 중국을 과연 천하의 중심, 가운데라고 볼 수 있느냐 이 말이다."

박규수는 늘 제자들에게 생각을 하거나 의문을 가지게 만들면서 얘기를 끌어냈다. 이번에도 천하의 중심이 중국이 아니라는 말로 제자들의 호기심을 자극했다. 콜록거리면서 기침을 뱉어낸 박규수가 지구의를 천천히 돌렸다.

"어떤 방향에서 보느냐에 따라 중심이 달라지느니라. 이렇게 보면 우리 조선이 천하의 중심이 될 수도 있지. 바깥세상은 지금 빠르게 변하고 있네. 여기 영길리는 인도를 집어삼켰고, 불란서는 월남을 상당 부분 차지했지. 청나라만 해도 영길리와 불란서가 힘을 합해서 공격하니 패배하고 말았네. 그 힘이 언제 우리 조선에게 향할지 몰라."

"하지만 스승님께서 평양에서 양이들을 크게 물리치지 않으셨습니까? 거기다 병인년과 신미년에도 양이들의 군대가 강화도를 침범했지만 결국 퇴각하고 말았습니다."

박영효의 얘기를 들은 박규수는 쓴웃음을 지었다. 그가 평안도 관찰사였던 시절, 양이들이 탄 이양선이 대동강을 거슬러 올라와서 평양까지 당도했었다.[23] 박규수는 이양선이 모래톱에 좌초된 틈을 타서 화공으로 배를 불태워버렸다. 그때의 일을 떠올린 박규수가 천천히 입을 열었다.

"비록 이양선을 격퇴했다고는 하나 그 배는 장사배에 불과했느니라. 허나 그 배 한 척을 상대하느라 평안도의 온힘을 기울여야만 했지. 병인년과 신미년도 마찬가지였다. 그때 강화도를 침략한 양이들의 군대는 수백에 불과 했지만 그들이 왔다는 소문만 듣고도 한양이 텅 빌 정도가 되어버렸다. 만약 저들의 숫자가 수백이 아니라 수천이었다면 그때도 지난번처럼 막을 수 있다고 어찌 장담하겠느냐."

박규수의 말을 귀담아 듣던 김옥균이 물었다.

"그렇다면 어떻게 대처해야 합니까?"

"작년에 청나라에 갔을 때 저들이 양무운동을 펼치는 걸 보았다. 서양의 기술과 문물을 받아들여서 나라를 부강하게 만들고자 한 것이지. 바다 건너 왜도 막부가 물러나고 왜왕을 옹립하면서 서양의 문물을 받아들이고 있다고 하는구나."

"하오나 양이들은 믿을만한 족속이 아니옵니다. 그들을 가까이 했다가는 무슨 화를 입을지 모릅니다."

잠자코 있던 박영효의 말에 서광범과 홍영식이 동조하는 뜻으로 고개를 끄덕거리자 박규수가 힘주어 말했다.

"저들을 가까이 하지 않기 위해서도 힘이 필요하다. 저들의 대포

23 서기 1866년 일어난 제너럴 셔먼호 사건이다.

와 총을 막아낼 힘 말이야."

박규수의 말에 사랑방 안은 침묵이 흘렀다. 다들 입을 열지 못하는 가운데 김옥균이 고개를 들어 지구의를 손가락으로 천천히 돌렸다. 그리고 조선을 손가락으로 짚었다.

"그렇다면 그 힘을 기르겠습니다."

김옥균의 얘기를 들은 박규수는 흡족한 표정으로 수염을 쓰다듬었다. 두 사람은 말없이 지구본을 응시했다.

스승이 하나를 가르쳤을 때 열을 깨우치는 제자가 있다. 보통의 제자들이 스승의 가르침을 따라가기 급급하거나 혹은 만족할 때 가르침의 본질을 깨닫고 흡수하는 제자가 바로 열을 깨우치는 제자이다. 스승은 공평해야 하지만 이런 제자를 특별히 더 사랑하지 않을 수 없다. 아울러 그런 제자에게 기대를 건다. 박규수는 아마 김옥균에게 할아버지와 자신이 이루지 못한 개화를 성사시킬 것이라는 희망을 걸었을 것이다. 하지만 하나를 배우면 열을 깨닫는 천재 김옥균은 개화라는 가르침에서 한 발 더 나아가 혁명이라는 꿈을 꾸었다.

1807년 종로 계동에서 태어난 박규수는 백탑파의 일원이자 《열하일기》를 쓴 실학자인 연암 박지원朴趾源의 손자였다. 어릴 때부터 천재성을 발휘했던 그는 할아버지의 제자인 김정희金正喜를 비롯해 당대의 명망 있는 학자들에게 가르침을 받았다. 박지원은 당대의 주류인 노론에 속해 있었지만 특이하게도 청나라의 문물을 받아들이자고 주장한 실학자이자 북학파이기도 했다. 그 영향 때문인지 박규수 역시 비교적 집권층에 가까운 노론에 속해 있으면서도 개화를 주장하고 서양의 문물에 관심을 기울였다. 한마디로 할아버지인 박지원의 성격과 취향을 고스란히 물려받은 셈이다.

예나 지금이나 권력과 재력을 가진 사람들은 국가나 사회의 발전보다는 자신의 기반이 흔들리지 않을까 노심초사하며 현상유지에 무게를 둔다. 그런 면에서 보면 청나라와 서양의 문물을 받아들일 것을 주장하고 체제의 문제점을 진단하고 해결책을 제시한 실학자들 대부분이 서얼이나 가난한 집안이라는 점도 어찌 보면 당연한 일이다.

연암 박지원은 극단적인 가난을 겪지는 않았지만 유복한 환경에서 자라거나 순조롭게 과거에 합격해서 출사한 인물은 아니다. 그의 손자이자 김옥균의 스승인 박규수 역시 마찬가지였다. 그 외에도 할아버지와 손자는 공통점이 하나 더 있었는데 바로 권력의 핵심에 다가갔다가 밀려났다는 점이다. 박지원이 정조의 사랑을 받았던 것처럼 박규수는 젊은 시절 철종의 아들 효명세자의 총애를 받았다.

훗날 익종으로 추존된 효명세자는 아버지 순조의 명으로 대리청정을 하면서 본격적인 정치 일선에 나선다. 세도 정치를 하던 안동 김씨를 억누르고 인재를 등용하기로 결심한 효명세자의 눈에 젊고 똑똑하면서 개방적인 생각을 가진 박규수가 들어온 것이다. 야사에 의하면 궁궐 밖을 미행하면서 민심을 살피던 효명세자가 자하동을 지날 때 어디선가 들려오는 글을 읽는 낭랑한 목소리에 발걸음을 멈췄던 것이 인연의 시작이라고 한다. 효명세자의 발걸음을 멈추게 한 목소리의 주인공은 당연히 박규수였다. 그의 집을 찾아간 효명세자는 박규수가 《열하일기》를 쓴 박지원의 손자라는 사실을 알고는 보통 인연이 아니라면서 밤 새워 얘기를 나누던 중 자신이 왕위에 오르면 반드시 등용하겠다는 약속을 남겼다고 한다. 양반들이 사는 북촌의 자하동은 세상의 민심을 살필 만한 곳이 아닐 뿐더러 글을 읽는 목소리가 대문 밖까지 나간다는 것도 의심스럽긴 하지만 어쨌든 둘의 만남, 그리고 효명세자가 그에게 큰 기대를 걸고 있다는 점은 명백했다. 아울러 당대에 이런 소문이 떠돌았다는 것은 박규수와 효

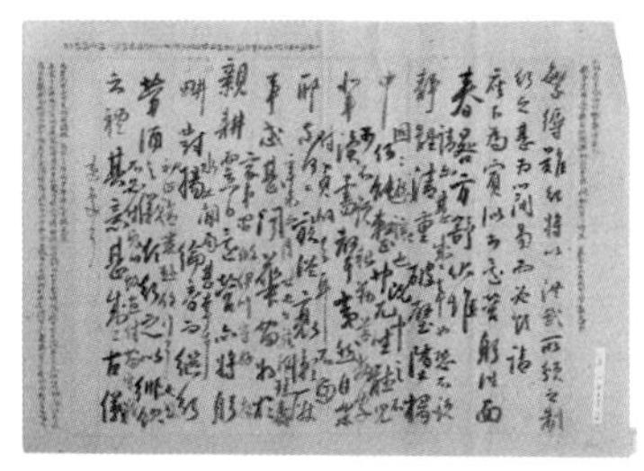

초행혼서체로 쓰여진 박규수의 편지.
육관사관, e-뮤지엄

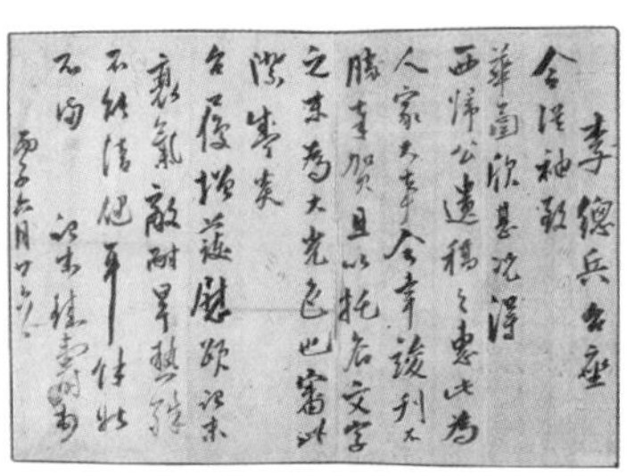

박규수가 이총병李總兵에게 보낸 답례 편지.
순천대, e-뮤지엄

명세자의 관계가 보통이 아니었다는 것을 반증한다.

효명세자의 존재는 정조의 사후 기울어져 가던 조선의 마지막 희망이었다. 하지만 그의 대리청정은 불과 4년 만인 1830년 갑작스러운 죽음과 함께 끝나고 만다. 기대를 걸었던 효명세자의 때 이른 죽음에 상심한 박규수는 오랜 칩거 생활에 들어갔다. 그러다가 마흔이 넘은 늦은 나이에 과거에 합격하고 출사하게 된다. 그리고 사간원 정언을 시작으로 관직생활을 이어간다. 실학자이면서도 드물게 노론이었던 탓에 비교적 순조롭게 관직에 오른 것이다. 하지만 정조의 사돈이었던 김조순金祖淳으로부터 시작된 안동 김씨의 세도는 날이 갈수록 강력해지면서 왕권이 흔들렸고 백성들은 고통 속에 허덕였다. 그는 지방의 수령으로 지내면서 세도 정치 때문에 스러지는 조선의 모습을 뚜렷하게 보았다.

대부분의 선비들이 잘못된 세상을 탓하면서 현실을 외면했지만 박규수는 그러지 않았다. 할아버지 때부터 이어진 집안의 학풍과 함께 세도 정치로 썩어 들어가는 현실을 보면서 박규수는 이를 해결할 방안을 찾는다. 그리고 할아버지처럼 문제점을 완전히 도려낼 수 있는 강력한 개혁만이 해결책이라는 결론을 내린다.

연행사로서 방문한 청나라의 현실을 직접 목격한 것도 판단에 도움이 되었다. '애로우 호 사건'이라고 불리는 제2차 아편전쟁으로 청나라가 어떤 곤경에 처했는지 직접 본 것이다. 영국과 프랑스 함대가 청나라의 도읍인 베이징의 코앞에 있는 텐진에 상륙하자 청나라 황제 함풍제는 열하로 피난을 가버렸다.

중화의 주인을 자처한 청나라가 양이들에게 짓밟히는 광경을 생생히 지켜본 박규수는 서양 열강들의 강력한 힘을 실감했고, 그것이 조국에 미칠 영향에 대해서 깊이 생각했다. 그다음 해에도 사절을 자원한 그는 청나라로 건너가 정세를 살폈다. 서양 세력에게 유린당하는 청나라를 보면서 어떤 조선인들은 정묘년과 병자년의 호란을 들먹거리면서 통쾌하다고 말했다. 하지만 냉철한 사고를 하는 박규수는 그들의 총부리가 조만간 조선을 향할 것이라고 걱정하지 않을 수 없었다.

청나라처럼 임금이 도읍을 버리고 도망치는 불상사를 피하기 위해서는 더 늦기 전에 개방을 해야만 했다. 깊은 고민을 품고 돌아온 그는 진주에서 터진 민란을 수습하는 안핵사로 임명되었다. 진주 민란을 시작으로 민란은 전국으로 퍼져나갔다. 현장을 직접 목격한 박규수는 일을 더 이상 미룰 수 없음을 절감했다. 하지만 대부분의 실학자들처럼 그에게는 그것을 실현할 수 있는 권력이라는 수단이 없었다. 그렇지만 박규수에게는 할아버지와는 달리 한 번의 기회가 더 주어진다.

다시 몸을 일으키다

철종의 승하와 함께 고종이 즉위하면서 박규수는 다시 정계의 핵심으로 부상한다. 고종의 총애라기보다는 그의 아버지이자 막후의 실력자인 흥선대원군이 그를 눈여겨보고 중용한 것으로 보인다. 대제학을 거쳐 이조참판을 지낸 그는 흥선대원군의 경복궁 중건 사업에도 참여했다. 1866년 평안도 관찰사로 임명되었을 때 대동강을 거슬러 올라온 상선 제너럴 셔먼 호를 화공으로 불태우는 공을 세운다. 이때 평양성의 백성들은 불탄 제너럴 셔먼 호가 닻으로 쓰던 쇠사슬을 대동문에 걸어두면서 자랑스러워했다. 대부분의 사람들이 무도한 양이들을 물리쳤다는 기쁨에 빠져 있을 때 개화파이자 실학자의 후손인 박규수는 사건 안에 담긴 의미를 깨달았다. 군선도 아닌 상선이었던 제너럴 셔먼 호 한 척 때문에 대동강이 막히고 평양이 위기에 빠졌다는 사실을 직시한 것이다. 만약 제너럴 셔먼 호가 모래톱에 좌초하지 않았다면 화공은 쓰지도 못했을 것이다.

떠들썩한 축제 분위기 속에서 냉철하게 사태를 파악한 박규수는 중앙 정계로 복귀한 후 사절단을 이끌고 청나라로 향했다. 그리고 아편전쟁의 패배에서 벗어나기 위해 서양의 기술을 받아들이는 양무운동의 진행 양상을 지켜봤다. 천하의 중심이자 대국으로 생각하는 청나라가 양이들의 문물을 받아들이면서 변화를 위해 안간힘을 쓰는 모습은 박규수에게 깊은 인상을 남겼다. 조선으로 돌아온 그는 섭정인 흥선대원군에게 쇄국정책을 포기하고 개방을 추진할 것을 권유한다. 하지만 흥선대원군은 박규수의 주장을 거들떠보지도 않았다. 다른 관료들도 마찬가지였다. 이 시기 조선은 눈을 감고 귀를 막은 채 주변을 보지 않았다. 그러는 사이 턱 밑으로 서구의 문물이 밀어닥쳤다.

흥선대원군 초상화. 국립중앙박물관

박규수는 흥선대원군이 자신을 발탁했을 때 할아버지와 자신의 꿈을 이룰 수 있으리라고 믿었을 것이다. 하지만 그를 발탁해서 정계에 복귀시킨 흥선대원군은 기대와는 달리 변화와 개방을 선택하지 않았다. 흥선대원군은 계속 그를 곁에 두었지만 쇄국정책을 포기하지는 않았다. 그러는 사이 먼저 개방을 하고 서양의 문물을 받아들인 일본이 개항을 요구했다. 지구 반대편에 있던 프랑스나 미국과는 달리 일본은 바다 건너 코앞에 있는 나라였다. 거기다 임진년에 이미 수십만의 대군을 끌고 쳐들어온 전력이 있었다. 박규수는 일본과 협정을 맺고 개항을 해야 한다고 주장했다. 하지만 이번에도 거절당하자 낙심한 박규수는 정계에서 은퇴한다. 자신의 힘으로는 개방을 할 수 없다는 사실을 절감한 것이다. 그는 관직에서 물러나 자신의 꿈을 대신 이뤄줄 제자를 찾았다. 다행히 멀리서 찾을 필요는 없었다. 박규수는 정치적인 흥망과는 상관없이 꾸준히 실학과 서양 문물에 관심을 갖고 있었고 나라가 부강해지기 위해서는 문호를 개방하고 서양의 문물을 받아들여야 한다고 주장했다. 그런 그의 주변으로 호기심 많고 열정적인 젊은 선비들이 모여들었다.

풍운아 김옥균

그들 중 가장 눈에 띈 사람이 바로 김옥균이었다. 풍운아라는 말이 잘 어울리는 김옥균의 삶은 시작부터 범상치 않았다. 1851년 충남 공주의 감나무 골에서 태어난 김옥균은 안동 김씨라는 가문과는 어울리지 않는 가난한 삶을 살아야 했다. 교과서에는 조선 후기 안동 김씨의 세도가 60년간 이어지면서 남부러울 것 없이 살았다고 나온다. 하지만 그건 안동 김씨 중에서도 극히 일부인 장동 김씨에게만 해당되는 일이었다. 김옥균의 아버지 김병태金炳台는 가난한 서당 훈장에 불과했다.

김옥균의 운명이 소용돌이 친 것은 그가 여섯 살 때 장동 김씨의 핵심이자 영의정을 세 번이나 지낸 김좌근金左根의 아들 김병기의 양자로 들어가면서부터이다. 당시에는 대를 잇기 위해서 집안의 친척들끼리 양자를 들이는 것은 흔한 일이었다. 하지만 그것도 격이 맞는 집안끼리 오가는 것이지 가난한 훈장 아들에게는 해당사항이 없었다. 거기다 김옥균은 큰아들이었다. 보통 둘째나 막내를 양자로 보내던 당시 상황을 감안하면 통상적인 범위를 벗어나는 일이었다. 짐작하기로는 어린 김옥균의 천재성을 탐낸 김병기가 간청하지 않았을까 싶다. 어쨌든 낯설지만 부유한 새아버지를 만난 김옥균은 여유로운 생활을 하면서 글쓰기를 익힌다. 그러다가 기계 유씨 집안의 딸과 결혼을 하게 되었는데 그것이 박규수와의 인연으로 이어졌다. 그녀의 오빠 유진황이 김옥균을 박규수에게 소개시켜 준 것이다.

1807년생인 박규수와 1851년생 김옥균은 40년이 훌쩍 넘는 나이 차이에도 불구하고 운명을 함께 나눌 스승과 제자가 되었다. 물론 김옥균에게는 박규수 말고도 영향을 끼친 사람들이 많았다. 유대치劉大致라는 이름으로 더 잘 알려진 백의정승 유홍기劉鴻基와 역관인 오경석吳慶錫, 그리고 최초로 창씨개명을 한 승려 이동인李東仁이었다. 하지만 경륜이나 명성으로 봤을 때 박규수가 가장 큰 영향을 끼친 것은 사실이었다. 신분과 성향이 모두 다른 이 사람들의 공통점은 단 하나, 나라가 부강해지기 위해서는 문호를 개방해야 한다고 생각한다는 것이다. 비록 양자이기는 하지만 안동 김씨 집안에 속한 김옥균의 신분을 생각하면 파격적이라고 할 수 있겠다.

1882년 김옥균의 모습

박규수에게는 김옥균뿐만 아니라 철종의 부마인 금릉위 박영효朴泳孝를 비롯해서 이조참판을 지낸 서상익의 아들 서광범, 장동 김씨 못지않은 명문가인 남양 홍씨 집안의 홍영식 등이 제자로 키워졌다. 할아버지인 연암 박지원 시절의 실학자들이 주로 불우한 처지였던 점을 감안하면 신세대 실학자라고 할 수 있는 이들은 명문가의 자제들로 구성되어 있다는 점이 눈에 띈다. 문호를 개방해야 한다는 사실이 점점 집권층 사이에서 힘을 얻고 있다는 증거였다.

김옥균은 이런 젊은 신세대 개화파들의 선두주자이자 상징이었다. 1851년생으로 다른 이들보다 나이가 많다는 점은 물론 여러모로 리더의 성격을 가지고 있었다. 그리고 그 성격이 결국 그를 혁명

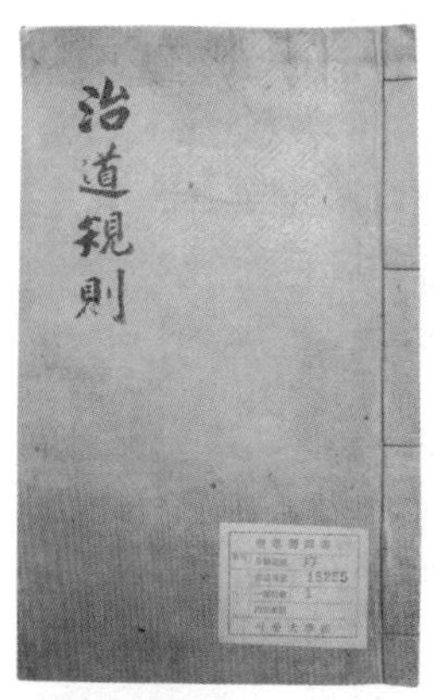

《치도규칙》, 김옥균.
서울대 규장각한국학연구원, 문화재청
산업개발을 하려면 치도가 우선임을 주장하는 내용을 담고 있다.

의 길로 이끌었다. 박규수는 어떻게 출셋길이 보장된 천재에게 이런 위험한 생각을 심어준 것일까? 박규수가 김옥균에게 무엇을 어떻게 가르쳐주었는지는 알려져 있지 않다. 나이 차와 당시 박규수의 연령을 감안하면 스파르타식 교육은 불가능했을 것이다. 교육 방식에 대한 단서는 남아 있다. 앞서 묘사한대로 지구의를 보여주면서 어떻게 보느냐에 따라 천하의 중심이 달라질 수 있다는 얘기, 그러니까 조선시대에는 굉장히 낯설었던 토론을 통한 교육을 한 것으로 보인다. 아울러 박규수는 청나라에 사절로 가서 직접 눈으로 봤던 변화가 무엇을 의미하는지에 대해서 들려줬을 것이다. 김옥균의 마음에 어떤 밑바탕이 깔려 있었는지는 모르지만 그런 과정을 거치면서 차츰 스승의 마음에 한 발자국씩 다가간 것으로 보인다.

청나라가 양무운동을 통해 변화하고 있다는 사실을 알고 있던 박규수는 쇄국정책을 펴면서 척화비를 세우는 흥선대원군의 정책이 시대의 흐름을 막고 있다는 것을 잘 알고 있었다. 하지만 나이가 들고 쇠약해진 그에게는 막을 힘이 없었다. 벼슬을 내놓고 재동에 칩거한 그가 유일하게 희망을 건 것은 바로 김옥균을 비롯한 제자들이었다. 그들을 통해서 자신과 할아버지의 꿈이 이뤄지기를 바랐던 만큼 정성을 다해서 자신의 지식과 경험, 그리고 가치관을 전해줬을 것이다. 그리고 제자인 김옥균이 자신의 생각을 잘 받아들이는 것을 보면서 1876년 세상을 떠났다. 두 차례의 양요를 겪고 수백 명의 인명피해를 입으면서도 끝끝내 쇄국정책을 포기하지 않고 있던 조선이 운요호 사건을 통해 일본과 강화도조약을 맺고 드디어 나라의 문을 연 것을 보고 난 직후였다.

사실 박규수가 김옥균의 스승 노릇을 한 것은 그리 오랜 시간은 아니었다. 아마 박규수가 평안도 관찰사를 마치고 한양으로 돌아온 1869년부터 본격적인 만남이 시작되었을 것이니 길어봤자 7년 정도였다. 하지만 한 명의 혁명가가 꿈을 꾸기에는 충분한 시간이었다. 둘 다 조선의 운명에 대한 문제의식을 공유했기 때문이다. 예나 지금이나 나라님 욕하고 사회를 비난하는 일은 일상의 풍경이다. 걸음마를 떼기 전부터 공자와 맹자를 공부한 조선시대 선비들 역시 그러했다. 왕조 국가 시대에 나라님 욕이 가능하냐고 반문할지 모르겠지만 실록이나 행장에 남아 있는 선비들의 상소문을 보면 조선시대 임금이 왜 단명을 했는지 어렴풋하게 짐작할 수 있다. 하나같이 임금의 노력과 분발을 촉구하고 충신을 곁에 두라는 내용, 그러니까 지금은 그렇게 못하고 있어서 나라가 이 모양 이 꼴이라는 식의 상소가 적지 않았다.

그런 상소문을 어렵지 않게 찾아볼 수 있음에도 조선이 크게 변하지 않은 이유는 무엇일까? 변화를 이끌고 주도할만한 세력이 형성되지 않았다는 점이 가장 컸다. 철저한 관료제 국가였던 조선은 소수의 엘리트가 정국을 주도하고 정책을 실행하는 구조였다. 서양처럼 산업이 발달하면서 새로운 계층이 생겨나지도 않았고 외부에서 영향력을 발휘하기도 어려웠다. 거기다 유교 경전으로 공부한 선비들은 대부분 변화보다는 과거에서 답을 찾기를 원했다. 깨어 있다는 실학자조차 토지 문제에 대한 해답을 중국 고대에서 찾아서 제시하곤 했다.

조선시대의 개혁은 지금처럼 새로운 변화를 의미하는 것이 아니라 예전의 좋았던 시절로 돌아가는 것을 뜻한다. 우리가 조선시대 개혁가로 알고 있는 조광조와 정조 역시 그랬다. 그런 일이 반복되던 시대에 김옥균 같이 전혀 다른 미래를 꿈꾼 이들이 등장한 데는 외세, 정확하게는 서양의 영향이 컸다. 지구 반대편에 있던 서양인들은 증기 기관과 철도를 앞세워 마침내 동양에 도달했다. 중국조차 이들의 침략에 못 이겨 무릎을 꿇었고, 조선도 두 차례의 양요를 겪어야 했다. 서양의 물건은 무조건 배척했을 것이라는 예상과는 달리 이 시기 사대부의 집에 가면 서양의 자명종 시계를 쉽게 찾아볼 수 있다. 그림도 서양 화풍의 영향을 받아 조금씩 변화해나갔다.

세상은 그렇게 요동치고 있건만 대부분의 선비들은 양인의 무도함과 잔인함을 얘기하면서 분개하거나 혹은 조선은 가져갈 것이 없으니 탐낼 이유가 없을 것이라는 근거 없는 안도감을 가지고 있었다. 그것은 선비들이 아무것도 모르는 바보거나 터무니없이 낙천적이었기 때문이 아니라 그것이 현상을 해석하는 가장 간단한 방법이었기 때문이다. 사실 다른 생각을 하고 싶어도 방법이 없었다. 서양이 무엇인지, 그리고 그들의 힘이 어디에서 나왔는지 알지 못했다.

박규수와 김옥균은 그런 대세를 따르지 않았다. 박규수는 완벽한 답은 아니었지만 그에 대한 해답을 문호의 개방에서 찾았다. 할아버지대의 실학자들이 고대 중국이나 옛 제도에서 답을 찾으려고 했던 것과 비교하면 혁명적인 발상이었다. 그런 박규수에게서 변화하는 조선 바깥의 세상에 관한 얘기와 어떻게 변화해야 하는지를 들은 김옥균은 어떻게 실행에 옮길지에 대한 생각을 품었다. 한마디로 박규수가 해답을 찾으려고 노력했다면 김옥균은 그 해답을 실행에 옮길 방법까지 구상했던 것이다. 물론 오늘날 냉철하게 평가한다면 박규수나 김옥균은 우물 안 개구리인 대다수의 조선 지식인들 사이에서 고작 한 발자국 정도 앞으로 나아간 수준이었다. 하지만 그 한 발자국은 대다수의 조선 지식인들이 결코 내딛지 못한 큰 폭의 진보였다. 생각이 바뀌면 행동이 변하고, 행동이 변하면 세상이 달라지는 법이다. 박규수를 통해 새로운 세상을 열어야 한다는 가르침을 받은 김옥균은 일본에 시찰단으로 가자마자 상투를 자르고 양복을 입었다. 변해야 한다는 스승의 꿈을 제자가 받아들이고 행동으로 옮긴 것이다. 김옥균이 주도한 갑신정변과 박규수는 아무 상관도 없다. 아마 박규수가 살아 있었다면 유대치처럼 만류했을 것이다. 하지만 김옥균의 갑신정변은 박규수가 아니었다면 일어나지 않았다.

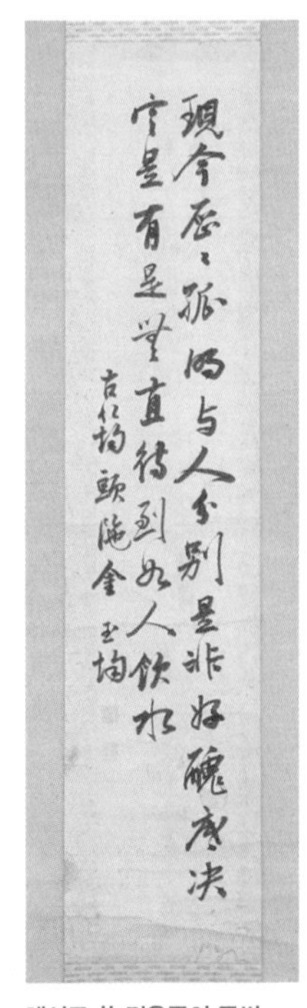
해서로 쓴 김옥균의 글씨.
동국대, e-뮤지엄

박규수가 세상을 떠난 후, 김옥균은 박영효와 홍영식 등으로 구성된 개화파의 리더 역할을 맡았다. 그가 관심을 기울인 나라는 일본이었다. 가깝게 지내던 승려 이동인을 일본으로 보내서 변화한 상황을 알아보게 한 김옥균은 다음 해인 1881년 조사시찰단의 일원으

大王大妃殿 親上箋文

김옥균의 글씨. 국립중앙박물관
대왕대비전에 올린 전문(箋文: 임금, 왕후, 태자에게 올리던 글)

로 일본으로 직접 건너갔다. 그리고 일본의 유명한 개화사상가인 후쿠자와 유키치 등과 교류하면서 조선을 어떻게 개화시킬지에 대한 장대한 구상을 이어갔다. 하지만 부푼 꿈을 안고 귀국한 그가 맞닥뜨린 상황은 임오군란이었다. 구식 군인과 백성들이 일으킨 임오군란으로 고종에게 밀려났던 흥선대원군이 일시적으로 복귀했다. 그러나 청군의 개입으로 흥선대원군이 납치당하고 민씨 일파가 다시 돌아오게 되었다. 이런 혼란 속에서도 김옥균은 개화 정책을 꿋꿋하게 밀고나갔다. 하지만 그와 동료들의 정책은 번번이 민씨 일파에게 발목이 잡혔다. 아울러 그의 배후에 일본이 있다고 의심한 청국의 방해도 받았다.

야심차게 추진한 정책들이 연거푸 실패로 돌아간 김옥균은 마지막 카드를 꺼내들었다. 바로 일본에게 차관을 도입한다는 것이다. 하지만 일본으로 직접 건너간 김옥균의 노력에도 불구하고 민씨 일파의 방해와 일본의 냉대로 차관 도입은 실패로 돌아가고 말았다. 아울러 한성판윤으로 있다가 광주 유수로 물러난 동료 박영효가 애써 양성한 신식 군대 역시 민씨 일파의 손에 넘어갔다. 물론 고종은 민씨 일파를 견제하기 위해서 김옥균에게 일정 부분의 권력을 쥐어주었다. 하지만 이런 상황에 불만을 품은 김옥균은 다른 생각을 품는다. 자신의 손으로 직접 세상을 바꾸기로 결심한다.

혁명의 길로 나서다

1884년 10월 17일 김옥균은 우편 업무를 담당할 우정총국의 개국을 축하하는 연회에 참석한 민씨 일파를 공격하는 것으로 정변의 시작을 알렸다. 이 정변은 그 해의 간지인 갑신년의 이름을 따서 갑신정변이라고 불린다. 우리는 흔히 혁명을 가난한 자들의 전유물로 생각하지만 프랑스 대혁명의 주역은 부르주아[24]였고 80년대 우리나라의 민주화 운동도 넥타이 부대라고 불리는 화이트칼라의 동참이 큰 역할을 했다. 그런 측면에서 보자면 집권층에 속한 신진 세력인 김옥균이 세상을 바꿀 꿈을 꾼 것은 어찌 보면 당연한 일이었다. 아울러 김옥균이 개화를 주장한 것은 쇄국정책을 지지하는 안동 김씨 세력과 대립함으로써 자신의 입지를 다지려고 하는 정치적인 포석도 담겨 있다. 하지만 야심차게 진행한 이들의 정변은 원래 목표인 민영익閔泳翊을 제거하는 데 실패하면서 미묘하게 틀어진다. 결국 청나라 군대의 적극적인 개입과 더불어 일본이 발을 빼면서 실패로 돌아가고 만다. 김옥균은 전쟁터가 된 창덕궁을 빠져나와 일본공사관으로 피신했다가 제물포로 가서 배를 타고 일본으로 망명한다. 어떤 의미로든 조선을 변화시킬 기회가 사라져버린 것이다.

따지고 보면 불과 3일, 시간으로 따지면 50시간도 안 되는 짧은 시간 벌어진 정변을 가지고 호들갑을 떠는 것이 아니냐고 생각할지도 모르겠다. 하지만 조선 왕조가 지속된 기간 동안 벌어진 쿠데타

24 18세기 접어들면서 형성된 신흥 자본가 계층으로 이들이 프랑스 혁명을 주도했다.

충남 아산에 있는 김옥균의 묘. 문화재청
1914년 9월 일본 청산외신 묘지에서 의발衣髮을 이장, 정경부인 유씨와 합장했다.

중 성공한 것은 반정이라는 타이틀을 얻은 중종과 인조반정을 포함해서 제1차 왕자의 난과 계유정난 정도였다. 네 번의 성공한 쿠데타는 모두 대군이나 종친이 주도했거나 앞장섰고, 정치적 권력 또한 크게 변하지 않았다. 하지만 갑신정변은 앞의 쿠데타와는 성격이 달랐다. 권력을 차지하기 위한 것이 아닌 정치적 지형 자체를 바꾸려는 첫 번째이자 마지막 혁명이였으며, 조선의 운명을 결정지었던 중요한 순간이었다. 시대에 도전한 스승과 제자의 합작품이었던 셈이다.

갑신정변이 실패로 돌아간 후 일본으로 망명한 김옥균은 재기의 기회를 노리면서 절치부심한다. 고종은 그를 암살하기 위해 자객들을 보내지만 거듭 실패한다. 송병준宋秉畯 같은 이들은 아예 김옥균의 부하가 되기도 했다. 그를 눈엣가시처럼 여긴 일본 정부에 의해 강제 퇴거명령을 받기도 하고 멀리 오가사와라 제도로 유배를 가기도 했던 김옥균은 홋카이도를 거쳐 도쿄로 돌아왔다.

오랜 망명생활 가운데 김옥균은 조선과 일본, 청나라가 서로 공존하면서 발전해나가는 삼화주의를 주장했다. 박지원으로부터 손자 박규수를 거쳐 제자인 김옥균에게 이어진 개화정책의 최종 완성품이라고 할 수 있다. 하지만 김옥균의 꿈은 노골적으로 조선을 탐내는 일본과 기득권을 놓지 않으려고 했던 청나라 사이에서는 꽃피울 수 없었다. 그렇게 꿈을 포기하지 않던 김옥균은 갑신정변이 벌어진 지 10년 후인 1894년 상해에서 홍종우洪鍾宇의 손에 목숨을 잃는다. 일본에 더 이상 기댈 수 없다고 판단하고 청나라의 권력자이자 조선에 직접적인 영향력을 끼치는 북양대신 이홍장李鴻章과 담판을 하기 위해서 건너갔다가 홍종우의 손에 암살당한 것이다.

악몽일지언정 꿈꾸기를 두려워하지 않은 제자

김옥균의 모습을 보면 조선시대 표준적인 천재와는 거리가 멀었다. 맏아들임에도 불구하고 양자로 들어갈 정도로 재능이 있었고 과거에 합격할 정도였으니 평균 이상의 실력은 갖췄지만 그의 행적에서는 번뜩이는 천재성 같은 것은 찾아볼 수 없다. 대신 야심가와 혁명가의 모습이 보인다. 박규수가 영향을 미쳤을까? 스승은 제자가 세상을 어떻게 바꾸려고 했는지 알지 못했다. 김옥균이 갑신정변을 일으키기 몇 해 전에 세상을 떠났기 때문이다. 하지만 그것이 그에게는 행운이었다. 또 다른 스승 유대치는 갑신정변이 실패로 돌아가자 피난을 떠났다가 그대로 실종되고 말았다. 체포에 대한 두려움보다는 제자의 실패에 대한 충격이 더 컸을 것이다. 갑신정변은 참여한 사람에게도 크나큰 비극이었지만 조선의 운명에도 악영향을 미쳤다. 이 문제로 적지 않게 고생한 윤치호尹致昊의 회고에 의하면, 갑신정변 이후 개화나 개방을 주장하기란 상당히 어렵게 되었다고 한다. 사상이 통제되고 생각이 고정되면서 조선은 파멸의 길로 접어들었다. 소수의 실학자와 선각자들이 꿈꾸던 세상은 결국 한말의 혼란기와 일제 강점기라는 악몽 아닌 악몽이 된 것이다.

실패와 좌절만이 남은 시대에서는 배울 게 아무것도 없다고 말하는 사람도 있다. 하지만 변화는 비록 눈에 보이지 않을 정도로 느리고 희미하지만 끊임없이 생성되어 닥쳐 왔고 변화의 방향을 혁신적으로 수용하려고 했던 시도는 성공하기도 했지만 실패로 돌아가기도 했다. 그리고 이러한 실패에는 역사의 교훈이 담겨 있다. 한말과 일제 강점기에서도 이러한 순환과 의미를 발견할 수 있다. 그리고 그 한가운데에는 변화를 꿈꾼 스승과 도전을 한 제자가 있었다. 비록 부서지고 파괴되어 버렸지만 말이다.

스승은 가야의 가야금을 가르쳤지만

제자는 신라의 가야금으로 재탄생시켰다

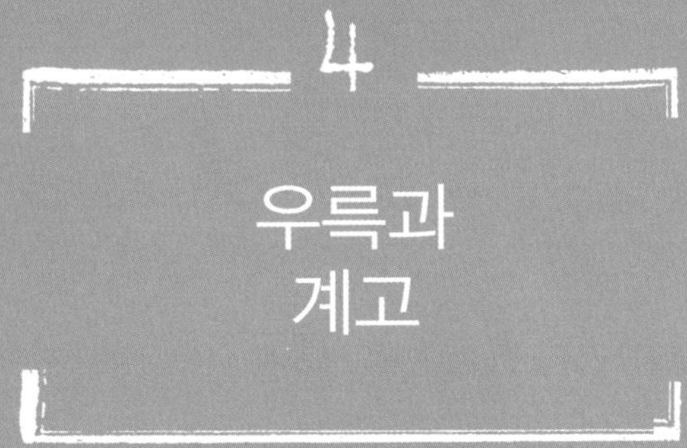

4 우륵과 계고

"나에게 무얼 배우겠다는 말이냐?"

우륵의 물음에 세 젊은이는 서로의 얼굴을 바라봤다. 그러다가 계고가 대답했다.

"저는 악기를 좀 다룰 줄 알고, 법지는 목소리가 좋습니다. 만덕은 춤사위가 뛰어나고요. 외람된 말씀이오나 저는 선생님의 마음을 배우고 싶습니다."

"마음이라…"

"그렇습니다. 신라로 넘어왔지만 가야금을 놓지 않고 계시는 그 마음 말입니다."

당돌하기도 하고 대담하기도 한 계고의 얘기에 우륵은 미소를 지었다.

허리를 굽혀서 움집을 나온 우륵于勒은 제자 니문尼文 옆에 세 명의 젊은이가 뜰에 서 있는 것을 봤다. 모두 발목까지 내려오는 품이 넉넉한 겉옷에 가죽으로 만든 띠를 둘렀고 위가 뾰족한 관모를 쓰고 있었다. 환갑이 넘으면서 눈이 침침해진 우륵이 눈을 깜박거리면서 제자 니문을 바라봤다. 그러자 니문을 대신해서 제일 오른쪽에 서 있던 키 큰 젊은이가 입을 열었다.

"처음 뵙겠습니다. 대왕마마께서 우륵 선생에게서 음악과 춤을 배워오라고 하명하셔서 왔습니다."

그의 말을 들은 우륵은 문득 작년 봄에 낭성娘城[25]의 하림궁河臨宮으로 갔던 일을 떠올렸다. 그곳에 행차한 신라의 진흥대왕眞興大王에게 불려간 적이 있었다. 모국인 대가야의 가실왕이 세상을 떠난 후 그는 제자 니문과 함께 거문고 하나만 가지고 신라 국경을 넘었다. 가실왕의 측근이었기 때문에 그 뒤에 찾아온 혼란을 견딜 수 없었던 것이다. 거기다 가실왕의 측근이라는 이유로 생명의 위협도 받았던 상황이라 미련 없이 조국을 등졌다. 그것이 벌써 오년 전의 일이였다. 이리저리 떠돌다가 신라인이 국원이라고 부르는 고을의 깊은 산자락에 자리를 잡았다. 그리고 작년 초 붉은 술이 달린 투구에 쇠 갑옷을 입은 군사들이 들이닥쳤다. 어리둥절해하는 우륵 앞에 우두머리로 보이는 젊은 장수가 다가왔다.

25 지금의 청주로 추정된다.

"당신이 가야에서 온 우륵이요?"

"그, 그렇습니다만…"

"대왕께서 부르시니 따르시오. 가야금인지 뭔지 하는 악기도 챙기고."

할 말을 마친 젊은 장수가 돌아섰다. 어리둥절해하는 우륵을 대신해서 제자 니문이 조심스럽게 물었다.

"무슨 일로 대왕께서 제 스승님을 부르시는 겁니까?"

그러자 젊은 장수가 짜증난다는 표정으로 대답했다.

"대왕께서 가야에서 온 가야금 명인이 있다는 소문을 듣고 직접 듣고자 하신다. 서두르지 않으면 큰 벌을 내리겠다."

니문이 움집 안으로 들어가서 가죽을 씌운 가야금과 앉을 때 쓰는 짚으로 된 방석을 챙겼다. 그렇게 우륵은 하림궁으로 가서 신라의 진흥대왕을 만났다. 걸음마를 떼기도 전에 왕위에 올랐다는 대왕은 이제 스무 살을 갓 넘긴 젊은이였다. 반짝거리는 쇠 비늘이 달린 갑옷에 옥이 붙은 두건 차림의 대왕 주위에는 자색과 청색의 관복을 입은 관리들과 갑옷 차림의 장수들이 도열해 있었다.

우륵과 니문이 들어서자 내시가 고개를 숙이며 두 사람이 왔음을 알렸다. 그러자 굽어진 뿔 모양의 술잔을 받침대에 내려놓은 대왕이 우륵을 바라봤다.

"네가 가야에서 온 우륵이냐?"

"그렇습니다."

뭐라고 더 할 말이 없는 우륵이 고개를 조아리자 대왕이 활달한 목소리로 말했다.

"지방을 순행하다가 너에 대한 소문을 들었다. 듣자하니 가야의 가실왕이 자기 나라의 지방 이름을 따서 노래를 지으라고 했다지?"

"그렇사옵니다. 땅마다 말이 다른데 어찌 음악이 하나만 있을 수 있냐면서 열 두 지방마다 각기 따로 음악을 지으라고 하셨습니다."

"열 두 곡이라, 신라에 넘어와서는 그 수를 줄였다고 들었다. 우리 신라의 땅이 가야보다 적어서 그런 것이냐?"

곁에 있던 제자 니문이 긴장했는지 마른 침을 삼켰다. 하지만 우륵은 평온함을 잃지 않고 젊은 대왕의 물음에 대답했다.

"그런 것이 아니오라 신라 사람들이 가야의 음악을 듣고 싶어 하지 않아서 부득불 숫자를 줄이면서 바꾼 것입니다."

우륵의 대답을 들은 젊은 대왕이 호기심 어린 표정으로 말했다.

"그렇다면 먼저 가실왕의 명으로 지은 가야의 노래를 연주하고 그다음에는 우리 신라에 와서 바꾼 노래를 연주하여라."

우륵이 제자 니문을 바라봤다. 가야금에 씌운 가죽을 벗긴 니문은 짚으로 된 방석을 바닥에 깔았다. 짚방석 위에 앉아서 가야금을 잡고 숨을 고르는데 아까부터 못마땅한 표정으로 지켜보던 관리 하나가 나섰다.

"폐하. 가야는 망하고 없어진 나라입니다. 그런데 그런 나라의 음악을 들어서 무엇에 쓰겠습니까? 저 자를 물리치고 음악을 듣지 마시옵소서."

그러자 얘기를 들은 젊은 대왕이 호탕하게 웃었다.

"가야가 망한 것은 군주가 현명하지 못했기 때문이지 음악과는 아무런 관련이 없도다."

대왕의 얘기를 들은 관리는 잠자코 고개를 조아렸다. 그 사이 준비를 마친 우륵은 천천히 눈을 감고 가야금을 연주했다. 우륵이 가야금을 연주하는 동안 간간이 술을 마실 뿐 조용히 듣던 젊은 대왕은 연주가 끝나자 고개를 끄덕거렸다.

"과연 너의 음악 안에 가야가 담겨 있구나. 내 너에게 편안하게 지낼만한 재물을 내릴 것이니 앞으로도 가야금을 잘 갈고 닦도록 하여라."

무슨 말을 해야 할지 몰랐던 우륵은 잠자코 고개를 조아렸다. 가야금을 챙겨서 나가려는데 젊은 대왕이 갑자기 생각났다는 듯 입을 열었다.

"조만간 너의 거처로 사람을 보내겠다. 그들에게 네가 가지고 있는 음악과 춤을 잘 전수해주어라. 가야는 망했지만 가야금이 남았듯이 네가 사라져도 음악은 남아 있어야 하지 않겠느냐."

우륵과 그의 제자가 대왕 앞에서 가야금을 연주했다는 소문이 퍼지면서 주변의 눈길이 달라졌다. 늘 의심스러운 눈으로 바라보던 촌주는 살갑게 대해주면서 필요한 것을 물었다. 한 달에 두 번씩 국원성의 성주가 곡식을 보내주자 하루에 한 끼 먹기도 힘들었던 상황도 나아졌다. 촌주는 성주가 보내주는 곡식을 보관할 다락 창고를 지어주었다.

하지만 우륵은 마음이 편치 않았다. 나라를 잃은 백성, 군주를 잃은 음악이라는 자괴감만 깊어질 뿐이었다. 그러다가 결국 음악만이 남을 것이라는 생각을 하면서 긴 한숨을 쉬었다. 우륵이 아무 말도 하지 않고 서 있자 세 젊은이들 중 아까 입을 열었던 제일 오른쪽의 젊은이가 앞으로 나섰다.

"제 이름은 계고階古라고 합니다. 옆에는 법지法知라고 하고, 제일 끝에는 만덕萬德이라고 합니다."

이름을 들은 우륵이 말했다.

"나에게 무얼 배우겠다는 말이냐?"

우륵의 물음에 세 젊은이는 서로의 얼굴을 바라봤다. 그러다가 계고가 대답했다.

"저는 악기를 좀 다룰 줄 알고, 법지는 목소리가 좋습니다. 만덕은 춤사위가 뛰어나고요. 외람된 말씀이오나 저는 선생님의 마음을 배우고 싶습니다."

"마음이라…"

"그렇습니다. 신라로 넘어왔지만 가야금을 놓지 않고 계시는 그 마음 말입니다."

당돌하기도 하고 대담하기도 한 계고의 얘기에 우륵은 미소를 지었다. 니문에게 가야금을 가져오라는 눈짓을 하고는 그들에게 말했다.

"그러자꾸나. 내 앞으로 오너라."

짚으로 짠 돗자리 위에 앉은 우륵은 니문이 가져온 가야금을 세 명에게 보여주면서 얘기를 시작했다.

"이 가야금에는 가야의 하늘과 땅, 그리고 세월이 담겨 있느니라. 가야금의 위가 둥근 것은 하늘을 뜻하고 바닥이 평평한 것은 땅을 나타낸 것이다. 가운데가 빈 것은 천지와 사방을 본받은 것이고, 열두 개의 줄은 곡식이 나고 자라는 열두 달을 뜻한다."

설명을 마친 우륵은 주름이 진 앙상한 손가락으로 가야금의 현을 가볍게 뜯기 시작했다. 은은한 가야금 소리가 고요한 뜰 안에 울려 퍼졌다.

세상에는 수많은 악기가 있고 그 이름은 여러 가지에서 유래되었다. 하지만 가야금처럼 나라의 이름을 딴 악기는 찾아보기 어렵다. 가실왕이 가야금에 어떤 꿈을 담고자 했는지는 알 수 없다. 하지만 우륵이 만든 음악은 가야에서 결실을 맺지 못하고 신라로 넘어가 신라인 제자를 통해 이어지게 되었다. 나라는 없어졌지만 그 음악과 악기는 스승과 제자의 손길을 통해 오늘날까지 남았다.

가야금이나 우륵, 가실왕에 대해 조금만 찾아보면 가야 가실왕이 국가 통합과 왕권 강화를 위해서 가야금을 만들고 우륵에게 각 지방의 이름을 딴 열두 곡의 가야금 연주곡을 지으라고 명령했다는 내용이 나온다. 나름 그럴듯한 설명이지만 대부분은 고개를 갸웃거릴 것이다. 악기랑 음악을 만드는 것이 대체 왕권 강화나 국가 통합과 무슨 상관이 있냐는 궁금증을 품으면서 말이다. 왕권 강화가 목적이라면 군대의 숫자를 늘리거나 관리를 지방에 파견하는 방식이 더 효율적이기 때문이다. 하지만 정치는 어느 시대나 복잡하고 예민

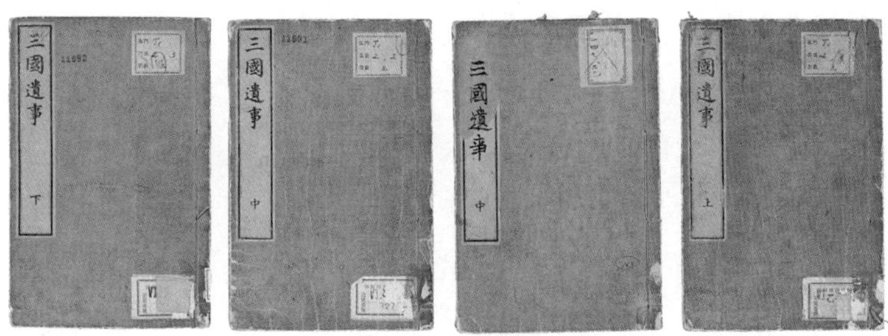

《삼국유사》, 국립중앙박물관

1281년 무렵 고려 후기의 선승 일연一然이 편찬한 역사서로 총 5권 2책으로 구성되어 있다.

하고 또한 섬세하다. 가야금의 탄생 역시 그런 복잡한 정치의 산물이다.

《삼국사기》, 국립중앙박물관
1145년 김부식이 편찬된 기천체 형식의 역사서이다.

많은 사람들이《삼국사기》와《삼국유사》의 제목 때문인지 고구려, 백제, 신라가 오랫동안 대립하면서 전쟁을 한 것으로 본다. 심지어 교과서와 박물관에서도 서기 1세기부터 7세기까지를 삼국사기라고 표현한다. 하지만 딱 삼국만 남아서 지낸 시기는 길게 잡아도 백년 남짓이다. 시간이 흐르면서 작은 나라들은 대부분 삼국에 흡수되면서 사라졌지만 지금의 경상남도 지역에 있던 가야는 삼국과 함께 끝까지 살아남았다. 삼국시대는 부족에서 국가로 발전하는 일종의 경쟁 시기였다. 그래서 모두가 믿을 수 있는 불교를 도입하고 통치와 지배의 기준인 율령을 반포하면서 차근차근 왕권을 강화해나갔다. 중앙집권 체제를 완성해가는 이 과정을 통과하지 못한 나라는 다른 나라에게 무력으로 정복당하면서 역사 속으로 사라졌다. 물론 부족에서 국가로 발전하면서 갑자기 군사력이 상승하고 무기가 개선된 것은 아니다. 하지만 중앙집권화가 되면 될수록 동원할 수 있는 군대가 늘어나고 그들의 움직임 또한 일사불란해진다. 그리고 이러한 군사력은 느슨하게 묶인 부족연맹 형태의 국가들을 정복하는 결정적인 무기가 된다.

지도자들은 권력의 통합과 집중이 전쟁을 이길 수 있는 결정적인 열쇠임을 깨달았다. 하지만 그 밑에는 권력을 놓고 싶어 하지 않는 귀족들이 있었다. 권력을 포기하지 않는 귀족들을 억누르고 중앙

집권화를 완성한다는 목표는 수십 년은 물론 수백 년에 걸쳐서 이어졌다. 한반도의 수많은 국가들 중에 고구려와 백제, 그리고 뒤늦게 합류한 신라까지 세 나라만이 성공적으로 그 목표를 이뤄낸다.《삼국사기》초반에 한 줄씩 혹은 한 번씩 언급되고 사라진 나라는 이런 경쟁에서 밀려난 탈락자들이다.

가야는 그런 탈락자는 아니었지만 다른 세 나라와 함께 어깨를 나란히 하기에는 힘이 부족했다. 처음 신라와는 어느 정도 대등한 관계였던 것으로 보인다.《삼국사기》의 신라 본기를 보면 초창기 신라와 대등하게 싸움을 벌이는 광경이 기술돼 있다. 거기다 파사 이사금 때는 신라의 초청을 받아서 국경 분쟁 문제를 중재하기도 했는데, 이때 연회에 제대로 참석하지 않은 한기부의 우두머리를 죽이는 일까지 벌어졌다. 짧은 기록이라 진위를 알기는 어렵지만 이런 문제를 일으키고도 신라는 가야를 공격하지 못했다. 하지만 점차 중앙집권적인 국가를 만들어가는 신라와 달리 가야는 제자리걸음이었다. 변한 12국에서 출발한 가야는 연맹이라는 체제를 끝끝내 지워내지 못한 것이다. 언제 태어나고 죽었는지, 그리고 심지어 어느 가야의 임금인지도 모를 가실왕이 즉위했을 때 가야의 상황은 한층 더 나빠져서 쇠망의 길에 접어들었다.

가야의 이름을 가지고 태어난 가야금

가실왕은 이런 위기를 벗어나려면 가야 연맹의 단합이 필요하다고 생각했다. 가야금의 탄생과 우륵의 등장은 이런 정치적인 격변과 깊은 연관이 있었다. 우륵 역시 언제 태어나고 죽었는지 알 수 없다. 서기 520년대 초반에 가실왕의 부름을 받고 대가야의 왕궁에 갔을 때 30대였다는 기록이 있는 것으로 봐서는 대략 490년대에 태어난 것으로 보인다. 그가 태어난 곳은 성열현省熱縣이라는 대가야의 고을이었는데 정확한 위치는 나와 있지 않다.

가야금. e-뮤지엄
오늘날 일반적으로 사용하는 가야금으로 오동나무 공명통으로 만들어졌다.

우륵이 불려간 이유는 물론 악기 다루는 솜씨가 뛰어나서였을 것이다. 가야는 일찍부터 중국은 물론 한사군과도 교류가 있었다. 따라서 중국의 음악이 흘러들어왔을 것이고 우륵에게까지 이어졌을 것이다. 그가 대를 이어서 음악을 연주하는 집안 출신인지 아니면 스스로 노력해서 음악을 터득했는지는 알 수 없다. 여하튼 학자들의 추정대로 우륵이 30대의 나이였다면 음악가로서 절정의 기량과 원숙함을 고루 갖췄을 것이다. 가실왕은 전성기에 오른 우륵을 불러 새로운 악기와 연주곡을 만들 것을 지시한다. 가실왕의 지시에 의해 만들어진 가야금은 완전히 새로운 악기가 아니었다. 중국의 쟁箏이라는 악기를 본떠서 만든 것이다. 사실 남아 있는 쟁의 모습은 가야금과 거의 다를 바가 없다. 단지 현의 숫자만 차이가 날 뿐이다.

우륵은 단순히 악기 다루는 솜씨만 뛰어났던 것이 아니라 연주곡을 만들 줄도 알았던 모양이다. 어쩌면 쟁을 잘 연주했기 때문에 가실왕의 눈에 띄었을 수도 있다. 사실 쟁을 그대로 가져와 쓰면 되는데도 번거롭게 새로운 악기를 만들었던 이유는 무엇일까? 가야금이라는 이름을 붙이고 현의 숫자와 가야금의 모양에 이런저런 의미를 부여한 것은 통합이라는 시대적 과제를 가야금 안에 담으려고 했기 때문이다. 연주곡 이름은 가야의 각 지방의 이름을 붙였는데 아마 그 지방의 특색을 음악적으로 표현했을 것이다.

국기와 국가 같은 상징물은 사람들에게 눈에 보이지 않는 국가라는 존재를 인식시켜 주면서 자연스럽게 '우리'라는 존재감을 심어준다. 그래서 박영효가 서둘러 태극기를 만들었고, 일본 국가인 기미가요를 만든 독일인 지휘자 에케르트Franz von Eckert를 초청해서 대한제국 애국가를 만들었을 것이다. 가실왕이 이러한 근대적 의식의 바탕 위에 우륵을 불러 명령했는지는 알 수 없다. 가실왕의 목적이 무엇이었든 가야금과 열두 곡의 연주곡만으로 사회 통합을 이룰 수는 없었다. 모든 가야 백성들에게 음악을 들려줄 수는 없기 때문이다. 열두 곡이 가야금으로 연주되는 곳은 종묘나 궁궐이었을 테고 가야금 연주곡이 울려 퍼지면 가실왕은 그 지역을 통치하는 가야의 임금으로서 감상하는 식이었을 것이다. 물론 백성까지는 아니더라도 그곳에 있는 관리와 호족들에게 누가 통합된 가야의 통치자인지 분명히 전달하기는 했을 것이다.

우륵이 열과 성을 다해서 가야금을 연주하는 사이 가야는 안팎으로 무너져 내렸다. 백제와 신라 사이에 끼어 있던 가야는 한말의 조선처럼 양쪽을 왔다 갔다 하면서 생존을 유지했다. 하지만 이런 방식은 곧 한계를 드러냈다. 가실왕이 죽고 반대파가 정권을 장악하자 가실왕을 위해 음악을 만들었던 우륵조차 위협을 느끼고 신라로 망명을 가야 했다. 이렇게 일개 가야금 연주자조차 생명의 위협을 느끼고 신라로 망명한 상황은 가야의 정치적 불안이 얼마나 극심했는지를 보여준다.

신라로 건너가다

그의 망명은 단순히 생명을 유지하기 위한 도피가 아니라 열과 성을 다해 가야금을 만들고 연주했던 세계가 무너지는 데 대한 두려움, 부정不正한 것에 대한 불만이 담겨 있었을 것이다. 제자인 니문과 함께 신라로 건너간 우륵은 지금의 충주 지역에 해당되는 국원성에 머물렀다. 쉰 즈음의 나이에 낯선 땅으로 온 우륵의 명성은 이런저런 이유로 신라에 퍼졌다. 그리고 가실왕과 비슷한 이유로 그를 주목한 사람이 있었다. 바로 젊고 야심에 가득 찬 진흥왕이었다.

어린 나이에 즉위한 진흥왕은 자신이 직접 친정을 하게 되자 나라를 연다는 뜻의 개국開國이라는 의미심장한 연호를 사용했다. 그리고 지방을 순시하던 중 낭성의 하림궁에 머물면서 우륵을 불렀다. 젊은 신라의 왕이 가야의 노쇠한 악공을 부른 이유는 그가 만든 가야금 연주곡을 듣기 위해서였다. 이때 한 신하가 망한 나라의 음악을 들을 필요가 없다고 반대했지만 젊은 왕은 가야가 망한 건 음악 때문이 아니라고 잘라 말했다. 진흥왕이 합리적이어서 그런 대답을 한 것은 아니었다. 음악 애호가이거나 가야금을 좋아해서 우

경주에 있는 신라 24대 진흥왕의 무덤. 문화재청

륵을 부른 것도 물론 아니다. 그 역시 가실왕과 같은 목적으로 우륵과 가야금을 이용하고자 했다. 단지 가실왕이 가야의 통합을 위해서였다면 진흥왕은 가야를 정복한 군주로서의 위상을 높이기 위해 음악이 필요했다. 가실왕의 총애를 받으며 가야의 음악을 연주하던 우륵을 옆에 둠으로써 자신이 가야의 지배자라는 사실을 만천하에 알리고자 했던 것이다. 우륵이 그걸 모를 리는 없었지만 선택의 여지가 없었다.

진흥왕은 백제와 손잡고 고구려를 쳐서 한강 유역을 빼앗고 다시 백제를 공격해서 그들이 빼앗은 땅까지 차지하는 등 전쟁으로 바쁜 나날을 보내면서도 우륵의 일을 꼼꼼하게 챙겼다. 그리고 친히 고른 세 명의 젊은이를 국원성에 머물고 있던 우륵에게 보내 제자로 삼도록 했다. 가야금과 그 연주곡은 신라인에게는 낯선 것이고, 우륵이 죽으면 대가 끊어질 것이기 때문에 전수받도록 조치한 것이다. 제자로 보낸 세 명 중 계고와 법지는 대나마大奈麻, 그리고 만덕은 대사大舍의 관등을 가지고 있었다. 신라의 관등은 신분에 따라 올라갈 수 있는 상한선이 정해져 있다. 세 젊은이는 아마 6두품이나 그보다 한 등급 아래인 5두품이었을 것이다. 음악을 배우는 데 악공이 아닌 관리를 파견한 것만 봐도 진흥왕이 얼마나 신경을 썼는지 알 수 있다. 그렇게 해서 신라가 가야의 정복자라는 사실을 영원히 기억하기를 바랬다. 우륵은 세 명의 신라 젊은이를 시험한 후에 계고에게는 가야금을, 법지에게는 노래를, 만덕에게는 춤을 가르쳤다.

세 명의 제자 중에 우륵의 진정한 제자는 가야금을 전수받은 계고이다. 계고에 대한 기록은 우륵보다 더 남아 있지 않다. 우륵에게 가야금 연주법을 배웠으니 악공이었을 것이라고 짐작하지만《삼국사기》의 기록을 보면 예상이 빗나간다. 악공이 대나마라는 관등을 가지고 있을 리 없기 때문이다. 세 명 모두 관등을 가진 관리였고 우륵이 이들을 시험했다는 것을 봐서는 세 명 모두 이전에는 음악을 전문적으로 다루지 않았던 것으로 보인다.

진흥왕은 그들에게 단순히 우륵의 솜씨를 보고 배우라고만 명하지 않았을 것이다. 어떻게 하면 신라의 것으로 바꿀 것인지에 대한 막중한 의무도 언급했을 것이다. 우륵은 진흥왕이 보낸 세 명의 제자에게 자신이 가지고 있는 모든 것을 전수했다. 특히 계고에게 가야금 연주법을 집중적으로 가르쳤다. 아쉽게도 둘 사이에 어떤 교감이 오고갔는지, 연주법에 대한 해석을 놓고 무슨 토론을 했는지는 알려져 있지 않다. 일반적인 스승과 제자라고 보기에도 애매했다. 일례로 어느 날 가르침을 받던 세 명이 모여서 열두 곡을 다섯 곡으로 바꿔버린 일이 있었다. 이 사실을 안 우륵은 펄쩍 뛰었겠지만 조국을 떠나 망명을 온 늙은 악공의 처지에서 할 수

우륵이 가야금을 타던 곳으로 알려진 충주탄금대

Flickr by Linusblanket17, CC By 2.0

있는 것은 별로 없었다. 스승의 작품을 제자가 임의로 손대는 것은 보통의 사제관계에서는 상상하기 힘든 일이다. 그럼에도 우륵은 제자들이 신라 식으로 바꾼 음악을 듣고 무릎을 치며 감탄했다. 즐겁지만 방탕하지 않고 애절하지만 슬프지 않으니 마땅히 왕 앞에서 연주할 만하다고 극찬한 것이다.

우륵이 이렇게 극찬한 데는 아마도 고구려와 백제, 가야에 비해 중국의 음악을 접할 길이 적어서 비교적 전통이 강하게 남아 있던 신라 음악의 단순함과 담백함이 궁중 예악으로 만들어진 가야금 연주곡의 화려하고 웅장한 기운과 잘 어우러졌기 때문이었을 것이다. 그렇다면 대신들이 망국의 음악이라고 싫어했던 이유도 얼핏 짐작이 간다. 어쨌든 진흥왕의 전폭적인 후원이 있긴 했지만 스승 우륵과 제자 계고의 뜻이 맞지 않았다면 가야금과 연주곡은 계승되지 못했다.

우륵은 세 제자, 아마도 가야금 연주를 배운 계고가 주도했을 변화, 가야금의 신라화를 받아들였다. 그가 선택할 수 있는 것이 아니었으되 이렇게라도 가야의 음악이 살아남았으면 하는 마음 때문이었을지도 모른다. 이렇게 타의에 의해서 맺어진 스승과 제자는 가야의 음악을 신라의 것으로 바꿨고, 오늘날까지 이어지는 데 결정적인 기여를 했다. 비록 동상이몽이었다고는 하지만 우리나라 음악사에 굵직한 흔적을 남긴 스승과 제자라고 할 수 있다. 얼마 뒤 세 사람을 부른 진흥왕은 그동안 배운 것들을 들어보고는 흡족함을 표시했다. 이렇게 가야의 음악은 자연스럽게 신라의 음악 안으로 흘러들어갔다. 이후 신라의 음악에서 가야금은 빠지지 않고 들어갔고,

가야금 연주자를 뜻하는 금척琴尺역시 음악을 연주하는 자리에 빠지지 않았다.

음악이 역사가 되다

당대에 가실왕은 우륵과 비교할 수조차 없는 존재였다. 하지만 오늘날 가실왕은 어느 가야의 임금인지조차 잊혀진 반면 우륵은 기억되고 있다. 가야의 정치적 환경이 만들어낸 가야금은 가야가 사라지고 그 가야금을 흡수한 신라조차 없어진 이후에도 살아남았다. 당대 사람들, 그리고 가야금을 사랑했던 우륵조차 이런 상황이 되리라고 예상하지 못했을 것이다. 그것은 가야금과 가야의 음악을 만든 사람은 우륵이었지만 신라만의 독자성을 가미한 음악을 재창조해낸 제자 계고가 있었기 때문에 가능한 일이다.

가야의 이름을 딴 가야금이 신라의 음악으로 살아남고 고려와 조선을 거쳐 오늘날까지 존재할 수 있었던 것 역시 수많은 스승과 제자가 있었기 때문이다. 스승과 제자를 통해 가야금을 다루는 기교뿐만 아니라 그 안에 담긴 시간까지 이어져 내려왔기에 음악은 역사가 될 수 있었다.

| 2부 | 스승의 그림자가 되다

* 5장에 등장하는 김장생(1548~1631, 조선 중기의 학자)의 초상화. 국립중앙박물관

지식의 전수는 인류 문명을 이어주는 연결고리 역할을 했다. 문자가 없던 시절은 물론이고 문자와 책이 나온 이후에도 스승이 제자 관계에서 비롯된 도제 방식의 지식 전수는 대단히 유용했다. 스승이 오랜 세월 쌓아온 지식과 경험은 제자에게 고스란히 이어졌다. 문자로는 전달될 수 없는 예민하고 미세한 부분까지 전달이 가능했기 때문에 제자는 스승의 것을 바탕으로 새로운 시대를 바라보는 안목을 가지게 된다. 사물을 보고 분별하는 능력이라는 사전적인 의미를 가지고 있는 안목眼目은 세상을 보는 필터라는 해석도 가능하다. 단지 배우는 것으로 온전하지 못한 지식들이 있다. 안목도 마찬가지이다. 세상이 어떻게 돌아가는지, 무엇을 바꿔야 하고 어떻게 하면 바꿀 수 있는지에 대한 물음의 답은 책에서 찾을 수 없다. 오직 스승의 입을 통해서만 제대로, 온전히 알 수 있다.

특히 변화를 향한 시선은 스승과 제자 관계에서만 배울 수 있는 경우가 많다. 스승은 오랫동안 배우고 축적해온 지식을 토대로 새로운 세상을 볼 수 있는 능력은 있으나 여러 가지 이유로 그 변화를 주도하거나 이끌어갈 수 없는 경우가 많다. 그래서 스승은 자신이 못다 한 실천의 영역을 제자에게 물려주고자 변화에 대한 안목을 키워주고 필요한 지식을 알려준다. 세상을 이해하고 받아들이는 눈을 열어주는 것이다.

스승의 가장 중요한 가르침이 '변해야 한다'는 진리라는 것은 가르침과 배움의 역설을 잘 드러낸다. 지식은 전수가 목적이 아니라 변화를 위한 밑바탕이 되어야 한다. 화약의 발명이 오랜 연금술의 전통 위에서 가능했던 것처럼 말이다. 연금술사가 제자에게 오직 자신의 방법만을 고집했다면 인류 문명을 바꾼 화약은 탄생하지 않았다. 제대로 된 가르침은 필연적으로 변화와 도전을 향할 수밖에 없으며 여기에 응답한 제자들은 스승의 위대한 그림자가 될 수 있었다. 그것이 바로 스승과 제자만이 보여줄 수 있는 장엄하고 아름다운 역사이다.

▬ 평범한 제자였던 김장생은 당대 최고의 천재라고 일컬어지는 송익필의 가르침을 따르기 위해 많은 노력을 기울여야만 했다. 하지만 김장생은 끈기 있게 배웠다. 덕분에 노비이자 죄인의 후손으로 태어난 스승 송익필의 뒤를 이어 예학의 대가이자 산림의 거두로 설 수 있었다. 만약 자신의 평범함을 탓하기만 했다며 결코 이룰 수 없는 업적이다.

▬ 진도라는 궁벽한 곳에서 태어나고 자란 허련은 그림 솜씨 하나로 김정희라는 위대한 예술가이자 정치인의 제자가 될 수 있었다. 허련이 그의 제자가 됐을 때는 이미 다른 제자들이 자리를 잡고 있었다. 하지만 허련은 그들을 제치고 김정희가 아끼는 제자가 되었다. 붓 하나로 승부를 보겠다는 집념을 보인 덕분이다. 그는 스승의 뜻을 따라 남종화의 맥을 잇겠다는 의미로 이름과 호조차 바꿀 정도의 결의를 보였다.

▬ 이승희와 김창숙은 아마 평범한 세상이었다면 시골의 유학자

로 남았을 것이다. 하지만 그들이 사는 세상은 혼란기였다. 스승은 자신을 중용하지도 귀를 기울여주지도 않는 나라를 위해서 목숨을 바쳤고, 제자는 그런 스승의 뜻을 한 치의 어긋남도 없이 따랐다. 나라를 잃은 책임을 져야 한다는 공감대가 스승과 제자를 독립운동의 길로 이끌었다.

예학은 천재 스승과 평범한 제자가

함께 만든 찬란한 작품이다

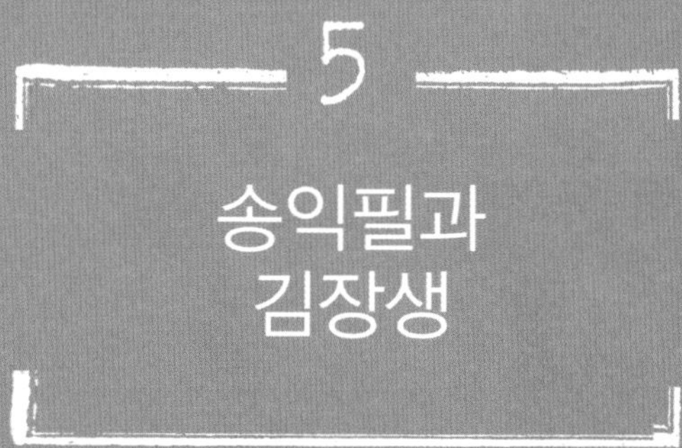

송익필은 종이에 '예禮'자를 써서 보여주었다.

"이 글씨의 근원은 아느냐? 보일 시示에 풍년 풍豊자가 합쳐지고 변한 것이다. '시'자는 신神을 뜻하고 풍자는 제물을 제사상인 두豆 위에 올려놓은 모양에서 시작되었다. 하늘을 떠받드는 마음으로 윗사람을 섬기고 도리를 다하는 것, 그것이 바로 예이고, 예학이며, 또한 성리학이라고 할 수 있다."

김장생은 저도 모르게 고개를 끄덕거렸다. 말뜻을 다 알아듣지는 못했지만 스승이 무슨 얘기를 하고 싶어 하는지 알 것 같았다.

제자는 처음 만나는 스승이 궁금했다. 어떤 사람은 그가 당대에 손꼽히는 8문장가[26] 중 한 명이며 걸음마를 떼기 전부터 시를 지은 대단한 문장가라고 했다. 율곡 이이와 성혼成渾과도 교류를 하는 사이라는 얘기도 들었다. 특히 율곡 이이는 이 땅에 성리학을 아는 이는 오직 그와 그의 동생뿐이라는 말도 했다고 한다. 반면 그의 집안에는 더러운 피가 흐른다며 얼굴을 찌푸리는 사람도 있었다. 그리고는 엄청난 비밀을 알려주는 것처럼 속삭였다.

"그 사람 아버지가 누군지 알아? 바로 신사년[27]에 기묘사화로 사림들을 몰아낸 간신 남곤南袞과 심정沈貞에게 붙어서 안당安瑭과 그의 아들들을 모함한 송사련宋祀連의 아들이야."

간신과 모함이라는 단어는 아버지와 그 친구들이 사랑방에 모여서 얘기를 할 때 종종 나오곤 했다. 그가 관심을 기울이자 말을 건넨 사람은 자세한 얘기를 들려주었다.

"안당은 다른 훈구파와는 달리 정암靜菴[28]선생 편을 들었잖아. 그래서 기묘사화 이후에 세 아들과 함께 간신배들에게 눈엣가시 같은

26 선조때 글을 잘 쓰기로 유명한 8명의 선비들을 지칭한다. 이산해, 최경창, 백광훈, 최립, 윤탁연, 하응림, 이순신, 그리고 송익필이다. 여기에 나오는 이순신은 우리가 알고 있는 삼도수군통제사 이순신이나 그 휘하에 있던 이순신과는 다른 인물이다. 참고로 8문장가에 대한 얘기는 선조 때나 나온 이야기이기 때문에 김장생이 13세 때인 명종 때에는 나오지 않는다. 소설적 구성을 위한 픽션임을 밝힌다.

27 서기 1521년으로 기묘사화로 조광조와 사림파가 숙청된 지 2년 후다.

28 조광조의 호

존재였어. 그러던 찰나에 안당의 아들 안처겸安處謙이 모친상을 맞이해서 찾아온 조문객들에게 임금의 성총을 흐린 간신배들을 제거할 것을 논의했지. 그때 안씨 집안의 서출인 송사련이 그 얘기를 듣고는 곧장 관아로 달려가서 밀고를 하였지. 그래서 어떻게 되었는지 알아?"

그가 고개를 젓자 상대방은 마른 침을 삼키면서 이야기를 이끌어갔다.

"안당과 안처겸을 비롯한 세 아들은 모두 처형당하는 멸문지화를 입고 말았어. 송사련은 밀고를 한 공으로 안씨 집안의 재산을 모두 물려받고 공신으로 책봉까지 되었단 말이야. 말이 선비고 관리이지 천출이 간신배에게 붙어서 출세한 것이지. 그 자가 그 송사련의 아들이야. 마땅히 선비라면 그 자의 이름을 듣는 것만으로도 귀를 씻어야 하거늘, 어찌 그런 자를 스승으로 섬긴단 말인가?"

이야기의 끝을 혀로 찬 상대방을 보면서 그는 고개를 갸우뚱했다. 사람은 분명 하나이거늘 어찌 이렇게 다양한 평가가 나올 수 있는지 말이다. 이런저런 생각을 하는 사이 그를 등에 업고 걸어온 하인 근자근쇠가 걸음을 멈췄다.

"도련님. 학당에 다 온 모양입니다."

심학산 어귀, 구봉 아래 있는 학당은 이엉을 올린 초가집과 다 쓰러져가는 싸리담장뿐이었다. 특이하다면 마당 한구석에 한여름에 책 읽기 좋은 작은 정자가 있다는 것 정도였다. 문짝을 들어 등자에 걸어 올린 방 안에는 말총으로 만든 사방건四方巾을 쓰고 유학자들이 입는 심의深衣를 입은 차림의 그가 보였다. 늦은 오후라 그런지 제자들은 보이지 않았다. 근자근쇠의 등에서 내린 그는 싸리문 안으로 들어섰다. 산자락에 걸쳐진 해에서 쏟아지는 은은한 햇살이 마당을 뜨겁게 달궜다. 경상에 놓인 책을 읽고 있던 그가 인기척을 느꼈는지 고개를 옆으로 돌렸다. 부리부리한 눈빛과 마주치자 얼른 고개를 숙였다. 말없이 바닥을 내려다보는데 상대방의 굵직한 목소리가 들렸다.

"네가 황강黃岡[29] 어르신의 아들이냐?"

힘이 담긴 목소리를 듣는 순간 그의 고개는 더 숙여졌다.

"그렇습니다. 김장생金長生이라고 합니다."

"올해 몇 살인가?"

"열세 살이옵니다."

"예학을 알기에는 너무 어린 나이로구나."

김장생은 잠시 생각하다가 대답했다.

"가르침을 배우는 데 단지 깨우치는 것이 중요할 뿐 이르고 늦은 게 무슨 상관이겠습니까? 거기다 저는 아둔하고 느려서 일찌감치 배워야 남들에게 뒤처지지 않습니다."

김장생의 대답을 들은 상대방은 너털웃음을 터트렸다.

"맞는 말이다. 신을 벗고 들어오너라."

댓돌에 신발을 벗고 안으로 따라 들어간 김장생은 이제부터 스승이 될 그의 앞에 무릎을 꿇었다. 읽고 있던 책을 덮은 그는 차분한

29 김장생의 아버지인 김계휘의 호

목소리로 말했다.

"나는 송익필宋翼弼이라고 한다. 호는 저 심학산 봉우리의 이름을 따서 구봉龜峯이라고 부르지."

천재이자 문장가이면서 동시에 선비라면 그 이름을 듣는 것만으로도 치욕으로 여겨야 한다는 스승의 이름을 처음 듣는 순간이었다. 온몸에 긴장감이 흐른 그가 침묵을 지키자 송익필宋翼弼이 물었다.

"나에 대해서 많은 얘기를 들은 모양이구나. 어느 쪽이 맞는 것 같으냐?"

김장생은 더더욱 대답할 말을 찾지 못했다. 그러자 송익필이 부드럽게 웃었다. 아버지보다 한참 어린 20대 후반의 나이임에도 불구하고 연륜이 느껴졌다.

"나는 사림을 모함한 간신의 아들이자 천출 소생이다. 아버지가 신사년의 일로 공신에 봉해지고 당상관의 자리에 올랐느니라. 그 일로 나는 편안하게 먹고 자면서 공부에 전념할 수 있었고 동생과 함께 초시에도 합격할 수 있었지. 만약 신사년의 일이 없었다면 나는 가난 때문에 마음 놓고 공부를 하지 못했을 것이다."

김장생은 언제 물어볼까 고민했던 문제를 송익필이 망설임 없이 쉽게 꺼내자 귀를 기울였다.

"하지만 신사년의 일로 인해서 초시 합격이 취소되었다. 그 이후 나는 관직에 나서는 것을 포기하고 이곳에 와서 학당을 열었지. 그러면서 끊임없이 고뇌했다. 억울하게 생각해야 하는지 아니면 당연한 일로 받아들이고 자숙해야 하는지 말이다. 선비로서 아버지의 일을 비난하는 게 옳은지 아니면 자식된 도리로서 따르는 것이 마땅한

지 말이다."

"어떻게 하는 게 옳습니까?"

잠자코 있던 김장생의 물음에 송익필은 빙그레 웃었다.

"그 답을 찾기 위해 예학禮學[30]을 배우고 있단다."

아버지가 그를 이곳에 보내면서 배워오라고 한 것도 바로 예학이었다. 그런데 정작 스승인 송익필도 예학을 배우는 중이라고 대답했다. 혼란스러워진 그의 속마음을 눈치챘는지 송익필이 빙그레 웃었다.

"예가 무엇이라고 생각하느냐?"

시간을 두고 고민하던 김장생이 어렵게 대답했다.

"사람됨을 지키는 마음가짐이 아니겠습니까?"

"그것은 겉에 보이는 것일 뿐이다. 예의 본질은 그렇게 단순하지 않다."

대답을 한 송익필은 경상에 놓인 붓을 들어서 종이에 '예禮'자를 써서 보여주었다.

"이 글씨의 근원은 아느냐? 보일 시示에 풍년 풍豊자가 합쳐지고 변한 것이다. '시'자는 신神을 뜻하고 풍자는 제물을 제사상인 두豆 위에 올려놓은 모양에서 시작되었다. 예의 시작은 머나먼 옛날 사람들이 하늘을 섬겼을 때부터였다. 그들은 정성껏 마련한 제물을 바치고 하늘의 뜻을 묻고 그것을 실천에 옮기면서 살아갔지. 세월이 흐

30 예법과 관학 학문

르면서 사람들은 더 이상 하늘을 섬기지 않았다. 군주를 섬기고 부모를 섬기고 스승을 섬기게 되었지. 그러면서 예가 이어진 것이다. 하늘을 떠받드는 마음으로 윗사람을 섬기고 도리를 다하는 것, 그것이 바로 예이고, 예학이며, 또한 성리학이라고 할 수 있다."

물 흐르듯 흘러가는 송익필의 얘기를 들으면서 김장생은 저도 모르게 고개를 끄덕거렸다. 말뜻을 다 알아듣지는 못했지만 스승이 무슨 얘기를 하고 싶어 하는지 알 것 같았다. 그런 김장생을 바라보던 송익필이 흡족한 미소를 지었다.

"장차 조선의 예학을 책임질 사람이 되겠구나. 내일부터 본격적으로 예학에 대해서 배우자꾸나. 오늘은 이만 물러가거라."

김장생은 마음 속 깊이 우러나온 인사를 하고는 일어났다.

비운의 천재 스승과 아둔한 보통 제자

흔히 천재 선수는 좋은 감독이 될 수 없다고 말한다. 타고난 재능을 가진 덕에 좌절이나 실패를 겪지 못했기 때문에 평범한 재능을 가진 다수의 선수들을 이해하거나 기다려주지 못하기 때문이다. 스포츠 경기는 한두 명의 천재 선수와 다수의 평범한 선수들이 어울려야 하기 때문에 이들을 이해하거나 다독거리지 못하면 절대로 승리할 수 없다.

송익필과 김장생의 관계는 이러한 사실을 뛰어넘는 또 다른 사례로 기록된다. 스승인 송익필은 천재라고 일컬어졌다. 일곱 살 때 그가 지은 시를 보면 번뜩이는 천재성을 엿볼 수 있다.

> 산 속 초가집에 달빛이 어른거리네
>
> 山家茅屋月參差

지금처럼 글을 마음껏 읽을 수 있던 때도 아니었고 한글도 아닌 한문을 자유자재로 구사했으니 주위 사람들이 놀라지 않을 수 없었다. 거기다 집안이 여유가 있어서 글공부에 전념했다고는 하지만 20대 초중반에 초시에 합격할 정도였으니 대부분의 사람들이 들어가 보지 못한 천재의 범주에 속한 인물임에는 틀림없어 보인다. 거기다 집안 배경과 인생 역시 천재라는 수식어에 걸맞게 극적이었다. 1534년 한양에서 태어난 송익필은 그가 세상에 나오기도 전에 벌어진 일에 대한 굴레를 써야만 했다.

중종이 발탁한 조광조는 짧고 굵은 시간을 보낸 후에 기묘사화로 목숨을 잃게 된다. 그러면서 조정에 진출하려던 사림파 역시 큰 타격을 입는다. 안당은 다른 훈구파 대신들과는 달리 조광조와 사림파에게 호의적이었다. 그 덕분인지 조광조가 주장해서 시행된 현량과에서 안당의 세 아들이 한꺼번에 급제하는 영광을 누린다. 삼형제가 한 번에 과거에 급제한 것은 조선시대를 통틀어서 이때가 처음이자 마지막이었다. 이렇게 승승장구하던 조광조와 사림파는 위훈삭제 문제로 인해 몰락을 길을 걷는다. 그리고 조광조의 죽음은 후원자였던 안당과 현량과에 급제한 세 아들에게도 영향을 미친다. 그 일로 조정의 핵심에서 밀려나 고향으로 낙향한 것이다.

나이가 든 안당은 조심스럽게 처신을 했지만 그의 아들들은 그렇지 못했다. 그러던 와중에 결국 사고가 나고 만다. 안당의 아들 안처겸이 모친의 장례식장에서 문상객들을 상대로 나라님을 욕한 것이다. 전성기가 아니었으니 찾아온 문상객들은 그야말로 가까운 사이였고, 분위기는 그렇게 무르익었다. 어쩌면 술에 취한 문상객 중 하나가 분위기를 주도했을지도 모른다. 기록에는 중종의 주변에 있는 간신배인 남곤과 심정을 제거하려고 했다는 얘기부터 아예 중종도 몰아내고 다른 임금을 세울 계책까지 오간 것으로 보인다는 얘기도 있다.

하지만 권력의 중심에서 밀려나 낙향한 신세인 그들이 실행에 옮길만한 계책은 아니었다. 설사 그런 계획을 꾸몄다고 해도 소수의 측근과 논의할 일이지 무수히 많은 사람이 오가는 장례식장에서 진행할 일은 아니다. 아마도 안처겸이나 주변의 누군가가 임금을 원망하는 소리를 늘어놨고 문상객들이 동조했다는 정도가 정답일 것이다.

다들 떠들썩하게 얘기를 주고받는데 귀를 쫑긋 세우고 듣던 누군가가 조용히 뒷문으로 슬쩍 나갔다. 그의 옆구리에는 장례식에 온 문상객들의 이름이 적힌 조객록弔客錄이 끼워져 있었다. 조용히 나갔다고는 하지만 중요한 사람이었다면 누군가의 눈에 띄었을 것이다. 하지만 아무도 그의 부재를 눈치채지 못했다. 안씨 가문의 사람들 눈에는 있으나 없으나 한 존재였기 때문이다. 자리를 떴어도 아무도 관심을 기울이지 않는 그의 이름은 송사련, 안당의 이복형제이면서 서자였다.

송사련의 신분과 처지는 대단히 복잡했는데 일단 그의 어머니 감정甘丁의 신분부터 알아보면, 그녀는 안당의 아버지 안돈후安敦厚의 비첩婢妾인 중금重今에게서 태어났다. 비첩은 글자 그대로 주인이 거느리고 있는 계집종을 취해서 첩으로 삼은 것이다. 조선시대 노비의 신분은 아버지가 아니라 어머니의 신분에 따라 결정되었는데 아버지가 아무리 높은 사람이라도 어머니가 계집종이면 자식도 어머니의 신분을 이어받았다.

조선이 건국된 초기에는 양반이나 평민이 계집종을 취해서 낳은 자식의 신분 문제를 두고 큰 논란이 벌어졌었다. 나라에서는 당연히 세금을 내고 군대를 갈 수 있는 평민을 늘리려고 했기 때문에 아버지의 신분을 따르는 종부법從父法을 시행했다. 하지만 경쟁자가 늘어나는 것을 원치 않아 첩의 자식들조차 용납하지 못했던 양반들에게는 있을 수 없는 일이었다. 거기다 이복형제가 늘어나면 상속받을 재산이 줄어드는 것도 받아들이기 어려웠을 것이다. 그러면서 아버지가 아닌 어머니의 신분을 따르는 종모법從母法으로 바뀌게 된 것이다. 임금은 탐탁지 않게 여겼지만 기득권층인 양반이 똘똘 뭉쳐서 반대하자 어쩔 수 없었다. 물론 여러 가지 예외사항을 두기는 했지만 종모법은 조선시대 내내 작동하면서 수많은 어머니와 자식들을 눈물짓게 만들었다.

안돈후와 중금 사이에서 태어난 감정은 평민인 송린宋璘과 결혼해서 아들 송사련을 낳았다. 그 역시 할머니와 어머니의 신분을 이어받아야만 했다. 다행스러운 것은 이복형제격인 안당이 그리 매몰찬 인물이 아니었다는 점이다. 안당은 그의 신분을 풀어주고 벼슬자리까지 알선해줬다. 그리고 안당이 몰락한 후에 송사련은 그를 따라 고향으로 내려와서 집안일을 봐줬을 것이다. 그러니 돌아가는 상황을 누구보다 잘 알았을 것이다.

송사련의 고발은 송씨 집안에 치명적인 결과를 가져왔다. 송사련의 증언과 그가 내민 청금록은 안당과 그의 아들, 그리고 그의 집안을 몰락시켰다. 안당과 세 아들은 죽임을 당하고 말았다. 죽음을 눈앞에 둔 안당은 돌봐준 은혜도 모르고 배신을 한 송사련에 대한 증오가 하늘을 찔렀을 것이다. 하지만 송사련이 안당의 도움을 은혜로 생각했을지는 의문이다. 단지 안당과 자신이 아버지가 달랐을 뿐인데 굽실거리고 천대를 받아야 했다는 사실을 인정하고 싶지 않았을지도 모른다. 안당이 기세등등했을 때야 그런 말을 입 밖으로 낼 수 없었지만 상황이 달라지면서 모종의 계획을 꾸민 것으로 보인다. 이 비극적인 사건으로 송사련은 재산과 신분을 모두 얻었다. 하지만

《삼현수간三賢手簡》, 문화재청
송익필, 성혼, 이이 사이에 왕래한 편지를 모아 엮은 책이다.

대의명분에 죽고 사는 선비들이 그런 모습을 좋게 볼 리는 없었다.

송익필은 그런 송사련의 아들로 태어났다. 태어날 때부터 죄의 굴레를 쓴 신세였다. 그가 평범했다면 적당히 눈치를 보면서 살았거나 혹은 낙향을 해서 쥐 죽은 듯이 살았을 것이다. 하지만 그러기에는 그가 가진 재능이 너무나 컸다. 그리고 그것은 그에게 비극의 시초가 되고 말았다. 4대 사화라는 고난을 이기고 살아남아서 마침내 조정의 핵심이 된 것이다. 그들에게 조광조는 불세출의 영웅이었고, 안당과 세 아들의 죽음 역시 있을 수 없는 일이자 가련한 비극이었다. 안씨 일가가 희생당한 신사년의 옥사가 신사무옥辛巳誣獄으로 확정되기까지는 시간이 좀 더 필요했지만 선비들 사이에서는 그전부터 송사련의 행동을 대놓고 비난했다. 다행인지 불행인지 송사련은 본격적으로 비난을 받기 전에 눈을 감았다. 그러자 선비들은 그를 대신할 다른 존재를 찾았다. 바로 그의 아들들이었다.

자신이 평생 짊어져야 할 운명에 대해서는 꿈도 꾸지 못한 송익필은 특유의 천재성을 유감없이 발휘했다. 그러다가 명종 13년인

1558년 25살의 나이로 과거에 합격한다. 하지만 그의 성공은 곧바로 제동이 걸린다. 조정이 모두 그의 과거 합격을 취소하자는 목소리를 낸 것이다. 선비를 해친 사악한 서얼의 자식을 용납하지 못하는 세상에서 그의 자리는 없었다. 앞으로의 운명을 직감한 그는 한양에서 물러나 파주 심학산에 은거한다.

그의 예상은 틀리지 않았다. 명종과 선조 때 대대적으로 조정에 진출한 사림파는 조광조를 추증했고, 그와 함께 화를 입은 관리와 선비들을 기묘명현이라고 부르면서 추모하는 분위기를 연출했다. 조광조의 후원자이자 신사무옥의 희생자였던 안당과 그의 아들들 역시 이 대상에 포함되었다. 신사년의 옥사 역시 무고한 옥사, 즉 신사무옥이 되어버렸다. 앞날에 점점 먹구름이 끼어갔지만 송익필은 이이나 성혼, 정철鄭澈 같은 손꼽히는 학자들과도 교류를 했으며 임진왜란 때 이름을 날린 의병장 조헌趙憲과도 친분을 맺었다. 그리고 제자들을 가르치기 시작했는데 그때 만난 것이 바로 김계휘金繼輝의 아들 김장생이었다.

스승인 송익필이 불세출의 천재였다면 김장생은 평범하다고 할 수 있는 인물이다. 천재 스승이 주자학의 입문서라고 할 수 있는 《근사록》을 한 번 읽고 뜻풀이를 해주자 그는 당혹감을 느꼈다고 훗날 술회했다. 하지만 김장생은 천재를 따라잡는 모범생처럼 《근사록》을 읽고 또 읽으면서 스승의 재능을 묵묵히 뒤따라갔다. 김장생은 1548년 명문가인 광산 김씨 집안에서 태어났다.

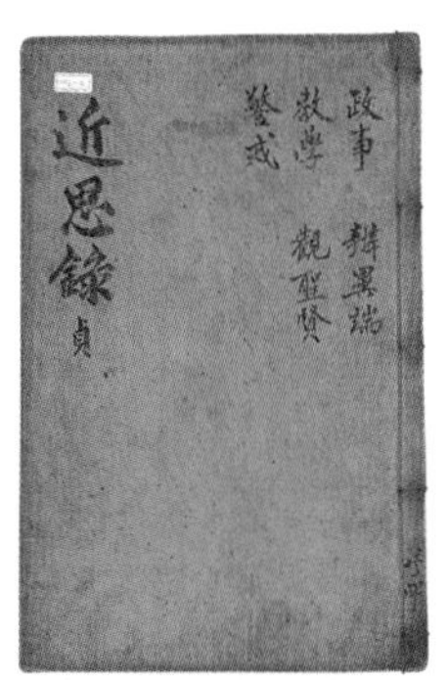

《근사록近思錄》, e-뮤지엄
주자가 여조겸과 함께 편찬한 성리학 입문서이다.

아버지는 대사간과 예조참판을 지낸 김계휘였다. 그가 태어나고 자라던 16세기 중후반의 조선은 사상적으로 큰 변화를 겪던 시기였다. 훈구파의 끊임없는 탄압을 받던 사림파가 마침내 조정의 권력을 장악한 대세가 된 것이다.

예전 교과서에서는 훈구파를 특권층이자 사악한 집단으로, 사림파를 젊은 이상주의자로 묘사하거나 훈구파는 조선의 개국에 가담한 집단으로, 사림파는 조선을 인정하지 않고 낙향한 집단의 후손으로 서술하기도 한다. 그래서 간단하게 훈구를 보수, 사림을 진보로 지칭하기도 한다. 하지만 훈구파와 사림파는 칼로 딱 쪼갤 수 있는 것처럼 선명하게 구분되지는 않는다. 대표적인 사림파로 알려진 조광조의 집안도 이방원의 측근으로 활약했던 조온趙溫의 후손인 한양 조씨 집안이었다. 김장생 역시 사림을 대표하고 있지만 그의 5대조 김국광金國光은 세조의 즉위를 도와 공신에 오르고 나중에는 영의정까지 지낸 전형적인 훈구파였다. 이 사실을 이상하다고 볼 이유는 없다. 진보적인 성향이었다가 여러 가지 이유로 극우로 바뀐 정치인은 과거나 현재나 얼마든지 있다.

김장생이 사림파의 핵심 인물로 자리 잡게 된 것은 스승인 송익필의 영향이 컸다. 특히 송익필이 그에게 전수해준 것은 바로 성리학의 핵심이라고 할 수 있는 예학이었다. 당대의 여덟 문장가 중 한 명으로 꼽힐 정도로 뛰어난 문장을 자랑하던 송익필은 왜 하필이면 예학을 선택했을까? 더군다나 그의 처지와 신분을 생각하면 예학을 선택한다는 것은 더더욱 이상해 보인다.

어쨌든 그는 주자가 예학에 관한 학설을 집대성해서 남긴 《주자가례》에 자신이 직접 해설을 한 《가례주설家禮註說》을 썼다. 《주자가례》는 우리나라 최초의 가례주석서로 꼽힌다. 아울러 이이와 성혼, 정철 같은 친구들과 예학에 관해서 문답 형식으로 주고받은 《예문답禮問答》이라는 책도 남겼다. 이 《예문답》에는 김장생도 한 자리를 차지했다. 그러니까 조선시대 예학의 기초를 쌓은 인물이 다름 아닌 노비이자 죄인의 후손이라는 것이다. 이런 아이러니함이 바로 역사의 본질이 아닐까.

김장생 초상화. 국립중앙박물관

그렇다면 조선 후기를 수놓은 예학이라는 것은 대체 무엇일까? 예학은 글자 그대로 예절에 관한 학문으로 오늘날 흔히 예의범절이라고 해석되며, 서양의 에티켓과 비슷한 것이라고 뭉뚱그려서 말한다. 하지만 안을 들여다보면 상당히 복잡한 학문이다. 예의범절이 무슨 학문이냐는 반문이 나오겠지만 바른 마음에서 바른 몸가짐이 나온다고 믿었던 유학자들에게는 굉장히 중요한 문제였다. 아울러 조선 후기 역시 예학을 필요로 했다. 1592년 일어난 임진왜란은 단순히 일본과 싸운 7년간의 전쟁이 아니었다. 사람의 얼굴을 한 짐승이라고 치부했던 일본이 10만이 넘는 대군을 보내서 이 땅을 유린하고 거의 집어삼킬 뻔했다는 사실은 조선에게 정신적인 충격을 주었다. 쑥대밭이 된 땅과 그 위에 널브러진 시신들은 일본을 무시하는 것으로 해결할 수 있는 단계를 넘어선 조치를 요구했다. 더 불행한 것은 일본이 조선보다 여러 가지 면에서 앞서나가기 시작했다는 사실을 더 이상 부인하지 못한다는 점이었다.

이런 상황에서 자신들에게 조공을 바치고 관직을 애걸하던 여진족의 발흥이 눈에 보였다. 조선과 명나라가 임진왜란에 정신이 팔려 있는 사이 여진족은 누루하치의 깃발 아래 차근차근 성장했다. 결국 임진왜란의 상처가 채 아물기도 전에 두 차례의 호란을 겪게 되었다. 임진왜란 때는 온 국토가 쑥대밭이 되었지만 그나마 임금이 항복을 하지는 않았다. 하지만 인조가 삼전도에 나가 홍타이지 앞에서 무릎을 꿇고 고개를 숙인 병자호란은 그런 핑계조차 댈 수 없었다. 국가의 근간이 흔들리는 전쟁의 여파는 오래 갔다. 눈에 띄게 심각해진 것은 다름 아닌 신성불가침의 존재인 왕에 대한 능멸이었다. 임진왜란 때는 평양의 주민들이 피난을 떠나는 선조의 앞을 가로막았고, 삼전도에서 항복의식을 마치고 한양으로 돌아가던 인조가 나룻배에 타려고 하자 먼저 타려고 하던 사람들이 인조의 소맷자락을 붙잡고 늘어진 일도 있었다.

예전 같으면 상상도 할 수 없는 일이었지만 두 차례의 전쟁은 있을 수 없는 일을 현실로 만들어버렸다. 당연한 질서라고 생각했던 것들이 전쟁 앞에서 무너지고 만 것이다. 거기다 왜란과 호란 이후 상업의 발달과 화폐 경제의 도입으로 신분 질서가 뿌리부터 흔들렸다. 무역이나 장사를 통해서 부를 축적한 역관과 중인들, 그리고 오랫동안 차별 받아온 서얼들은 자신들의 신분상승을 위한 통청운동을 펼쳤다. 만약 중인이나 서얼이었다면 세상이 제대로 돌아갈 기미

《의례문해疑禮問解》. e-뮤지엄
김장생이 제자나 벗들과 예에 관해 문답한 내용을 아들 김집이 엮은 책이다.

가 보인다고 좋아했겠지만 뼈대 있는 양반 집안 출신이라면 말세라고 한탄했을 것이다.

예학은 거창하게 얘기하면 뼈대 있는 양반 집안이 느끼던 위기감에 대한 응답이었다. 윗사람에 대한 예의, 스승에 대한 예의, 임금에 대한 예의를 강조하면서 변화하는 세상에 저항하고자 한 몸부림이었다. 본분을 지키고 마음을 다스려야 집안이 화목하고 나라가 잘 돌아간다는 새로운 해법을 제시한 것이다. 아울러 본분을 모르고 미쳐 날뛰는 중인과 서얼과 자신들을 구분하기 위해서도 예학을 꺼내야만 했다. 눈에 보이는 것을 제시하고 수행함으로써 네가 아무리 돈을 많이 벌고 떵떵거리면서 산다고 해도 나와 똑같을 수는 없다는 선언을 한 셈이다. 추월할 기미를 보이는 후발주자에 대해서 넘보지 못할 선을 긋는 것이다.

조선 초기의 사회 질서가 잘 유지됐다면 누구도 필요성을 느끼지 않았던 것이 시대가 변하면서 가장 중요하고 시급한 일이 되어버렸다. 기존의 성리학으로는 그런 해답을 제시할 수 없자 대체할 수 있는 카드로 등장한 것이 바로 예학이었다. 예학은 눈에 보이는 것을 설명하는 데 유용하기도 했지만 대단히 어렵고 복잡했던 탓에 아는 사람과 모르는 사람을 구분하는 데도 적합했다. 이는 우리가 아는 양반의 탄생으로 이어지게 된다. 문제는 이런 식의 구분을 하기 위한 예학이 인조의 아버지인 원종의 추숭追崇 논쟁과 두 차례의 예송 논쟁을 거치면서 정치 투쟁의 수단으로 변질되었다는 점이다. 김장생은 송익필에게 스무 살까지 학문을 배우고 이이를 찾아가 스승으로 섬겼다. 그리고 성혼 역시 스승으로 섬겼다. 평범하지만 끈질기게, 그리고 천천히 배워나간 것이다.

김장생이 이렇게 자신의 품을 떠나 성장하는 것을 지켜보던 송익필은 최악의 상황에 직면한다. 원인은 동서 분당이었다. 우리가 아는 당파싸움이 본격적으로 시작된 것이다. 유성룡柳成龍, 이산해李山海, 이발李潑, 최영경崔永慶 등이 주축이 된 동인은 이황李滉과 조식曺植의 제자들로 구성된 젊은 선비들이 주축이 되었다. 반면 서인은 이이와 성혼이 주축이 되었는데 대개 동인보다 나이가 많은 쪽이었다. 따라서 초창기 정국의 주도권은 젊고 의욕적이며 숫자가 많은 동인들이 차지했다. 동서 분당을 조정하려던 이이가 결국은 포기하고 가담하면서 숨통이 트이긴 했지만 서인은 열세를 면치 못했다.

서인의 우두머리격인 이이와 성혼과 가까웠던 송익필은 자연스럽게 서인 쪽 인물로 분류가 되었다. 그리고 그것은 그에게 더 큰 비극으로 다가왔다. 그가 서인의 배후 인물이라고 짐작한 동인 쪽에서 공격을 하기 시작한 것이다. 더군다나 안당과 그의 아들들이 사림의 세상을 위해 싸우다 희생당한 영웅이자 순교자가 된 상황이었다. 자연스럽게 그들을 모함한 송사련과 그의 후손들에게 비난의 화살이 쏟아졌다. 송익필과 가깝던 이이와 성혼이 열심히 변호했지만 워낙 원죄가 강력했던 탓에 역부족이었다. 오히려 반대파인 동인에게 빌미만 제공하는 꼴이 되고 말았다. 엎친 데 덮친 격으로 그를 옹호하던 이이가 이 무렵 세상을 떠나고 말았다.

동인들이 이이에 대해서도 비난 공세를 퍼부을 정도였으니 당시 분위기가 어땠을지는 짐작이 가고도 남는다. 기축옥사의 주인공 정여립鄭汝立이 동인에서 서인으로 말을 갈아탄 것도 이 즈음이었다. 절친한 친구이자 후원자인 이이에 대한 공격을 참을 수 없던 송익필은 이에 반박하는 상소문을 올리면서 반격에 나섰다. 당대의 손꼽히는 문장가였던 그가 나서자 동인 쪽은 다른 카드를 꺼내들었다. 송씨 가문에게 피맺힌 원한을 품고 있던 안당의 후손이 송씨 집안을 도로 노비로 삼겠다고 송사를 벌였는데 송익필을 경계하던 동인들의 지지와 후원을 받았다. 동인과 안씨 집안은 송익필의 아버지인 송사련의 할머니인 중금[31]을 물고 늘어졌다. 앞서 설명한대로 중금과 안돈후와 관계를 맺고 감정이 태어난 것이 아니라 중금과 전남편 사이에서 태어난 것이라고 주장한 것이다. 그렇게 된다면 감정의 신분은 자연스럽게 어머니 중금을 따라 노비가 되는 것이고, 그 아들 송사련과 손자 송익필 역시 노비가 되는 것이다.

31 아버지의 외할머니이며 진외증조모라고 불린다.

《구봉시집》 삼척시립, e-뮤지엄
송익필의 《구봉집》에서 주요 내용만 골라 간행한 것이다.

조선시대 선비에게 출신 성분에 관한 논란은 치명타로 작용했다. 정도전 역시 반대파에 의해 이런 공격을 받은 적이 있었다. 판결 결과는 송씨 집안의 패소였다. 원래《경국대전》에는 천인이라고 해도 2대에 걸쳐 양역, 즉 국가에 세금을 냈다면 양인으로 봐야 한다는 구절이 있다. 그 구절을 적용하면 할아버지인 송린은 양인으로서 세금을 냈고 아버지 송사련은 관직에 있었기 때문에 당연히 그 후손인 송익필 형제는 노비로 삼을 수가 없었다.

하지만 당시 조정의 주도권을 잡고 있던 동인에게는 그런 사실은 장애물이 되지 않았다. 결국 송사련 이하 그의 후손들은 모두 노비의 신분으로 전락하고 말았다. 안당의 후손들은 죽은 송사련의 무덤을 파헤쳐서 유골을 부수는 것으로 뒤늦은 원한을 풀었다. 조선시대의 일반적인 관념으로는 상상할 수도 없는 일이었지만 당시 분위기는 이런 횡포를 묵인해주었다. 송익필과 송씨 집안은 이제 도망자 신세가 된 채 뿔뿔이 흩어져버렸다. 죽은 송사련조차 무덤이 파헤쳐졌으니 노비가 된다면 무슨 고초를 겪을지 불 보듯 뻔했기 때문이다. 다행스럽게도 김장생을 비롯한 여러 제자와 친구들의 도움으로 도피생활을 이어갈 수 있었다. 조선 최고의 천재에서 노비의 후손이자 도망자의 신분으로 전락한 송익필이 이때 무슨 생각을 했는지는 알려져 있지 않다. 당대 사람들도 그 점을 몹시 궁금해 했을 것이다. 그 의문점은 몇 년 후에 벌어진 어떤 사건 때문에 수면 위로 드러나면서 확대되었다.

평지풍파를 겪은 스승과는 달리 제자인 김장생의 삶은 상대적으로 고요했다. 송익필에게서 예학을 배우고 이이에게서도 가르침을 받았다. 그가 섬긴 마지막 스승은 이이의 친구이자 역시 대학자인 성혼이었다. 그야말로 어마어마한 스승들에게서 배운 셈인데 탁월하지는 않지만 열심히 한다는 평을 받았다. 과거를 보라는 제안을 받았지만 끝내 거절했다. 스승 송익필의 고초를 옆에서 지켜보면서 벼슬살이에 대한 기대감을 저버린 것으로 보인다. 나중에 천거를 받아서 관직에 진출했지만 눈에 띄는 자리에는 앉지 못했다.

그렇게 평범하고 눈에 띄지 않던 그의 삶에 파장이 일어난 것은 서기 1589년 서인에서 동인으로 말을 갈아탔던 정여립이 역모를 꾸몄다는 혐의를 받고 자살한 사건이 벌어지면서였다. 처음에는 오해나 참소로 여겨졌던 사건은 정여립의 도주와 자살로 끝도 없는 구렁텅이로 빠져들었다. 기축옥사라고 불린 이 사건은 그동안 동인의 위세에 눌려 있던 서인에게는 갓을 털고 서로 만나서 기쁨을 나눌 만큼 충격적인 일이었다. 선조는 동인 중에서도 강경파라고 할 수 있는 정철을 조사관으로 임명했다. 정철은 선조와 동인의 기대에 부응했다. 알려진 것처럼 수천 명의 선비들이 화를 입은 정도까지는 아니라고 해도 한때 조정의 대세였던 동인은 큰 타격을 입었다.

더 큰 문제는 이전까지는 그나마 교류를 하고 지냈던 동인과 서인이 완전히 등을 돌렸다는 점이다. 물론 그 사이에는 동인의 영수였다가 정여립의 역모에 휘말려서 옥사한 이발, 이길李洁, 백유양白惟讓을 비롯한 무수한 희생자들의 피와 죽음이 있었다. 그리고 난타

당한 동인들 사이에서는 정여립의 역모가 서인이 꾸민 계략이고 배후에 송익필이 있다는 소문이 돌았다. 이때까지도 스승인 송익필과 계속 교류를 하던 김장생은 서인의 세상이 왔음에도 관직을 내놓고 고향으로 돌아갔다. 아마 관직생활이 자신과 맞지 않는다고 판단했든지 아니면 스승인 송익필이 연루된 것에 불편함을 느낀 것일지도 모른다.

그렇다면 김장생의 스승이자 도망자인 송익필이 어떻게 기축옥사에 연루되었던 것일까? 그의 연루설은 정여립의 역모가 거짓이라는 음모론에서 시작된다. 사실 정여립의 역모 계획이라는 것은 현실성이 제로일 정도로 엉망이었다. 거기다 거병의 필수품이라고 할 수 있는 병장기조차 발견되지 않아서 나중에 선조가 전라감사인 이광李洸에게 따로 물어봤다. 이광은 번거롭게 미리 준비하지 않고 관아의 무기고를 털어서 무장할 계획이라는 답변을 보내왔다. 정여립이 꾸민 역모의 대략적인 계획은 전라도와 황해도에서 동시에 거병해서 한양을 협공한다는 것이었다. 처음 정여립의 역모를 고변한 사람도 그의 근거지인 전라도 지역이 아니라 황해도의 지방관들이었다. 음모론은 여기서부터 출발한다. 오늘날처럼 교통이나 통신이 발달하지 않은 상황에서 정여립이 전라도와 황해도를 오가면서 거사 계획을 꾸미는 것은 쉬운 일이 아니었다. 거기다 정작 거점인 전라도에서는 그가 조직한 대동계가 공공연히 활동 중이었다. 기축옥사로 인해 날벼락을 맞은 동인들은 서인 쪽이 보낸 금부도사가 진안의 죽도에서 쉬고 있는 정여립을 죽인 다음 자살했다고 위장한 것이라고 하거나, 조사관인 정철이 체포된 관련자들을 회유하고 협박해서 거짓자백을 받아낸 것이라는 음모론을 폈다. 그리고 이 모든 일을 꾸민 배후가 바로 송익필이라고 주장했다. 음모를 꾸밀 능력이 있고 그럴만한 이유도 있었기 때문이다. 실제로 송익필은 조사관인 정철과 친분이 있었고, 안당의 후손들을 후원한 동인에게 원한을 품고 있었기 때문에 충분히 의심을 살만했다. 그런 의심이 사실로 믿어진 것은 서인이 주도권을 잡았던 그 시기에 송익필과 그의 집안이 노비 신분에서 벗어났기 때문이다. 어쨌든 송익필로서는 잠시나마 한숨을 돌릴 수 있던 시기였다.

하지만 선조는 서인에게 쥐어줬던 칼자루를 다시 빼앗아버렸다. 조사관인 정철이 세자를 세우자고 건의하자 노발대발한 것이다. 이때 동인이었던 이산해와 유성룡과 같이 얘기하자고 했다가 발을 빼면서 함정에 빠졌다는 얘기가 있는데 사실이라면 정철은 정말 순진하거나 혹은 자신감이 넘쳤던 것 같다. 방금 전까지 동인을 적대시한 그에게 이산해와 유성룡이 순순히 협력을 했으리라고 보기는 어렵다. 어쨌든 정철이 물러나면서 서인의 짧은 전성시대도 막을 내리고 말았다. 송익필은 다시 도망자 신세가 되었다. 도움의 손길은 여전했지만 이미 쉰 중반을 넘긴 상태라 더 이상의 도피는 힘들다고 판단한 송익필은 자수를 한다. 이미 동인의 세상이 된 조정에서는 그를 평안도 희천으로 귀양 보낸다. 송익필은 유배지에서 임진왜란을 맞게 되면서 유배에서 풀려나게 된다.

이런저런 사건을 겪으면서 환갑의 나이가 된 송익필은 전쟁과 동인들의 공격을 피해 충청도 당진군으로 내려온다. 내포 지역이라고 일컬어지는 이곳은 비교적 전쟁의 피해를 덜 겪었기 때문에 많은

《가례집람》, 서울교육사, e-뮤지엄
김장생이 주자의 《가례》를 중심으로 엮은 책으로 한국 예서를 대표하는 이론서이다.

피난민들이 몰려들었다. 그중에 노구의 송익필도 속해 있었다. 쉴 곳을 찾은 송익필은 마지막 불꽃을 태우는 촛불처럼 붓을 들었다. 그가 평생 익히고 연구한 예학을 집대성한《가례주설》을 쓴 것이 바로 이 시기였다. 아마 그의 생애 통틀어 가장 마음이 편했던 시기가 바로 이때가 아니었나 싶다. 비운의 천재이며 폭풍 같은 삶을 산 송익필은 임진왜란이 끝난 다음 해인 1599년 노비의 자손 주제에 감히 예를 논한다는 조롱과 손가락질을 뒤로 하고 세상을 떠났다. 한때 남부러울 것 없던 부잣집 아들에 8대 문장가 중 한 명으로 꼽혔던 그는 오랜 도망자 생활을 거쳐서 어느 허름한 집 문간방에서 숨을 거둔 것이다. 만약 그가 서인의 배후라고 의심을 살 정도로 천재가 아니라 몸을 굽힐 줄 알았던 평범한 사람이었다면 삶이 좀 더 편안했을지 모른다.

지방관으로 내려와 있던 김장생 역시 임진왜란은 피해가지 못했다. 한양에 있던 큰아들 가족이 일본군의 손에 목숨을 잃은 것이다. 임진왜란이 끝나고 스승인 송익필이 세상을 떠나던 1599년 그는

《가례집람家禮輯覽》을 썼다. 예학의 기본인 가례를 우리나라 실정에 맞도록 고치고 해석을 단 것이다. 절을 하는 방식, 제사음식을 놓는 순서 등을 설명한 이 책은 조선 후기 예학의 원전으로 평가받는다. 오늘날 제사 전날만 되면 인터넷에 올라오는 제사상 차리는 법이나 절하는 순서에 대한 답변들은 모두 이《가례집람》에서 유래된 것이다. 한마디로 유교식 예법의 교과서라고 할 수 있다.

임진왜란 이후 김장생은 관직에서 물러나 충청도 연산에 은거한다. 스승인 송익필과 이이, 성혼이 모두 세상을 떠난데다가 동인이 여전히 조정을 장악했기 때문이다. 선조가 죽고 광해군이 즉위했지만 세상은 여전히 동인의 것이었다. 단지 서인을 어떻게 손볼지를 두고 강경파인 북인과 온건파인 남인으로 갈라졌을 뿐이었다. 김장생에게는 더없이 답답한 상황이 이어진 것이지만 서인에게는 훗날을 대비하는 중요한 포석이 놓인 시기다. 김장생은 스승 송익필처럼 제자들을 가르쳤는데, 아들인 김집을 비롯해서 송시열과 송준길, 최명길崔明吉, 김류金瑬 등 훗날 서인을 지탱할 인재들이 양성되었다. 거기다 이황과 조식 등이 있는 동인에 비해 상대적으로 열세였던 학문적인 구심점을 만들어낸 시기이기도 했다. 그 중심에는 천재 스승 송익필과 여러모로 비견되는 평범한 제자 김장생과 예학이 있었다. 조선 성리학의 정수인 예학이 평범하다고 자처한 김장생과 노비의 후손이자 선비를 해친 자의 아들인 송익필에게서 나왔다는 점은 역사의 의외성을 다시 생각하게 한다.

서기 1623년 김장생의 제자들 중 일부가 가담한 인조반정이 일어난다. 조선 왕조가 존속했던 기간 동안 일어난 네 차례의 성공한 쿠데타 중 하나였다. 이 일로 수세에 몰려있던 서인은 단숨에 조정의 중심으로 복귀했다. 그리고 그들의 스승인 김장생의 영향력 또한 높아졌다. 은거하고 있던 김장생에게도 사헌부 장령의 직책이 내려졌다. 바야흐로 산림山林의 시대가 시작된 것이다. 산림독서지인山林讀書之人의 줄임말인 산림은 조정에 출사하지 않은 선비들 중에 학문이 뛰어난 선비를 뜻한다. 관직에 나서는 대신 선비들의 공론을 모아서 조정과 임금의 잘못을 바로잡는 것이 바로 산림의 임무이다. 정치로 치면 아무런 직책이 없는 막후의 실력자를 의미한다.

사실 김장생은 정승이나 판서의 자리에 오르지 못했다. 하지만 대로大老라고 지칭되는 그의 영향력은 품계를 가볍게 뛰어넘었다.

충남 논산에 있는 임리정臨履亭. 문화재청
김장생이 인조 4년(1626년)에 지은 정자로 제자를 가르치던 곳이다.

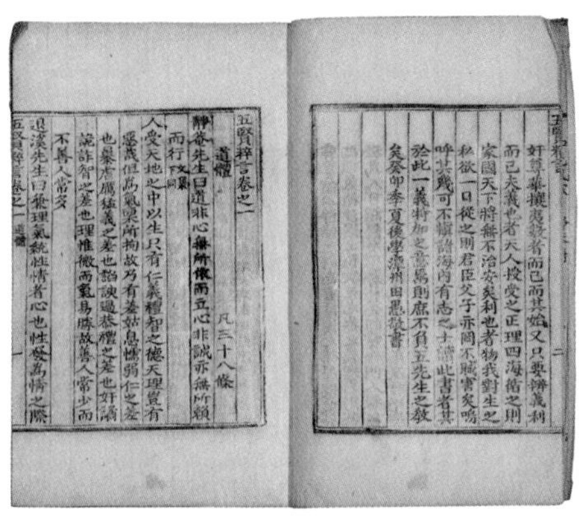

好尊華攘夷[illegible]者而已而其始又只要辨義利
而已夫義也者天人授受之正理四海循之則
家國天下將無不治安矣利也者物我對生之
私欲一口從之則君臣父子亦罔不賊害矣嗚
呼其幾可不愼哉海內有志之士讀此書者其
於此一義特加之意焉則庶不負五先生之教
矣癸卯季夏後學[illegible]州田愚敬書

五賢粹言卷之一

道體　凡三十八條

靜菴先生曰道非心無所依而立心非誠亦無所賴
而行 文集下同
人受天地之中以生只有仁義禮智之德天理豈有
惡哉但爲氣禀所拘故乃有差姑息懦弱仁之差
也暴虐厲猛義之差也諂諛過恭禮之差也奸譎
詭詐智之差也理惟微而氣易勝故善人常少而
不善人常多
退溪先生曰兼理氣統性情者心也性發爲情之際

五賢粹言卷之一　道體　一

《오현수언五賢粹言》, 국립중앙박물관
조선 후기의 성리학자 임헌회가 김장생, 조광조, 이황, 이이, 송시열 등 다섯 학자의 문집에서 명문을 골라 엮은 책이다.

그는 산림의 지도자 지위에 앉아 인조와 조정 중신들에게 막대한 영향력을 행사하면서 인조와 서인 정권의 든든한 버팀목이 되었다. 반정으로 즉위한 인조는 약한 정통성을 세우기 위해 자신의 아버지인 정원대원군을 원종으로 추숭하려고 했다. 하지만 김장생은 그럴 수 없다고 반대하고 나섰다. 예학에 의하면 혈통보다는 예법을 우선시해야 하기 때문에 아무리 아들이라고 해도 아버지를 무리하게 왕으로 삼을 수는 없다는 논리였다. 왕도 예학 앞에서는 예외가 될 수 없다는 그의 확고한 견해는 제자인 송시열에게 이어졌으며, 훗날 벌어진 예송논쟁의 불씨가 되었다.

그가 원종 추숭 문제를 반대하고 나서면서 인조와 갈등이 빚어졌지만 그의 영향력은 조금도 줄지 않았다. 이괄의 난 때는 공주로 피난을 온 인조를 맞이했다. 이괄의 난이 수습된 후 인조의 요청으로 잠시 조정에 출사했다가 곧 연산으로 낙향했다. 그리고 연산의 스승인 이이와 성혼을 모시는 황산서원을 건립했다. 처음 가르침을 준 송익필은 출신 성분 때문에 모시지 못한 것으로 보인다. 하지만 김장생은 스승의 은혜를 잊지 않았다. 인조에게 여러 차례 스승의 신분을 노비에서 양인으로 올려줄 것을 요청한 결과, 송익필은 죽은 지 30년이 넘어서야 자신을 옥죈 노비의 신분에서 벗어날 수 있었다.

김장생이 스승을 모신 황산서원을 세운 다음 해인 1627년 후금이 쳐들어오면서 정묘호란이 일어났다. 인조는 서둘러 그를 양호호소사兩湖號召使로 임명해서 의병을 일으키도록 했다. 여든 살의 김장생은 노쇠한 나이임에도 불구하고 인조의 요청을 받아들여 의병을 일으켰다. 전쟁이 끝난 뒤에는 연거푸 내려지는 벼슬을 사양하고 연산으로 내려가서 후학들을 가르치다가 세상을 떠났다. 그가 길러낸 제자들은 서인의 핵심 인물이 되었고, 나아가 조선 후기 정권을 좌지우지하게 되었다. 아들인 김집과 제자인 송시열의 시대를 거치면서 김장생은 주류로 자리 잡았고, 마침내는 아들 김집과 함께 성균관의 문묘에 배향되는 영광까지 누렸다. 조선시대 통틀어 불과 18명만이 들어간 문묘에 부자가 함께 들어간 것이다. 스승의 번뜩이는 천재성에 기가 질린 채 《근사록》을 보고 또 봤던 평범한 제자가 거둔 믿을 수 없는 명성이었다.

김장생이 스승이었고 송익필이 제자였다면

스승과 제자의 재능이 다를 경우 보통 불협화음을 내며 끝맺음을 하

충남 논산에 있는 돈암서원. 문화재청
김장생의 뜻을 기리기 위해 인조 12년(1634년)에 건립한 서원이다.

곤 한다. 하지만 천재 스승 송익필과 평범한 제자 김장생의 만남은 역사에 큰 자취를 남겼다. 비운의 삶을 살았던 송익필은 제자인 김장생을 거쳐 송시열로 학맥이 이어지면서 조선 후기 예학의 시초로서 불멸의 명성을 얻었다. 스스로 평범했다고 자처했던 김장생은 불굴의 노력과 도전으로 마침내 일가를 이뤘다. 아들인 김집을 거쳐 제자인 송시열을 통해 이름을 남겼고 아들과 함께 문묘에 배향되는 영광을 누렸다. 만약 김장생이 스승이었고 송익필이 제자였다면 이런 결과를 가져왔을까?

세상을 이끌어가는 건 송익필 같은 천재지만 완성시키고 계승하는 것은 김장생 같은 평범한 사람들이다. 사람이 살아가면서 꿈꾸는 수많은 것들은 보통 꿈으로 끝난다. 육신이 사라진 후에도 불멸의 명성을 얻겠다는 소망 역시 대부분 이뤄지지 않는다. 하지만 송익필은 김장생이라는 제자를 통해 그 꿈을 이뤘다. 재능과 평범함의 결합은 그들을 무시하고 탄압했던 이들이 상상하지도 못했던 꿈들을 이뤄냈다.

스승과의 꿈같은 만남 이후

제자의 삶은 온통 그림에 사로잡혔다

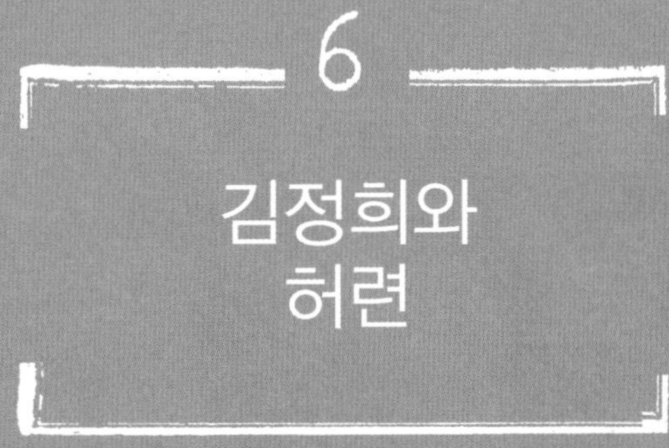

6 김정희와 허련

허련은 스승이 유배 간 제주도를 세 번이나 왕래했다. 비행기도, 여객선도 없던 시기에 위험한 바다를 건너가는 것은 쉬운 일이 아니었다. 김정희는 멀리서 찾아와 준 제자 허련에 대한 고마움과 자신의 처지를 잊기 위해서 전력을 다해서 가르쳤고 허련은 하나하나 배워나갔다. 허련의 그림은 이 시기를 거쳐서 차츰 완성되어갔다.

헌종 5년(서기 1839년) 여름, 한양 장동 월성위궁

멀리 인왕산을 등지고 있는 거대한 저택 앞에서 초라한 중년의 사내가 서성거렸다. 먼 길을 왔는지 입고 있던 중치막이며 갓에는 흙과 먼지가 묻었고 사내의 얼굴에는 여행을 하면서 쌓인 피곤함이 보였다.

거대한 솟을삼문 앞에서 어찌할 바를 모르고 있던 사내는 때마침 문이 열리자 고개를 돌렸다. 청색의 중치막을 입은 청지기가 손님을 배웅하는 중이었다. 돌아서는 청지기에게 조심스럽게 다가간 사내가 입을 열었다.

"저, 추사 어르신을 만나러 왔네."

그러자 청지기는 뒷짐을 진 채 말을 건 사내의 행색을 위아래로 살폈다. 그리고는 코웃음을 쳤다.

"대감마님이 찾아오면 언제든 볼 수 있는 사람인 줄 아는 게요? 헛소리 말고 썩 물러가시오."

청지기의 일갈에 중년의 사내는 소매에서 작게 접은 간찰簡札[32]을 꺼내서 내밀었다. 심상치 않은 분위기를 느낀 청지기가 두 손으로 간찰의 피봉을 열고 내지를 꺼냈다. 내지에 적힌 글씨를 읽고 아래쪽에 찍힌 낙관을 확인한 청지기가 고개를 숙이면서 대답했다.

"먼저 간찰을 보여주시지 그러셨습니까? 어서 드시지요."

32 한문으로 쓴 편지를 뜻함

공손하게 간찰을 돌려준 청지기가 앞장서서 솟을삼문 안으로 들어갔다. 발걸음을 떼던 중년의 사내는 솟을삼문 안에 보이는 으리으리한 전각들을 보고는 저도 모르게 한숨을 내쉬었다. 마당을 가로질러 사랑채로 간 청지기가 종종걸음으로 달려가서 사랑채의 대청에 올라갔다. 두 손으로 분합문을 연 청지기가 고했다.

"대감마님. 손님이 찾아왔습니다."

그러자 굵직한 음성이 들려왔다.

"누가 왔단 말이냐?"

질문을 받은 청지기가 얼른 대답했다.

"진도에서 올라온 허연만[33]이라는 분입니다."

무슨 얘기를 들었는지 고개를 숙인 청지기가 뒷걸음질로 물러나더니 기다리고 있던 허연만에게 말했다.

"어서 드시지요."

옆걸음으로 물러난 청지기가 두 손으로 올라가라는 손짓을 했다. 주춤주춤 대청의 섬돌에 올라선 허연만은 드림줄을 한 손으로 잡고 짚신을 벗었다. 그리고 청지기가 열어 놓은 분합문 안으로 들어섰다. 병풍을 등지고 보료 위에 앉아 있던 김정희는 읽고 있던 책을 덮고는 그를 바라봤다. 머리에 정자관을 쓰고 학창의 차림의 김정희와 시선이 마주친 허연만은 얼른 고개를 숙였다. 헛기침을 한 김정희가 말했다.

33 소치 허련의 첫 번째 이름. 이후 얼마동안 허유라는 이름을 썼다가 40대 무렵에 허련으로 바꿨다.

"안으로 들어오게."

얘기를 들은 중년의 사내는 떨리는 발걸음으로 안으로 들어섰다. 그리고는 늙은 선비의 앞에 무릎을 꿇고 고개를 조아렸다.

"궁벽한 시골에 사는 미천한 자를 이리 불러주시니 감읍할 따름입니다."

"올 봄에 초의선사가 네가 공재恭齋[34]의 것을 모사한 그림을 보여주었느니라. 보아하니 품격은 이루었으나 견문이 부족한 것이 눈에 보였다. 한양으로 올라와서 안목을 넓히기만 하면 일대를 풍미할 화가가 될 수 있으리라 여겨서 널 부른 것이다."

"과, 과찬이십니다."

허연만은 지금 자신에게 다가온 이 꿈같은 인연 앞에서 넋을 잃었다. 양반인 양천 허씨의 후손이라고는 하지만 백성이나 다름없는 삶을 살았던 그에게는 특별한 재주가 있었다. 배우거나 따로 익히지 않았는데도 그림을 잘 그렸다. 그러다가 초의선사를 만나서 인연을 맺으면서 마침내 추사 김정희金正喜와 대면하게 된 것이다. 임금의 종척宗戚[35]이자 병조판서를 지낸 관리였으며 그림과 글씨로는 천하에 대적할 사람이 없다는 바로 그 김정희였다. 환갑이 넘은 나이였지만 눈빛은 태양처럼 이글거렸고 몸가짐에는 위엄이 묻어나왔다. 어찌할 바를 모르고 있던 허연만을 내려다보던 김정희가 물었다.

34 윤두서의 호

35 종친과 외척을 아울러 이르는 말

"자네는 그림을 그리는 길이 무엇이라고 생각하는가?"

"이제 막 붓을 잡고 그림을 배우기 시작한 제가 그런 깊은 물음에 어찌 답을 할 수 있겠습니까? 부디 노여워 마시고 가르침을 주시옵소서."

허연만의 얘기를 들은 김정희는 잠시 뜸을 들이다가 천천히 입을 열었다.

"그림을 그리는 길은 참으로 힘들고 어려운 것일세. 자네는 그림에 있어서 이미 부족함이 없다고 생각하는가? 자네가 보고 베낀 그림은 공재 윤두서尹斗緖의 화첩일세. 우리나라에서 옛 그림을 배우고자 하면 곧 공재로부터 시작해야 하네. 하지만 공재는 고상하고 신비로운 경지에는 이르지 못했네. 겸재 정선鄭敾, 그리고 현재 심사정沈師正이 최고의 화공이라 이름을 떨치고 있지만 그들의 그림은 한낮 안목을 어지럽게만 할 뿐이니 결코 들춰보지 말게나. 자네의 실력이 뛰어나다고는 하나 남종화南宗畵는 결코 솜씨로만 그릴 수 있는 게 아닐세. 자네는 이제 천리 길을 시작함에 있어서 겨우 세 걸음을 옮겨놓은 것에 불과하네."

"명심, 또 명심하겠습니다."

허연만이 고개를 조아리며 대답하자 김정희는 수염을 쓰다듬으면서 말했다.

"그림이란 눈에 보이는 것을 그리는 것에만 머물러서는 안 되네. 마음속으로 느끼는 생각을 붓으로 표현해야 하네. 그것이 바로 남종화이고 문인화일세. 특히 먹을 함부로 칠하지 않고 점을 찍는 것도 헛되이 하지 않는 것이 예찬倪瓚과 황공망黃公望의 화법인 예황법倪

黃法이고, 그것이 바로 남종화의 정수일세. 내가 자네의 그림을 보고 감탄한 것은 단지 붓을 잘 놀려서가 아니라, 그런 것들이 보였기 때문이네. 앞으로 날 실망시키지 말고 열심히 하게나."

"이 꿈같은 인연을 어찌 헛되이 망치겠습니까? 제 남은 생을 남종화를 그리는 일에 바치겠습니다."

"시대가 변하고 있네. 오랑캐인 청나라는 벌써 이백 년째 중원의 주인 노릇을 하고 있고 민심은 요동치고 있네. 이럴수록 우리 것을 더욱 굳건히 지키고 아껴야만 하네. 내 자네를 거두는 데는 그런 뜻도 포함되어 있음을 명심하게."

"마음속에 굳게 담아놓겠습니다."

허연만의 대답을 들은 김정희가 흡족한 표정을 지었다.

"바깥사랑채에 자네가 머물 방을 마련해놓았네. 먹고 자는 것은 걱정하지 말고 그곳에서 열심히 그림을 그리게. 내가 매일 자네 그림을 봐주도록 하겠네."

"대감마님의 가르침을 받들겠나이다."

김정희가 물러가도 좋다는 손짓을 하자 허연만은 몸을 일으켰다. 대청으로 나서자 사랑채 앞에 있던 청지기가 따라오라는 말을 남기고 앞장섰다. 정신을 가다듬은 허연만은 서둘러 청지기를 따라나갔다. 그를 바깥사랑채로 안내한 청지기가 방문을 열어 보이면서 말했다.

"선비님이 머무실 곳입니다. 잠자리나 음식이 불편하시면 언제든 저에게 얘기해주십시오."

"그, 그리하겠네."

"그럼, 소인은 이만 물러나겠습니다."

청지기가 사라지자 허연만은 짚신을 벗고 방 안으로 들어갔다. 그리고는 방 한복판에 앉아서 중얼거렸다.

"이곳이 내 방이란 말이지."

압록강 동쪽에는 이만한 그림이 없다

스승인 김정희는 영광스러운 사람이었다. 명문인 경주 김씨 집안에서 태어났으며 왕실의 외척이자 종친이었다. 임금의 총애를 받아서 고위 관직을 여러 차례 역임했다. 반면 제자인 허련許鍊은 미천한 사람이었다. 멀리 땅 끝인 진도에서 이름뿐인 양반 집안의 자식으로 태어났다. 그가 의지할 것은 남다른 그림 솜씨뿐이었다. 허련은 이런저런 인연을 거쳐서 한양으로 올라가 김정희를 만나서 스승과 제자가 되었다. 그림이 아니었다면 평생 만나거나 말을 나눌 사이가 아닌 두 사람의 만남은 많은 것을 바꿔놓았다. 특히 제자인 허련은 이때의 일을 꿈같은 인연이라고 말할 정도였다. 아울러 둘의 만남은 조선 후기 회화사의 한 줄기인 남종화를 발전시키는 데 큰 역할을 했다. 한 사람의 운명만이 아니라 그림의 역사를 바꾼 인연이라고 할 수 있다.

김정희는 그가 살던 시대를 통틀어 그보다 더 극적이고 영광스러운 삶을 산 사람은 있을지 몰라도 후대에 끼친 영향력에서 그보다 앞선 사람은 드물다. 한국 사람이라면 누구나 아는 추사체라는 서체를 탄생시킨 장본인이며, 〈세한도〉라는 그림으로 회화사에도 큰 흔적을 남겼다. 또한 뛰어난 글 솜씨로 청나라 문인들의 찬사를 받았으며 비석에 새겨진 글씨를 연구하는 금석학에서도 일가를 이뤘다. 우리에게는 학자나 화가, 서예가의 이미지로 남아 있지만 당대 김정희는 엄청난 정치적 거물이었다. 그의 집안부터가 어마어마했다. 그의 증조부 김한신金漢藎은 영조의 사위였고, 할아버지의 친척이 영조의 둘째 왕비인 정순왕후였다. 외척에다가 종친이 되는 셈이다.

이런 대단한 출신 성분을 가진 김정희는 머리 또한 총명했다. 어린 시절 그의 천재성을 알아본 실학자 박제가朴齊家가 그의 스승이 되기를 자청했을 정도였으니 조선시대 엄친아라고 소개해도 부족함이 없을 것이다. 좋은 가문에 공부까지 잘했던 그는 견문까지 넓었다. 순조 9년인 1809년 친아버지를 따라 청나라로 건너간 것이다. 이 시기 조선에서는 청나라의 문인들과 교류하고 그들에게 평가를 받는 것이 실력과 명성을 가늠하는 수단이었다. 우리가 아는 실학자들도 대부분 이런 방식을 거쳐서 오늘날까지 이름을 남겼다.

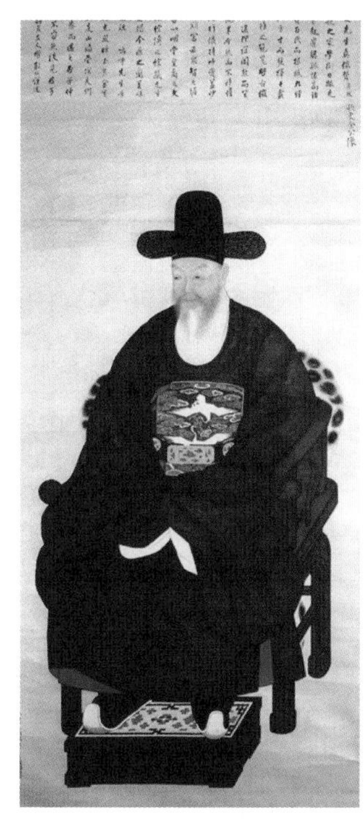
김정희 초상화. 김성호 외, 문화재청

젊은 김정희는 청나라 문인들과 어깨를 나란히 할 정도로 해박한 지식을 자랑하면서 찬사를 받았다. 김정희 역시 오랑캐라고만 여겼던 청나라의 지식인들을 보고 크게 깨달았다고 전해진다. 이때 김정희는 자신만의 글씨체인 추사체의 기틀을 잡아간다. 청나라에서는 옛날에 만들어진 비석의 글씨를 연구하고 재창조하는 금석학이 유행하고 있었는데 그것을 본 김정희가 자신만의 것으로 소화해낸 것이다. 추사체라고 불리는 이 서체는 물 흘러가듯 부드러운 기존의 서체와는 달리 심하게 꺾어지고 변화무쌍한 역동성을 보이는 글씨체이다. 따라서 눈에 확 띌 수밖에 없었고 크게 유행하게 되었다. 중국에서 건너온 글씨체만을 따라하던 조선시대에 보기 드문 일이었다.

김정희는 또한 남종화나 문인화, 혹은 두 개를 합해서 남종 문인화라고 부르는 그림에도 조예가 깊었다. 당나라 때 중국의 그림은 남과 북으로 구분된다. 왕유를 중심으로 한 남종화는 송나라와 원나라를 거치면서 화려하게 꽃을 피운다. 남종화의 가장 큰 특징은 부유한 사람들의 취미생활 중 하나였다는 사실이다. 문인화가라고도 불린 이들은 그림을 그리는 것을 직업으로 삼는 사람이 아니라 학문을 익히는 학자의 신분으로 심신 수련과 취미생활로 그림을 그렸다. 따라서 직업으로 삼는 북종화 화가에 비해 기교나 화려함이 떨어질 수밖에 없었는데 이걸 학자 특유의 언변으로 보충했다. 기교가 중요한 게 아니라 마음이 중요한 것이고 눈에 보이는 것이 전부가 아니라는 식의 얘기는 간결한 붓놀림과 담백한 화풍으로 이어졌다.

남종화는 병자호란의 혼란기가 가라앉은 18세기에 접어들면서 들어왔다. 이 시기 조선은 급격한 변화를 겪게 되는데 상업의 발달과 시장경제의 확대로 역관과 중인들 중에 재물을 모은 이들이 늘어나게 된다. 그러면서 이들에 의해 여항문화閭巷文化라는 중인과 백성들의 문화가 자리 잡는다. 아울러 당쟁이 격화됨에 따라 탈락하거나 밀려난 양반들이 늘어나면서 소수의 양반들이 권력과 재물을 독점하는 일이 벌어진다. 귀족화된 양반이라는 뜻의 경화세족京華世族이라고 불리는 이들은 화려한 문화를 자랑하게 되는데 남종화는 그런 경화세족의 입맛에 딱 맞는 그림이었다. 자신이 양반임을 드러낼 수 있고 별다른 어려움 없이 감상하거나 그릴 수 있었기 때문이다.

김정희 역시 청나라를 드나들면서, 그리고 경화세족의 한 사람으로서 자연스럽게 남종화를 접하게 되었다. 남종화는 산수화가 중심이었는데 역설적으로 실제의 풍경보다는 이상형으로 생각하는 풍경을 그리는 경우가 많았다. 평평한 호수나 강을 끼고 풀과 나무로 만든 텅 빈 정자가 한 채 서 있는데 주변에는 한두 그루 나무가 자리 잡고 있고 강이나 연못 너머에는 야트막한 산이 자리 잡고 있는 식이다. 현대인이 자연을 그리워하는 것처럼 숨 막히는 한양 생활에 염증을 느낀 양반들이 멀리 조용한 시골에서 지내고 싶다는 마음을 드러내는 수단으로 삼은 것이다. 하지만 경화세족들은 권력에서 멀어질 수 있는 시골 생활을 반기지 않았다. 낙향은 곧 권력가의 대열에서 탈락하는 것을 의미했기 때문이다. 하지만 현대인들이 텔레비전 속 시골 풍경을 부러워하는 것처럼 경화세족들은 진실로 바라지는 않는 시골 생활을 그리워하며 남종화를 그리거나 혹은 사들였다. 이렇게 상류층이 즐기던 남종화는 중인과 백성에게도 전해지면서 조선 후기 대표적인 화풍의 하나로 자리 잡았다.

정치와 예술

청나라에서 돌아온 김정희는 청나라에서 유행 중이었던 금석학도 갈고 닦았다. 진흥왕이 한강 유역에서 백제를 몰아내고 세운 북한산 순수비를 확인한 것이 바로 김정희였다. 그러는 한편 서른네 살인 순조 19년에는 과거에 합격했다. 그 소식을 들은 임금이 월성위의

북한산 진흥왕 순수비. 국립중앙박물관(왼쪽), 문화재청
1816년 금석학에 밝은 김정희는 이 비가 진흥왕 순수비임을 밝혀냈다.

후손이 과거에 급제했다면서 음식을 내려줬다. 아울러 승지를 보내서 월성위 부부의 무덤에 제사를 지내도록 했다. 규장각 대교를 거쳐 충청도 암행어사로 임명된 김정희는 수령들의 잘못을 보고하고 세금을 함부로 걷어서 수탈하는 것을 막도록 했다. 특히 안면도 지역의 어염세와 선세가 과도하게 부과돼 백성들이 고통 받고 있다는 사실을 알려서 폐단을 없애게 했다.

이렇게 순조롭게 관직생활을 하던 그에게 첫 번째 시련이 닥쳤다. 바로 친아버지 김노경金魯敬의 일로 격쟁擊錚을 한 것이다. 임금의 거둥(나들이)을 가로막고 징을 쳐서 억울함을 호소하는 격쟁은 보통 백성들이나 하는 일이었다. 그런데 과거에 합격하고 관직까지 역임한 그가 이렇게 한 이유는 무엇일까? 바로 윤상도尹尙度의 옥사와 연루되어서 아버지가 처벌당할 처지에 놓였기 때문이었다. 순조는 젊고 영민한 아들 효명세자에게 국정을 맡기는 대리청정을 시켰다. 효명세자는 이 기회에 외척인 안동 김씨의 영향권에서 벗어나기 위해 자신만의 세력을 구축하려고 했다. 그러나 아쉽게도 20대 초반의 나이로 세상을 떠나고 말았다. 위기를 넘긴 안동 김씨는 효명세자의 흔적 지우기에 나섰는데 이 와중에 김노경이 걸려든 것이다.

처음 시작은 효명세자의 병환을 돌보던 의원들이었다. 저들에게 효명세자가 젊은 나이에 갑작스럽게 죽은 책임을 물은 것이다. 이 책임론은 차츰 의원들을 감독하던 홍기섭洪起燮에게 옮겨간다. 특히 처벌을 주장한 쪽은 의원들을 감독한 홍기섭이 임의로 약재를 첨가했다는 주장을 제기하면서 음모론으로까지 몰고간다. 책임론을 제기한 세력은 물론 안동 김씨와 이들 안동 김씨와 손잡은 쪽의 사람들이었다. 순조는 홍기섭을 파직하는 것으로 일을 마무리하려고 했지만 안동 김씨 측은 오히려 김노경과 이인부李寅溥가 배후라면서 파문을 확대시킨다. 순조는 안동 김씨 측이 이 기회에 반대세력들을 처벌하려고 한다는 것을 눈치채고 극력 반대했지만 아무 소용이 없었다. 이 와중에 김정희의 아버지 김노경도 여기에 연루된다. 이 기회에 경쟁자가 될 수 있는 경주 김씨 가문의 세력을 꺾어놓을 속셈이었던 것이다. 그 와중에 윤상도가 상소문을 올려서 김노경과 가까운 관리들을 비난했다. 연이은 안동 김씨 측의 반대파 제거 작전에 화가 머리끝까지 난 순조는 윤상도를 추자도로 유배 보내는 것으로 보복을 한다. 하지만 일이 가라앉을 기미를 보이지 않자 결국 순조는 안동 김씨 세력이 지목한 네 명의 대신을 귀양 보내는 것으로 일을 마무리지었다.

그중 한 명인 김노경은 고금도로 유배를 가야만 했다. 아버지의 모습을 본 김정희는 처음으로 정치의 쓴맛을 봤다. 김정희가 글과 그림, 금석문 연구에 매진한 것은 이런 좌절감을 잊기 위한 것도 있었으리라 본다. 다행히 순조의 배려로 아버지의 귀양생활은 1년 만에 막을 내렸다. 한양으로 돌아온 김정희는 관료생활을 이어가면서 성균관 대사성을 역임한다. 그러던 중 진도에서 올라온 중년의 사내와 만난다. 당시에는 허연만으로 불렸고 지금 우리에게는 허련으로 알려진 인물이었다.

꿈같은 만남

허련은 김정희와의 만남을 꿈같은 인연이라고 술회했다. 그럴 만도 한 것이 애초에 진도에 사는 몰락한 양반의 후손인 허련과 풍파를 겪었다고는 하지만 알아주는 양반이자 관리인 김정희가 대면할 일은 없었을 것이다. 인연의 시작은 그림, 정확하게는 남종화였다. 허련은 순조 9년인 1809년 진도에서 태어났다. 진도는 비록 땅이 넓어서 농사를 지을 수 있기 때문에 여유가 있다고는 하지만 머나 먼 시골이라는 점은 변하지 않았다. 허련이 이곳에서 태어나고 자라게 된 이유는 허대許岱라는 먼 조상 때문이었다. 광해군의 형 임해군의 친척이었던 그는 진도로 유배 온 임해군을 따라왔다가 이곳에 눌러 앉게 되었다. 나름 명문가인 양천 허씨의 후손이라고는 하지만 이런 상황에서 양반 행세를 제대로 했을 리는 없었다. 결국 대를 이어가면서 일반 백성이나 다름없는 삶을 살아야 했다. 단지 세거지世居地로써 친척들이 많이 모여 살았다는 것이 그나마 허씨 집안이라는 정

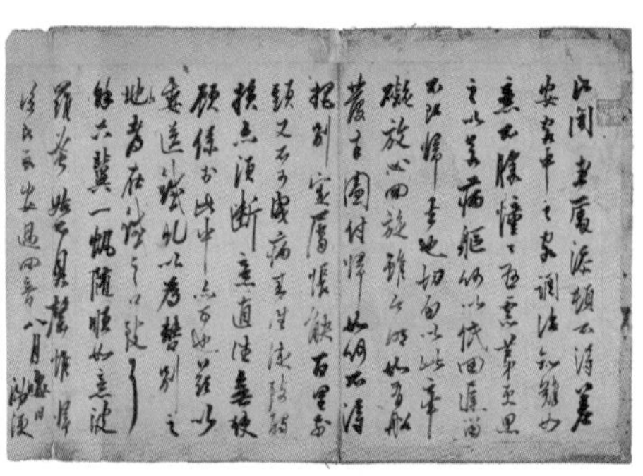

1846~1847년 김정희가 초의선사에게 보낸 편지 중 하나. 국립중앙박물관

체성을 유지하는 데 도움이 되었을 것이다.

그래서인지 허련의 20대 후반까지의 삶을 유추할만한 기록이 없다. 유추하건대, 어린 시절 그림 그리기를 좋아했다는 점 정도가 눈에 띄었을 테고 차츰 시골에서 그림을 잘 그리는 아이가 있다는 명성이 퍼져나가면서 해남에 있는 대흥사의 초의선사에게까지 전해졌을 것이다. 차를 즐기는 스님으로 잘 알려져 있는 초의선사는 해남으로 유배를 온 정약용丁若鏞에게 가르침을 받은 지식인이기도 했다. 허련의 천재성을 알아 본 초의선사는 대륜사로 불러들여서 직접 가르친다. 초의선사는 명성이 자자한 인물로 여러 사람들과 교류를 하고 있었는데 이것이 허련의 꿈같은 인연을 만들어준 밑바탕이 되었다. 허련이 공재 윤두서의 저택이었던 해남의 녹우당을 방문해서 그의 화첩을 보게 된 것도 초의선사의 소개 때문이었다. 윤증의 손자이자 선비이면서 뛰어난 화가로 알려진 윤두서의 화첩을 본 허련은 큰 충격에 빠진 채 몇 날 며칠을 그림을 보고 베끼면서 자신의 것으로 소화하려고 애를 썼다.

허련의 그림 솜씨가 날로 좋아지자 초의선사는 그가 그린 그림을 가지고 자신이 알고 있는 한 사람을 찾아간다. 바로 추사 김정희였다. 초의선사가 보여준 허련의 그림을 본 김정희 역시 놀라기는 매한가지였다. 그래서 초의선사에게 얼른 허련을 한양으로 불러달라고 부탁한다. 실력은 뛰어나지만 견문이 부족하니 자신이 옆에서 데리고 가르치겠다는 뜻이었다. 초의선사의 연락을 받은 허련은 곧장 짐을 꾸려 한양으로 올라간다. 그리고 장동의 월성위궁에서 김정희와 만난다. 허련의 운명을 바꾼 것은 물론이고 남종화에도 지대한 영향을 끼친 만남이었다. 허련은 월성위궁에서 머물면서 김정희의 지도 아래 남종화에 매진한다. 자연스럽게 스승과 제자가 된 셈인데, 진도에서 올라온 몰락한 양반의 후손인 허련에게는 이만저만한 영광이 아니었을 것이다.

허련은 더욱더 열심히 스승의 가르침을 받으면서 실력을 키워나갔고 김정희는 그런 제자의 모습을 흡족하게 지켜봤다. 김정희의 집인 월성위궁에는 남종화를 그리는 화가 몇 명이 머물고 있었지만 허련은 그들을 단숨에 앞질렀다. 재능이 월등하기도 했지만 이 기회를 놓칠 수 없다는 절박함이 그를 앞서게 만든 것 같다. 허련의 삶이 뭔가를 좇는 불나방 같다고 평하는 학자들이 많다. 남종화로 인정을 받고 김정희의 제자가 된 이후 허련의 삶은 남종화 화가로서 살아가는 것, 그리고 스승을 극진히 보살피면서 명사들과 교류를 이어가는 것이 전부가 된다. 가족은 그의 관심사 밖이었고 따로 제자를 두지도 않았다. 해바라기처럼 오직 위쪽만을 바라보게 된 것은 별 볼 일 없는 집안에서 태어나서 오직 그림으로만 인정을 받게 되었기 때문이다.

역경과 고난을 딛고 성공한 인물은 대체로 평범한 사람을 무시하는 경향이 있는데 허련도 마찬가지인 것으로 보인다. 아울러 자신의 모든 에너지를 명성을 유지하기 위해 유명인과의 교류에 쏟아 부은 것 역시 인정을 받기 위한 발버둥이 아니었나 싶다. 물론 허련 같은 처지에서 실력 하나로 성공에 이르렀다면 이런 궤적을 따라가는 게 당연하다고 할 수 있다. 아울러 그가 비록 인정을 받기 위해서 그렇게 살았다고는 하지만 유배를 간 스승 김정희를 제주도까지 찾아가서 모신 것이나 끝끝내 관직을 받지 않았던 점을 보면 의리와 선을 지킬 줄 아는 사람이지 않았나 싶다.

이름을 세 번 바꾼 허련

남종화에 대한 허련의 집착과 애정은 그의 이름과 호에서도 알 수 있다. 한번 정한 이름은 쉽게 바꾸지 않는 조선의 관습에 비춰보면 허련은 두 번, 어쩌면 세 번이나 이름을 바꾼 기이한 경험의 소유자이다. 독립운동가이자 서화가로 잘 알려진 오세창吳世昌에 의하면 허련의 원래 이름은 허유許維로 알려져 있다. 유維라는 이름은 중국 남종화의 대가로 알려진 당나라의 시인이자 화가인 왕유王維에게서 따온 것이다. 그런데 이 얘기가 맞다면 허련의 집안이 애초부터 그에게 남종화를 가르칠 계획을 가지고 있었거나 혹은 일찍이 남종화를 접했어야 한다. 하지만 시골에서 먹고살기 바쁜 집안에서 그런 원

〈묵죽도〉, 허련. 성신여대, e-뮤지엄

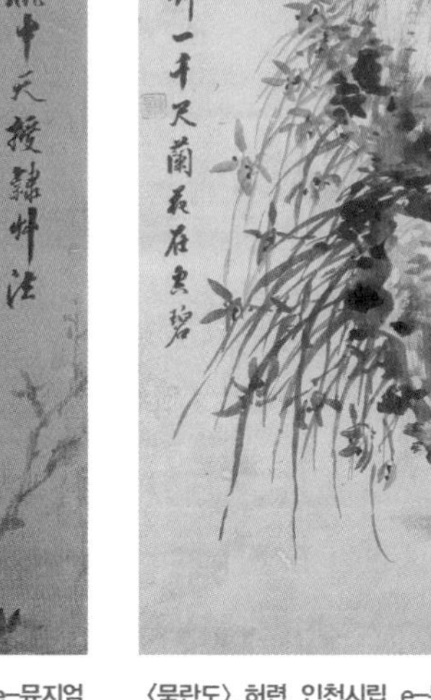

〈묵란도〉, 허련. 인천시립, e-뮤지엄

대한 의중이 있었을 리는 없다. 거기다 양천 허씨 족보에 의하면 허련의 첫 번째 이름은 허연만이었다. 아마 첫 이름이 허연만이었다가 남종화를 접하게 된 20대 후반, 그러니까 김정희를 스승으로 모시게 된 시점부터 왕유의 이름을 따서 허유라고 바꾼 것으로 보인다. 그러다가 대략 1850년, 그러니까 40대에 접어들면서 다시 허련이라는 이름을 쓴 것으로 보인다.

왜 이름을 세 번이나 바꿨는지, 특히 허유라는 남종화 화가에 어울리는 이름을 왜 버렸는지는 알 수 없다. 첫 번째 이름인 연만의 연자와 같은 한자를 썼기 때문에 원래 자기의 정체성을 찾으려는 시도라고 보는 견해도 있다. 하지만 그럴 생각이었다면 맨 처음 이름인 연만을 도로 사용하는 게 더 나았다. 더군다나 그 시기는 그가 신처럼 모시던 스승 김정희가 생존해있던 시점이었다. 이름을 둘러싼 그의 복잡한 사정은 예술과 성공, 명성을 향한 그의 집착이 빚어낸 산물인지도 모른다. 소치小癡라는 그의 호 역시 원나라 때의 남종화 화가인 황공망의 호인 대치大癡에서 딴 것이다. 작은 황공망이 되겠다는 마음가짐을 그대로 드러낸 것이다. 이렇게 화가의 길로 들어선 허련은 스승인 김정희의 지도를 받으면서 짧은 시간에 두각을 나타낸다.

먼 시골에서 올라온 중년의 제자 허련은 스승인 김정희에게도 기쁨이자 행운이었다. 첫 번째 만남과 가르침의 시간은 그리 길지 못했다. 김정희를 둘러싼 정치적 환경이 변했기 때문이다. 정조의 죽음 이후 세도 정치가 이어지면서 조선은 몰락의 길을 걷는다. 본래 세도世道는 세상을 올바르게 다스리는 도리를 뜻한다. 따라서 이 시기 이전의 세도는 정치적인 이상향을 의미했다. 하지만 이 시기의 세도는 다른 세도勢道였다. 다시 말하면 특정 가문이 정치적 권력을 장악하고 전횡을 일삼는 것을 의미한다. 교과서에 나온 대로 안동 김씨가 수십 년간 내내 세도 정치를 행한 것은 아니고 풍양 조씨 등과 계속 경쟁을 했다. 하지만 최후의 승자는 안동 김씨였다.

김정희를 아끼던 순조가 1834년 세상을 떠나자 뒤를 이은 헌종은 불과 여덟 살이었기 때문에 안동 김씨 출신의 순원왕후가 대리청정을 했다. 순조는 아들 효명세자를 통해서 안동 김씨 가문을 견제하려고 노력하는 등 나름 거리를 뒀기에 어느 정도 균형 맞추기가 가능했지만 어린 헌종에게는 그런 것을 기대하기 힘들었다. 오랫동안 움츠려있던 안동 김씨 집안은 순원왕후를 등에 업고 정계를 장악한다. 그런 그들에게는 순조의 총애를 받던 김정희가 눈엣가시처럼 보였을 것이다.

헌종 6년인 서기 1840년 안동 김씨 집안에서 마침내 칼을 뽑아 들었다. 십여 년 전 김정희의 아버지 김노경이 고금도로 유배를 가야만 했던 바로 그 사건을 다시 끄집어냈다. 윤상도가 순조의 측근을 비난한 상소문을 올린 배후로 김노경을 지목해서 공격한 것이다. 김노경은 유배에서 풀려나서 몇 년 전에 세상을 떠났기 때문에 이들 목표는 그의 아들 김정희였다. 추자도에서 십 년 동안 유배 생활을 하던 윤상도는 한양으로 끌려와서 배후를 밝히라는 심문과 함께

김정희의 다양한 필체. 국립중앙박물관

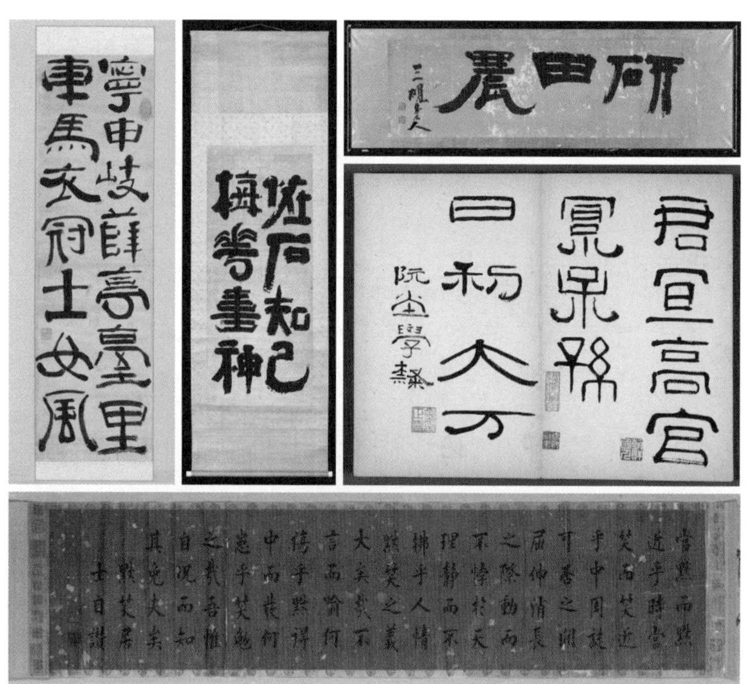

혹독한 고문을 당한다. 견디다 못한 윤상도는 김노경과 김정희의 이름을 말한다. 그러자 안동 김씨는 윤상도의 배후에 김정희가 있다는 거짓 자백을 빌미로 그를 몰아붙였다. 상황이 이렇게 돌아가자 김정희와 가까운 사이였던 우의정 조인영趙寅永이 나서서 도움을 주고자 했지만 안동 김씨의 힘을 꺾을 수는 없었다.

스승을 만나러 제주도로

관직을 박탈 당하고 한양에서 쫓겨난 김정희는 충남 예산으로 내려갔다가 유배형을 받았다. 유배지는 멀리 바다 건너 제주도의 대정현이었다. 제주도 남쪽에 위치한 대정현은 심한 바람 때문에 살기가 어려운 곳으로 알려져 있는 곳이다. 거기다 일반적인 유배형과는 달리 울타리에 가시나무를 심어서 외부의 출입을 막는 위리안치형圍籬安置刑이 떨어졌다. 50대 중반의 김정희에게는 가혹하기 이를 데 없는 처벌이었다.

김정희가 예산에서 체포되어서 유배지로 떠나는 날 허련은 바로 옆에서 그 광경을 목격했다. 큰 충격에 빠진 허련은 근처의 절에서 며칠 머무르다가 배를 타고 고향으로 내려갔다. 스승과 제자로서 만난 지 불과 1년 만에 벌어진 일이었다. 일반적인 스승과 제자였다면 여기에서 인연이 끊어졌겠지만 김정희와 허련에게는 끝이 아니라 시작이었다. 김정희는 아버지를 따라 고금도로 내려갔던 적이 있긴 했지만 그곳과 제주도는 차원이 다른 유배지였다. 뱃길도 멀었고 풍토가 달라서 유배를 온 죄인에게는 지옥이나 다름없는 곳이었다. 평생을 권력의 중심에서 지냈던 김정희에게는 낯설고 두려운 곳이었다. 강진에서 배를 탄 김정희는 자신을 압송하는 금부도사와 함께 제주도 북쪽 화북포에 도착해서 대정현으로 향한다. 당장 입는 것과 먹는 것이 불편했고 제주 토착민과의 대화도 어려웠다. 제주도의 풍속을 바꿨다고 평가받는 제주목사 이형상李衡祥의 회고에 의하면, 제주 여인이 관아에 와서 억울함을 호소할 때 내는 목소리는 흡사 따오기 같다고 할 정도였다고 하니 일상의 대화가 얼마나 곤혹스러웠을지 짐작이 간다. 거기다 정치적 실각이라는 실의까지 겹치면서 김정희가 받았던 정신적 충격은 상당했다.

그런 그에게 위안이 될 만한 일이 생겼는데, 바로 다음 해 봄 허련이 유배지에 나타난 것이다. 제주도의 혹독한 겨울을 보냈던 김정희는 자신에게 한결같은 모습을 보여준 제자에게 크게 감동했다. 그가 키운 수많은 제자 중에서 제주도까지 직접 찾아온 사람은 허련이 처음이자 마지막이었기 때문이다. 스승은 유배를 왔다는 정신적인 고통을 잊기 위해, 제자는 스승의 가르침을 받기 위해 붓을 들었다. 김정희가 그린 최고의 그림이라고 일컬어지는 〈세한도〉 역시 이때 그려진 것이다. 개인적으로는 고통으로 점철된 시기였겠지만 이때 우리가 아는 김정희가 완성되었다. 추사체는 더욱 완전해졌고 〈세한도〉를 비롯한 그림들이 그려졌다. 안정을 찾은 그는 자신이 머무는 거처의 이름을 감귤 속의 집이란 뜻의 귤중옥橘中屋이라고 지을 정도로 여유를 찾았다. 그런 여유의 한구석에는 험한 바다를 건너와 자신을 찾아온 제자 허련이 있었다.

〈세한도〉(부분), 김정희. 국립중앙박물관

허련은 스승이 있는 제주도를 세 번이나 왕래했다. 비행기도 여객선도 없던 시기에 위험한 바다를 건너가는 것은 쉬운 일이 아니었다. 김정희는 이런 허련에게 깊은 고마움을 느낀다. 그리고 그 고마움을 그림을 가르치는 것으로 답례한다. 이전에도 스승으로서 가르침을 베풀었지만 불과 1년 남짓한 시간이었고, 다른 제자들도 함께 가르쳐야만 했던 상황이었다. 하지만 지금은 오직 그와 허련뿐이었다. 김정희는 멀리서 찾아와줬다는 고마움과 유배 왔다는 쓸쓸함을 잊기 위해서 전력을 다해서 가르쳤고 허련은 하나하나 배워나갔다. 허련의 그림은 이 시기를 거쳐서 차츰 완성되어갔다. 이 시기 허련의 그림 중에는 스승 김정희의 모습을 그린 것이 남아 있다. 바다 건너 머나먼 제주도의 남쪽에서 지내는 스승을 송나라 시인 소동파가 중국의 최남단 해남도에서 귀양 생활을 하던 것에 비유해서 그린 것이다. 스승이 소동파에게 견줄 수 있는 문장가라는 자부심과 더불어 굳세게 잘 견디고 있다는 무언의 자신감을 심어주고 싶었던 것일지도 모른다.

김정희가 9년 동안 제주도에서 겪은 유배 생활과 허련이 세 차례나 찾아온 일은 둘 사이를 보통의 스승과 제자 관계를 뛰어넘게 만들었다. 명문가의 후손이자 서체와 그림, 금석문으로 큰 명성을 떨친 김정희와 오직 그림 하나만 믿고 달려온 둘의 만남은 외형적인 불균형과는 달리 상당히 잘 맞아 떨어졌다. 제주도 유배라는 고난이 양쪽의 결속을 강하게 만들어준 것이다.

스승은 한 발 더 나아가서 제자에게 새로운 후원자를 붙여주었다. 바로 자신의 또 다른 제자인 전라우도수군절도사인 신관호申觀浩였다. 김정희는 허련을 거둔 신관호에게 그를 잘 부탁한다는 편지를 보냈다. 이때 제자의 그림 솜씨를 평하기를 압록강 동쪽에는 이만한 그림이 없다고 적었다. 자존심 강한 스승이 제자의 앞날을 위해 필사적으로 노력한 것이다. 그러한 스승의 노력은 보답을 받았다.

불멸의 스승, 불멸의 인연

김정희의 추천을 받은 신관호는 임기를 마치고 한양으로 올라갈 때 허련과 동행한다. 다시 한양으로 돌아온 허련은 십여 년 전 김정희의 부름을 받고 허겁지겁 올라오던 때와는 놀랍도록 달라진 위상을 가지게 된다. 김정희의 제자이자 뛰어난 남종화 화가라는 명성은 마침내 헌종의 귀에까지 들어간다. 결국 헌종 15년인 1849년 허련에게 입궐하라는 어명이 내려진다. 헌종 앞에 선 허련은 하사받은 붓으로 그림을 그리고 왕실에 보관 중인 그림을 품평하는 한편, 김정희와 초의선사에 대한 얘기들을 나눈다. 그는 총 다섯 차례에 걸쳐서 헌종과 알현하는 영광을 누린다. 아마 허련에게 그의 삶 중에서

〈8군자 8폭 병풍〉, 허련. 목포자연사, e-뮤지엄
1886년에 그린 것으로 군자를 매화, 난초, 국화, 대나무, 소나무, 오동나무, 파초 수련으로 표현하였다.

가장 영광스러운 순간을 꼽으라고 한다면 헌종과의 만남을 얘기할 것이다.

헌종이 일개 화가인 그에게 관심을 기울인 것은 그를 둘러싼 사정과도 연관이 있었다. 일반적으로 알려진 것과는 달리 정조 이후의 임금들은 세도 정치를 무기력하게 지켜보지만은 않았다. 어린 나이에 즉위해서 뒤늦게 친정을 하게 된 헌종은 안동 김씨와 풍양 조씨 사이에서 자신의 측근들에게 힘을 실어주기 위해 노력한다. 신관호는 헌종이 눈여겨 보던 측근이었기에 허련에게까지 자연스럽게 시선이 간 것이다. 또한 헌종이 김정희의 제주 유배 생활에 관심을 기울이고 유배에서 풀어줬다는 점은 김정희를 자신의 측근으로 거둘 의도가 있었다는 사실을 암시한다.

이런 복잡한 정치적 상황을 모르고 있던 허련은 그저 자신에게 닥친 영광을 맞이했을 뿐이다. 조선시대 임금이 일개 화가에게 억지

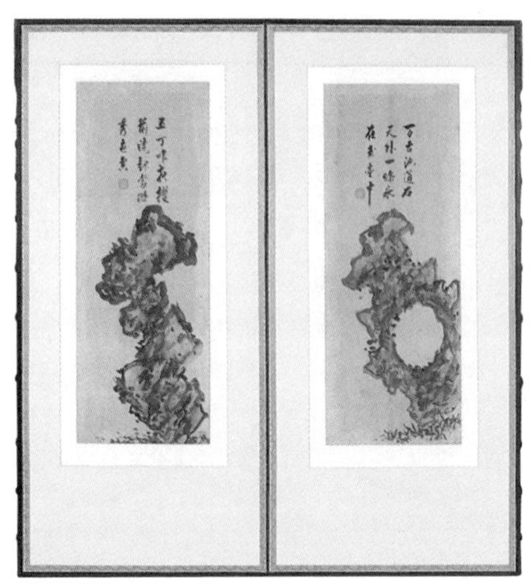

〈괴석도〉, 허련. 인천시립, e-뮤지엄
허련은 괴석에서 자연의 경이로움과 신묘함을 보았다.

로 벼슬까지 주면서 곁에 부른 것 자체가 엄청난 일이었다. 거기다 직접 붓까지 하사하고 그림에 대한 품평까지 하게 한 것은 김홍도나 신윤복도 누리지 못한 영광이었다. 진도 출신의 허련에게는 평생 기억에 남을 일이었다. 훗날 이 일에 대해서 직접 쓴《몽연록》에도 이 때의 감격이 고스란히 남아 있다. 허련을 만난 헌종은 얼마 후 세상을 떠난다. 헌종의 죽음을 뒤로 하고 한양을 떠난 허련은 유배에서 풀려나 과천에 머물고 있던 스승 김정희를 만나러 간다. 그야말로 꿈같은 인연의 연속이었다.

제자인 허련이 헌종을 알현하기 직전 김정희에게도 9년간의 기나긴 유배 생활이 끝났음을 알리는 소식이 전해진다. 헌종은 그를 다시 중용하기 위해서 풀어준 것이지만 본의 아니게 자신이 죽기 직전 선물을 내려준 셈이었다. 제주도를 떠나 한양으로 돌아온 김정희에게 허련을 비롯한 제자들이 찾아온다. 그곳에서 김정희는 제자들이 그린 그림과 글씨를 보고 감상평을 남겼다.

하지만 그의 평온함은 오래가지 못했다. 헌종의 죽음과 뒤이은 철종의 즉위를 통해 다시 정권을 완벽하게 장악한 안동 김씨가 그를 못마땅하게 여긴 것이다. 이번엔 안동 김씨가 자신의 권력을 유지하기 위해 강화도에서 유배 중이던 철종을 즉위시키면서 문제가 불거졌다. 철종이 누구의 후사인가를 두고 벌어진 종법상의 논쟁을 핑계로 반대파를 공격한 것이다. 결국 그는 절친한 친구인 권돈인權敦仁의 옥사에 엮이면서 다시 유배를 떠나고 만다. 이번 유배지는 함경도의 북청이었다. 제주도만큼이나 가혹한 곳이었다. 그러나 다행스럽게도 이번 유배는 길지 않아 1년 만에 풀려났지만 안동 김씨 세상이 된 한양에 머물 수는 없었다. 평지풍파를 다 겪은 김정희는 아버지의 무덤이 있는 과천에 은거한다. 그리고 그곳에서 글과 그림으로 지치고 상처받은 심신을 달랜다. 몇 년 간의 은거 생활 끝에 철종 9년인 1868년 71세의 나이로 세상을 떠난다. 그는 살아서도 이름을 떨쳤지만 죽어서는 전설을 남겼다.

스승의 죽음은 제자에게도 많은 영향을 미쳤다. 허유에서 허련이라는 이름으로 바꾼 시기가 1850년 초중반이었다면 아마도 스승의 쇠락과도 연관이 있으리라고 봐야 한다. 스승의 죽음 이후 고향인 진도로 내려온 허련은 자신의 거처이자 화실인 운림산방을 세웠다. 지금도 남아 있는 운림산방은 단순히 허련의 개인 주택을 넘어서 남종화의 본산 역할을 했다. 운림산방을 세우고 이름을 바꾼 것은 세상을 떠난 스승의 그림자에서 벗어나고자 했던 시도일지도 모른다. 하지만 김정희를 비롯한 후원자들의 잇따른 죽음과 몰락은 허련에게도 큰 영향을 미친다. 거기다 자신의 대를 이어줄 것으로 믿었던 큰아들 허은許溵이 갑작스럽게 세상을 떠나면서 그에게 큰 충격을 준다.

상심한 그는 전국을 유람하면서 그림을 그린다. 전국을 유람했다고는 하지만 사실 진도에서 한양으로 오가는 일을 반복했을 뿐이다. 평생 자신의 그림에 대한 명성을 지키는 데 열중했던 그는 새로운 후원자를 찾고, 경제적인 어려움을 해결하고자 스승이 없는 한양을 더 자주 드나들었다. 다행스럽게도 그의 명성은 여전했고 찾는 사람도 많았다. 안동 김씨의 대표주자격인 김흥근金興根은 그를 자신

전남 진도에 있는 운림산방 풍경. 문화재청
운림산방은 허련이 말년에 거주하면서 창작 활동을 하던 곳이다.

의 별장으로 불러서 가지고 있는 그림의 품평을 부탁하기도 했다. 또한 아들인 고종이 친정을 선포하면서 권력을 잃은 흥선대원군, 그리고 그를 몰락시킨 민씨 집안의 젊은 권력가인 민영익과도 만남을 가졌다. 그에게는 꿈결 같은 시간이었지만 그의 시간도 얼마 남지 않았다. 운림산방으로 돌아온 허련은 죽은 큰아들 허은을 대신해서 넷째 아들인 허형許瀅에게 그림을 가르치면서 남은 삶을 보냈다. 스승인 김정희가 죽으면서 불멸의 명성을 남긴 것처럼 아들 허형을 통해 전수된 남종화는 오늘날까지 이어져오면서 복잡한 내면을 가진 허련의 이름을 지탱해주고 있다. 스승만큼이나 고통스러운 말년을 보냈지만 그는 자신의 삶에 한 줌 후회가 없었을 것이다. 궁벽한 진도의 몰락한 양반이 붓 한 자루를 가지고 불세출의 스승을 만나고 임금을 알현했으며, 당대의 권세가들과 당당하게 이야기를 주고받았으니 말이다.

종이와 붓

김정희는 가화家禍라고 불릴 정도로 혹독한 정치적 시련을 겪으면서 고통스러운 생애 후반부를 보냈다. 허련 역시 스승과 유력한 후원자들의 죽음 이후 경제적 빈곤을 겪는다. 결국 정처 없이 방랑을 하면서 그림을 팔아서 생계를 유지해야 했다. 김정희의 죽음은 실록에 짧게 언급되었고 허련의 죽음은 언급조차 되지 않았다. 당대에는 실패한 정치인이자 한때 잘나갔지만 속절없이 늙어버린 화가에 불과

충남 예산에 있는 김정희의 옛 집에서 200미터 정도 떨어진 곳에 있는 김정희의 묘. 문화재청

했다. 하지만 오늘날 두 사람은 그들을 배척하거나 무시했던, 혹은 외면했던 무리보다 월등한 명성을 누리고 있다.

두 사람이 그림을 가르치고 배우던 19세기 조선은 급격하게 변화하는 중이었다. 세도 정치에 의해 곳곳에서 민란이 터졌고 이 와중에 서양의 천주교가 들어왔으며 이에 대한 반발로 동학이 교세를 떨쳤다. 프랑스군과 미군이 강화도를 번갈아 쳐들어왔고, 결국 일본과 최초의 조약을 맺게 되었다. 그런 와중에도 스승과 제자는 오직 붓으로 자신들만의 세상에 몰두했다. 정계에서 밀려난 스승 김정희나 시골에서 올라온 허련에게 주어진 세상은 오직 붓과 종이였기 때문이다. 그 붓과 종이를 통해 스승과 제자는 결국 불멸의 명성을 얻었다.

스승은 순응 대신 저항을 가르쳤고

제자는 철저하게 저항했다

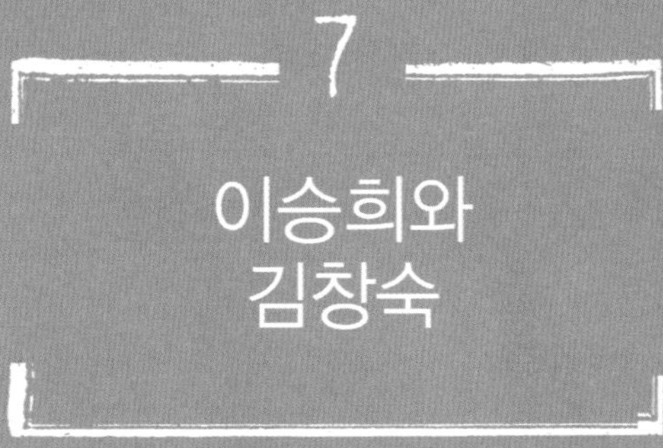

7 이승희와 김창숙

김창숙 역시 이런 한주학파와 스승인 이승희의 영향을 받아서 자연스럽게 세상에 눈을 떴다. 지켜야 할 기득권이 없었기 때문에 새로운 사상을 빨리 자연스럽게 받아들일 수 있었고, 세상의 변화에 대해서도 균형 잡힌 시선으로 바라볼 수 있게 된 것이다. 그렇게 되면서 세상의 변화에 대해서 받아들이기를 거부하는 대부분의 선비들과는 다른 길을 걷게 되었다.

스승과 제자가 경운궁慶運宮[36]의 대안문大安門[37] 앞에 도착했을 무렵 눈이 그쳤다. 환갑에 가까워 보이는 늙은 스승은 허연 수염에 형형한 눈빛을 가지고 있었고, 이십 대 중후반으로 보이는 젊은 제자는 강건한 모습이었다.

대안문 앞에는 두 사람처럼 갓과 도포를 쓴 선비부터 양복에 중절모를 쓰고 지팡이를 든 신사까지 잔뜩 모여들었다. 굳게 닫힌 대안문은 칼을 차고 총을 든 친위대 병사들이 굳게 지키고 있었다. 대안문 옆에는 벽돌로 만든 2층 건물이 붙어 있었는데 군대를 지휘하는 원수부가 있는 곳이라고 지나가는 누군가가 말했다. 지붕의 굴뚝에서는 허연 연기가 무심하게 흘러나왔다. 대안문 앞의 광경을 본 제자는 혼란스러운 상황을 보고는 스승에게 말했다.

"스승님. 어찌하시겠습니까?"

"두려우냐?"

스승의 물음에 제자는 잠시 입을 다문 채 경운궁 앞에 모인 인파를 바라봤다. 흥분해서 떠드는 사람이나 반대로 침묵을 지키는 사람 모두 두려워하고 있었다. 제자는 스승을 통해 알았던 세상이 차츰 무너지고 변해가는 것을 바라보면서 성장해왔다. 농민들은 동학이라는 이상한 종교를 믿으면서 봉기했고, 왜인들이 국모를 시해하

36 현재의 덕수궁으로 고종이 퇴위하고 머물면서 덕수궁으로 바뀌었다.

37 현재의 대한문으로 1906년 현재의 명칭으로 변경되었다.

는 참변과 함께 상투를 자르라는 어처구니없는 어명이 내려오기도 했다. 눈이 파란 양이들과 그들과 손잡은 왜인이 나라를 집어삼키기 위해 다툼을 벌인다는 소식도 들려왔다.

선비들은 그럴수록 공부를 해야 한다면서 책을 들여다봤다. 하지만 그는 그럴 수가 없었다. 아버지는 세상이 바뀌고 있다면서 정신을 똑바로 차리라고 말했다. 그가 모시고 있는 스승 역시 유교를 신봉하는 것만으로는 변화를 따라잡을 수 없다고 했다. 제자는 머릿속의 생각을 거두고 주변 사람들을 바라봤다. 두려워하면서 뭘 해야 할지 갈피를 잡지 못하는 모습들이었다. 눈물을 글썽거리고 한숨을 짓는 그들을 보면서 제자는 스승에게 대답했다.

"잘못된 길을 가는 것이 아닌데 무엇이 두렵겠습니까?"

스승은 그럴 줄 알았다는 표정으로 고개를 끄덕거렸다. 제자는 앞장서서 사람들을 헤치고 앞쪽으로 나아갔다. 그리고 대안문 앞에 적당한 장소를 찾더니 가지고 온 돗자리를 펼쳤다. 그러자 대안문을 지키던 친위대의 참령參領[38]이 눈을 부라렸다.

"무엇하려고 하는 것이냐?"

제자는 참령에게 대답했다.

"보면 모르시오? 오적의 목을 베라는 상소를 올리려는 중이요."

제자의 대답을 들은 참령이 고개를 저었다.

"일체의 상소를 금하라는 황제폐하의 명이 있었다. 썩 물러가라."

38 대한제국 친위대의 영관급 장교 계급로 현재의 소령에 해당된다.

참령의 얘기를 들은 스승이 지지 않고 응수했다.

"상소를 막는 일은 폐주와 폭군들도 하지 않았던 짓이오."

"무엄하다! 감히 황제폐하의 어명을 거명하는 것이냐!"

참령이 당장이라도 뽑아들 것처럼 허리춤의 칼자루를 움켜잡았다. 지켜보던 사람들이 술렁거렸지만 스승은 물러서지 않았다.

"귀를 막고 눈을 감으면서 어찌 이 나라를 다스린다고 할 수 있느냐? 눈이 있으면 보아라. 소식을 듣고 놀란 백성들이 구름처럼 몰려와서 역적들을 쳐 죽이라는 어명이 내리기를 기다리고 있는 것을 말이다."

스승이 손을 들어서 뒤쪽의 백성들을 가리켰다. 그들을 본 참령이 뒤에 서 있던 부하들에게 지시했다.

"저자들을 쫓아내라!"

참령의 지시를 받은 친위대 병사들이 총을 둘러멘 채 다가왔다. 그러자 제자가 스승의 앞을 가로막았다.

"이놈들! 나라가 어지러워지고 역적들이 판을 치는데 상소 하나 올리지 못하게 하느냐!"

제자가 안간힘을 쓰면서 막아서자 친위대 병사들이 옆으로 떠밀어버렸다. 쓰러진 제자가 애써 일어나려다가 다시 발길에 채여서 나뒹굴었다. 그 모습을 본 참령이 코웃음을 쳤다.

"세상이 변한 걸 모르면서 어찌 나라의 일을 논한다고 그러느냐. 시골로 돌아가서 책이나 읽으시게."

두 사람을 비웃던 참령은 구경꾼들을 헤치고 다가오는 수백의 선비들을 보고는 표정이 굳어졌다. 스승과 제자 곁으로 다가온 선비들 중 한 명이 스승에게 말했다.

"스승님. 저희들이 늦었습니다."

"아니다. 이제 막 시작하려고 했다."

헛기침을 한 스승이 참령을 쏘아봤다. 갑자기 나타난 수백 명 선비들의 기세에 눌린 참령이 헛기침을 하면서 뒤로 물러났다. 기세등등하던 친위대 병사들도 뒷걸음질 치자 구경꾼들 사이에서 꼴좋다는 비웃음이 터져 나왔다. 대안문 앞에 펼쳐진 돗자리에 무릎을 꿇은 스승 뒤로 수백 명의 선비들이 무릎을 꿇고 고개를 숙였다. 제자는 품속에 넣어온 상소문을 꺼내서 스승 앞에 펼쳤다. 청주적신파늑약소請誅賊臣罷勒約疏라고 쓰인 상소문을 펼친 스승은 낭랑한 목소리로 읽어나갔다.

"아! 이완용 등 오적신은 대한의 강상을 저버린 적입니다. 또한 이등박문(이토 히로부미) 역시 천하 강상의 적입니다. 황제폐하께서는 마땅히 나라를 팔아먹은 오적의 목을 베고 국가의 신의를 저버린 이등박문의 목을 쳐서 나라를 바로 세우소서."

스승의 상소문을 들은 백성들이 속 시원한 얘기를 한다면서 박수를 쳤다. 상소문을 다 읽은 스승은 무릎을 펴고 일어났다. 제자는 비틀거리는 스승을 부축했다. 스승이 상소문을 가지고 친위대 참령에게 다가갔다.

"이 상소문을 황제폐하께 주달奏達[39]해주시구려. 경상도 성주에서 올라온 선비들이 연명으로 올린 것이요."

39 임금에게 아뢰는 일

상소문을 건네받은 참령이 물었다.

"상소문을 올린 사람을 누구로 하면 좋겠소?"

"소두疏頭[40]는 나 이승희李承熙요."

그러자 옆에 있던 제자가 얼른 끼어들었다.

"나는 김창숙金昌淑이외다."

"알겠소. 황제폐하께 전달하겠으니 이만 물러가시구려."

참령이 짜증스러운 목소리로 대답하자 이승희가 눈을 부라렸다.

"오적과 이등박문의 목을 친다는 비답批答[41]을 들을 때까지는 매일 이곳에 와서 상소문을 올릴 것이오."

기가 질린 참령이 어찌할 바를 모르고 고개를 끄덕거렸다. 이승희가 그런 참령을 꾸짖었다.

"네 놈이 정녕 나라의 녹을 먹는 자라면 어찌 상소를 막으려고 한단 말이냐! 다음에 또 이런 짓을 하면 가만 두지 않을 것이다."

그 광경을 본 구경꾼들이 일제히 박수를 쳤다. 참령이 상소문을 가지고 대안문 안으로 들어가는 것을 본 이승희가 김창숙에게 침울한 목소리로 말했다.

"아주 오랜 시간이 걸리겠구나. 나라꼴이 어쩌다 이렇게 되었는지 모르겠다. 정녕 하늘이 무심하구나."

이승희를 부축하던 김창희는 도포 자락에 눈송이가 떨어지는 것을 보고는 고개를 들었다. 얼어붙은 회백색 하늘에서 눈송이가 천천

40 상소문에 제일 처음으로 이름을 올리는 사람

41 임금이 상소문의 말미에 적는 대답

히 떨어지는 중이었다.

"일단 숙소로 가셔서 몸을 좀 녹이시지요."

"그러자꾸나."

스승은 제자의 부축을 받으면서 조심스럽게 걸어갔다.

낯선 시대

한말과 대한제국, 이어지는 일제 강점기는 그 시대를 산 사람들이나 현재의 우리에게 모두 낯선 시대였다. 천주교라는 낯선 종교가 들어오고 동학이라는 또 다른 종교도 세를 늘렸다. 외계인이나 다름없는 양이들이 뻔질나게 개항을 요구하면서 드나들었고 급기야는 강화도를 공격해오기도 했다. 임진년에 온 국토를 불바다로 만들었던 일본은 개항을 했네 어쩌네 하면서 별안간 낯선 국서를 보내와서 불안감을 자아냈다. 영원불변할 것이라고 믿었던 세상은 조금씩 균열이 갔다. 그런 세상이 닥치자 사람들은 순응할지, 저항할지 선택을 해야 했다. 대부분은 생존을 위해 순응을 선택했다. 하지만 소수의 사람들은 저항을 선택했고 지금 그들은 독립운동가라고 불린다. 스승은 저항을 가르쳤고 제자는 그 가르침을 충실하게 받아들였다.

이승희가 살던 시대는 낯선 조류들이 막 몰려올 때였다. 헌종 13년인 1847년 경상도 성주에서 태어난 그는 집안의 영향을 받아서 유학자의 길을 걸었다. 그의 아버지 이진상李震相은 마음이 곧 우주의 이치라는 심즉리心卽理를 주장한 한주학파寒洲學派의 시조였다. 이진상의 호인 한주에서 시작된 한주학파의 탄생은 혼란스러운 시대에 대한 유학자의 대답이었다. 마음을 중시하는 한주학파의 주장은 당시 유학의 주류였던 주기론主氣論에 반기를 든 것이나 다름없었다. 이진상은 사회가 어지럽고 혼란스러워진 이유는 마음을 제대로 다스리지 못하고 외국의 문물에 현혹당한 사람들이 많기 때문이라고 지적했다. 평온한 시대라면 주기론으로도 충분했지만 세상이 혼탁해진 시대에는 마음을 바로 잡는 것이 중요하다고 봤던 것이다.

한주학파는 기존의 성리학과는 달리 서양의 학문에도 개방적인 태도를 취했고 만국공법萬國公法에 관심을 기울였다. 특히 중국과의 사대관계를 통해 국제 관계에 안정을 가져온 것처럼 만국공법이라고 불리는 국제법이 그것을 대체하리라는 기대를 가졌다. 이외에도 한주학파의 중심학자인 곽종석郭鍾錫의 경우 서양이 백성들을 아끼고 돌보는 애민사상을 가졌기 때문에 청나라나 조선보다 부강해졌다는 견해를 표방했다. 무조건 반대하고 배척하는 것이 아니라 좋은 것은 받아들이는 혁신적인 자세를 보인 것이다. 이런 태도는 한주학파 유학자들이 적극적으로 독립운동에 나서는 단초가 되었다. 아울러 의병활동이나 위정척사운동을 벌이는 다른 유학자와는 달리 국제 관계와 만국공법에 많은 관심을 기울여서 훗날 파리 평화회의에 독립청원서를 제출하는 파리장서운동을 주도하기도 했다. 이진상의 학설을 동조하고 뒤따르는 제자들을 주문팔현洲門八賢이라고 부르는데 아들인 이승희도 그중 한 명이었다.

그가 한참 학문적으로 성장하고 있을 무렵 조선의 운명은 급격하게 기울고 있었다. 임진왜란과 병자호란을 겪으면서 물질적, 정신적 충격을 받은 조선은 국경뿐만 아니라 마음의 문도 닫아걸었다. 지독한 전쟁에서 버티거나 살아남았지만 스스로의 좌절과 불합리 앞에서는 맥없이 무너진 것이다. 징병과 조세, 인재 채용 제도가 모두 붕괴되면서 세도 정치라는 최악의 사태가 빚어졌다. 특히 인재 채용 제도라고 할 수 있는 과거제도의 추락은 돌이킬 수 없는 결과를 불러왔다. 선조 때부터 벌어진 사림의 당파싸움은 무수히 많은 반전과 비극을 만들어낸 후 노론의 장기 집권으로 가닥이 잡혔다. 능력보다는 같은 당파를 승진의 주요 조건으로 내세우면서 유성룡이나 채제공蔡濟恭 같은 유능한 관료들은 더는 조정에 발을 붙이지 못했다. 대신 경화세족이라고 불리는 귀족화된 양반이 그 자리를 독점하기에 이른다.

19세기에 접어들자 과거시험은 형식으로 전락해버리고 만다. 좋은 자리를 잡아주는 선접꾼을 비롯해서 문장을 대신 지어주는 거벽巨擘, 글씨를 대신 써주는 사수書手를 대동하고 과거시험장에 들어가도 전혀 제지를 받지 않았다. 이렇게 치러진 과거시험의 결과는 늘 뻔했고 실망한 시골 선비들은 다시는 과거를 보지 않겠다고 눈물을 뿌리면서 돌아섰다. 이런 식으로 소수의 가문 혹은 당파가 정권을 장악하면서 진취적이고 능력있는 인재는 점차 찾아보기 힘들어졌다. 더욱이 이런 식으로 한양에 모여 사는 양반들이 관직을 독점하고 조정을 쥐락펴락하자 지방의 선비들은 출사할 희망을 저버렸다. 어차피 나눠먹기식 과거시험을 통과하기도 어려울 뿐더러 그래 봤자 고위직으로 승진할 가능성도 없었기 때문이다.

과거시험을 포기한 지방의 선비들은 자신만의 학문에 몰두하면서 조정에 등을 돌렸다. 이런 상황이 계속되면서 실질적인 정책이 아닌 관념적, 명분론적인 문제를 둘러싼 갈등만 계속되었다. 경화세족들은 시골의 무식한 촌놈들이 알지도 못하면서 나선다고 비아냥거렸고 지방의 선비들은 한양의 탐관오리들이 나라를 망친다고 한탄을 했다. 19세기 후반 서구 세력이 한반도에 들어왔을 때 조선은 정권을 장악하고 유지하는 데만 관심이 있는 소수의 경화세족들과

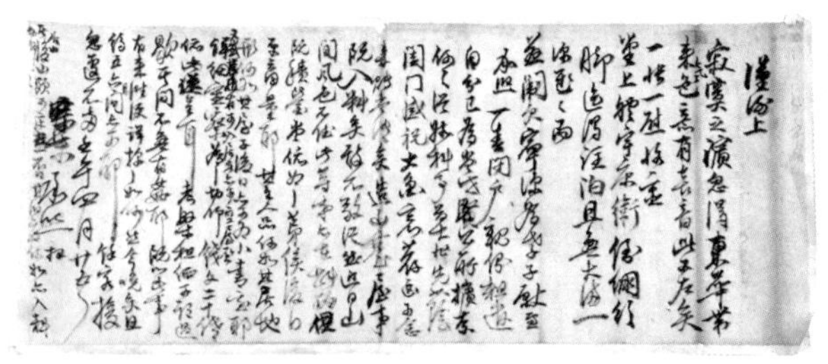

이승희의 편지. 전쟁기념관, e-뮤지엄
1882년 4월 25일 이승희가 친지에게 보낸 편지이다.

조정 일에는 관심도 애정도 없는 다수의 지방 양반들이 대립하고 있었다. 가장 정치력이 필요한 시기에 아무것도 할 수 없는 상황에 처한 것이다.

이승희 역시 마찬가지였다. 주문팔현이라고 불릴 정도로 학문적 성취도가 뛰어난 그였지만 아예 과거시험을 볼 생각조차 않았다. 어린 고종을 대신해서 정권을 장악하고 있던 흥선대원군에게 세금을 비롯한 정책 개혁을 담은 글을 올린 것이 전부였다. 당연히 흥선대원군은 별 반응을 보이지 않았다. 아니, 보일 수 없었다. 이승희가 올린 글은 지방의 서원을 철폐하고 왕권을 강화하려던 그의 속내와는 반대의 얘기였기 때문이다. 그가 속한 한주학파가 아무리 개방적이고 국제 정세에 관심이 많았다고 해도 기본적으로 유학자들이었기 때문에 서구의 문물을 받아들이거나 접촉하는 것에 크게 반발할 수밖에 없었다.

흥선대원군이 물러나고 고종이 친정을 하면서 개항과 개방은 자연스러운 흐름이 되었다. 그런 와중에 조선책략朝鮮策略 사건이 터진다. 주일 청국 참사관인 황준헌黃遵憲이 러시아로부터 조선의 주권을

조선 제26대 왕 고종의 어진. 국립중앙박물관

지키기 위해서는 청나라와 가깝게 지내고 미국과 손을 잡아야 하며, 일본과 동맹을 맺어야 한다는 내용의 의견서를 수신사인 김홍집이 건네받아서 고종에게 바친 것이다. 이 사실이 전해지자 지방의 선비들은 크게 반발했는데 어떻게 오랑캐들과 손을 잡느냐는 심정적인 반발이 컸다. 오랫동안 억눌려왔고 무시당했던 감정까지 폭발하면서 이만손李晩孫을 중심으로 한 영남의 선비들 1만여 명이 연명으로 상소를 올린다. 바로 영남만인소嶺南萬人疏였다. 뒤를 이어 다른 지역의 선비들도 같은 내용의 상소문을 작성하면서 조정은 큰 혼란에 빠진다.

사실 돌아가는 국제 정세에 대해서 약간의 상식만 있었다면 조선책략의 내용이 크게 틀리지 않는다는 사실쯤은 알 수 있었다. 문제는 지방의 선비들은 이런 정보를 알 수 있는 방법이 없었고, 오랫동안 중앙 정계에 진출하지 못한 탓에 정책을 결정하는 일에 대해서 구체적으로 생각해본 적이 없었다는 점이다. 만약 한양과 지방의 교류가 있었다면 누군가 중재나 설득에 나설 수 있었겠지만 이런 대치 상황에서는 오직 강경론만이 존재할 수밖에 없었다. 결국 만인소를 주도한 선비들이 귀양을 가는 것으로 결론이 났지만 양쪽이 보이는 갈등의 골은 깊어만 갔다.

이승희는 영남만인소에 참여했으며 별도의 상소문을 올려서 자신의 뜻을 피력했다. 하지만 그가 할 수 있는 것은 그것뿐이었다. 공허한 메아리조차 들리지 않는 조정을 보면서 모든 희망을 버린 이승희는 세상을 떠난 아버지 이진상의 문집을 정리하는 것으로 세월을 보냈다. 물론 한말의 혼란은 그를 조용히 은거하도록 놔두지 않았다.

세상에 눈을 뜨다

고종 16년인 1879년 성주에서 태어난 김창숙은 평범한 유년시절을 보냈다. 양반이라는 신분이긴 했지만 일반 백성과 다름없는 집안에서 태어났던 그는 어릴 때부터 글을 배웠으나 그다지 열의를 보이지는 않았다고 한다. 그런 김창숙의 장래를 걱정한 아버지가 성주에서 한창 자리를 잡아가는 한주학파의 강문팔현 중 한 명인 이승희에게 아들을 거둬줄 것을 부탁했다. 외세를 무조건 배격하지 않고 기호학파의 주류인 주기론에 반대하는 입장이었던 한주학파는 주변으로부터 배격을 당하고 있는 상태였다. 하지만 동학농민운동과 청일전쟁, 그리고 을미사변과 아관파천으로 이어지는 정세의 혼란은 외세를 배격한다고 해결될 문제가 아니었다. 무엇보다도 성리학만으로는 조선을 둘러싼 외세의 침략을 막기에 역부족이었다.

그런 상황에서 국제 정세와 만국공법에 관심이 많았던 한주학파는 두각을 나타냈다. 김창숙 역시 이런 한주학파와 스승인 이승희의 영향을 받아서 자연스럽게 세상에 눈을 떴다. 지켜야 할 기득권이 없었기 때문에 새로운 사상을 빨리 자연스럽게 받아들일 수 있었고,

CC PD(위키미디어커먼스)

영친왕 이은(오른쪽)과 이토 히로부미.

세상의 변화에 대해서도 균형 잡힌 시선으로 바라볼 수 있게 된 것이다. 그렇게 되면서 세상의 변화를 받아들이기를 거부하는 다른 선비들과는 다른 길을 걷게 되었다.

결정적인 계기는 을사늑약이었다. 1905년 11월 17일 경운궁의 중명전에서 일본의 강압과 친일파들의 공조 속에서 대한제국의 외교권을 박탈하는 조약이 체결되었다. 이 일은 망국의 전조로 비춰지면서 온 나라를 들끓게 만들었다. 김창숙이 속한 한주학파 역시 이 문제를 심각하게 받아들이고 행동에 나섰다. 그해 겨울 김창숙은 스승 이승희와 함께 한양으로 올라왔다. 그리고 을사오적과 이토 히로부미를 처형할 것을 주장하는 상소문을 올리고 조선에 주둔 중인 일본군 사령부에도 이 문제를 항의하는 서한을 보냈다. 비록 상소문에 대한 답변을 듣지 못하고 고향으로 돌아가야 했지만 일련의 상황은 김창숙에게 남은 생애의 진로를 결정짓게 만들었다.

을사늑약을 체결한 을사오적과 이토 히로부미를 처벌하라는 내용의 상소문을 올리고 고향으로 돌아온 이승희를 기다린 것은 체포였다. 대구 경무소에 끌려간 이승희는 몇 달간 감옥에 갇혀 있다가 다음 해 석방되었다. 감옥에서 나온 그가 본 것은 을사늑약 체결 이후 노골적으로 조선을 탐내는 일본의 야욕이었다. 환갑에 가까운 노구의 몸을 이끌고 이승희는 제자인 김창숙과 함께 기우는 조국을 위해 몸을 던진다. 정작 나라를 망친 것은 한양의 경화세족들인데 수백 년 동안 소외되고 무시당한 지방의 선비들이 목숨을 걸고 나라를 바로 세우기 위해 나선 것이다. 이승희는 제자들과 함께 나라의 빚을 갚자는 국채보상운동에 나선다. IMF 외환위기 당시 국민들의 금모으기 운동의 전신인 국채보상운동은 백성들이 자발적으로 나라를 살리기 위해 나선 것으로 대구 지역에서 처음 시작되었다. 비록 일본과 친일단체인 일진회의 반대로 무산되고 말았지만 수만 명이 참여한 이 운동은 절망하고 있던 선비들에게 희망을 불어넣었다. 네덜란드 헤이그에서 열린 만국평화회의에 조선의 사정을 밝히는 편지를 보내기도 했다.

헤이그 밀사 사건을 계기로 고종이 강제로 물러나고 조선을 집어삼키겠다는 일본의 야심이 노골화되자 이승희는 싸움을 이어나갈 결심을 한다. 일본의 간섭을 피해 국외로 나가 독립운동을 전개하겠다는 것이다. 환갑이 넘었고 관직을 역임한 적도 없던 나이 지긋한 선비가 끝까지 싸움을 포기하지 않은 것이다. 제자인 김창숙에게 뒷일을 부탁한 이승희는 해삼위海蔘威라고 불린 러시아의 블라디보스톡으로 향한다. 조선 후기에 국경을 넘어 만주 지역으로 이주한 백성들이 적지 않았고, 빼앗긴 나라를 되찾기 위해 독립운동가들의 발걸음도 끊이지 않았다. 그곳에서 헤이그에 밀사로 갔다 왔던 이상설李相卨과 안중근安重根 등과 손잡고 독립운동을 전개하던 그는 흩어진 백성들을 한군데로 모아 정착시킬 구상을 하는 한편, 유교의 종교화를 시도한다. 백성들의 힘을 결집한 후 독립운동을 한다는 그의 구상은 첫 번째 정착촌인 한흥동韓興洞을 만들고 그들을 교육시킬 한흥학교韓興學校를 세우면서 결실을 맺는다.

신념에 인생을 건 스승과 제자

이승희의 대단한 점은 단순히 독립운동을 했다는 사실에만 있지 않다. 그는 평생을 유학자로 살았으면서도 환갑이 넘은 나이에 새로운 사상을 자유롭게 받아들였다. 독립운동에 나선 유학자들이 대한제국의 연호를 끝까지 쓰고 왕정을 포기하지 않았다는 것과 비교해보면 대단한 사상적 유연함이라고 할 수 있겠다. 이승희가 또 한 가지 공을 들인 것은 유교의 종교화였다. 블라디보스톡을 떠나 중국 베이징으로 향한 그는 중국의 정치인과 유학자들과의 토론을 통해서 자신의 이론을 정립시켜 나갔다. 다들 어둡고 혼란스러워서 길이 보이지 않는다고 했을 때 혼자만의 길을 걸어간 것이다.

그가 중화민국의 총통 원세개袁世凱에게 보낸 편지에는 이런 생각들이 잘 드러난다. 무조건 서양의 제도를 따르지 말고 오랜 전통을 지키면서 국권을 수호해야 한다고 말했다. 원세개에게 보낸 것이지만 사실은 조선의 민중에게 보낸 글이나 다름없었다. 세상이 혼란에 빠지고 기존의 가치관이 무너지면 사람들은 갈팡질팡할 수밖에 없다. 미래는 불확실하기 때문에 길이 보이지 않으면 누구나 흔들리기 마련이다. 이승희는 그런 혼돈과 어둠을 자신만의 방식으로 헤쳐나갔다. 그의 삶은 1916년 봉천의 어느 여관에서 숨을 거두면서 멈쳤지만 자신이 몸담고 있던 한주학파와 유학의 불씨는 남겨 놨다. 훗날 제자인 김창숙의 한탄처럼 3·1만세 운동에 유학자가 단 한 명도 대표로 참여하지 못했다는 점은 유교가 더 이상 조선의 중심에 서지 못한다는 사실을 보여준다. 그럼에도 불구하고 오늘날까지 유학이 살아남을 수 있었던 것은 이승희같이 목숨을 걸고 독립운동에 나선 유학자들이 있었기 때문이다. 그리고 그의 신념은 제자인 김창숙에게 이어졌다.

대한협회가 발간한 '대한협회보' 창간호부터 6호 분 모음집. 육군사관, e-뮤지엄

스승인 이승희가 독립운동을 위해 해외로 떠나자 김창숙은 대한자강회의 뒤를 이어 설립된 대한협회에 참여해서 성주지회를 맡게 된다. 총무를 맡은 그는 나라가 바로 서기 위해서는 낡은 관습의 폐지가 우선이라고 믿었다. 스승처럼 유학의 전통을 고집하지 않은 것이다. 김창숙은 한 발 더 나아가서 청천서원淸川書院에 학교를 세웠다. 흥선대원군이 서원을 철폐한 것만큼이나 충격적인 일이 벌어지자 주변에서는 난리가 났지만 그는 눈 하나 깜빡하지 않았다. 젊은이들이 실력을 키우지 않고서는 나라를 지키기 어려울 것이라고 믿은 것이다. 그의 노력에도 불구하고 결국 1910년 조선은 일본에 강제 병합되고 만다. 경술국치를 맞은 김창숙은 크게 상심하지만 곧 다른 길을 모색한다. 환갑이 넘은 스승이 추운 만주 벌판에서 나라를 되찾기 위해 동분서주하는 모습이 그를 다시 일으켜 세운 것이다.

기회를 노리던 그에게 찾아온 것은 파리 평화회의였다. 유럽을 불바다로 만들었던 제1차 세계대전이 끝나고 승전국과 패전국이 협상을 위해 파리에 모인 가운데 미국 대통령 윌슨의 14개 조항이 발표된다. 그중에는 식민지 문제를 당사자가 스스로 해결해야 한다는 민족자결원칙이 들어 있었다. 나라를 잃고 고민에 빠져 있던 조선의 지식인들에게는 눈이 번쩍 뜰 만한 일이었다. 헤이그 만국평화회의 때처럼 특사를 파견하는 움직임이 일어났고 김창숙도 그런 움직임에 가담한다. 고종의 장례식을 계기로 일어난 3·1만세 운동에 유림 대표가 한 명도 없음을 한탄한 김창숙으로서는 놓칠 수 없는 기회였다. 유림 대표를 파리로 파견해서 일본의 만행을 규탄하고 빼앗긴 국권을 되찾으려고 시도한 것이다.

파리장서운동, 혹은 제1차 유림단 의거로 불리는 이 일은 사라질 위기에 처한 유림의 처절한 항거였다. 파리장서운동을 주도한 것은 한주학파의 유학자들이었으며 김창숙이 중심인물이었다. 유학자들의 서명이 담긴 청원서를 품에 넣은 김창숙은 3·1만세 운동의 열기가 사라지지 않은 조선을 떠나 중국으로 향했다. 스승처럼 가만히 있지 않고 행동에 나선 것이다. 파리로 가기 위해 중국에 도착한 김창숙은 김규식金奎植이 이미 파리로 파견된 것을 알고는 파리행을 포기하고 중국에 남는다. 때마침 3·1만세 운동이 터지면서 중국에는 독립운동가들이 모였고 이들을 중심으로 상하이에서 임시정부가 만들어진다. 임시정부의 설립에 적극적으로 참여한 김창숙은 임시의정원의 경상북도 대표로 선임된다. 하지만 김창숙은 초대 대통령으로 추대된 이승만이 미국에게 조선의 위임통치를 청원한 사실을 알고는 나라를 팔아먹었다고 불같이 분노한다.

나는 죄인이 아닌 포로이다

이승만의 처리를 두고 임시정부 내부는 개조파와 창조파로 갈라진다. 임시정부의 갈등을 뒤로 한 채 김창숙은 중국과의 교섭에도 적극적으로 나선다. 유학이라는 공통점을 내세운 그의 활동은 중국 국민당의 지도자 쑨원과의 만남을 통해 한국독립운동후원회를 만드는 결실을 맺는다. 하지만 중국 국민당이 혼란에 빠지고 일본의 탄압으로 국내외의 독립운동이 침체되는 상황을 맞는다. 김창숙은 스승처럼 만주 지역에 한인들의 근거지를 마련해서 힘을 길러야겠다는 계획을 세우고 자금 마련을 위해 국내에 잠입한다.

임시정부 활동에 참여했고, 파리 장서 사건의 배후로 알려진 그의 국내 잠입은 목숨을 건 행동이라고 할 수 있다. 하지만 계획한대로 자금이 모이지 않자 그는 계획을 바꾼다. 신채호申采浩의 의열단과 손잡고 무력투쟁을 벌이기로 한 것이다. 침체된 독립운동의 분위기를 살리기 위해서는 비상수단을 써야 한다고 생각하고 행동에 옮긴 것이다. 하지만 병세가 악화되면서 입원한 병원에서 일본 형사에게 체포되었고 일본을 거쳐 조선으로 압송돼 대구 형무소에 갇힌다.

김창숙의 글씨. 성균관대, e-뮤지엄
행서체로 쓴 이 대련對聯은 유학자 동중언의 글을 옮겨 쓴 것이다.

일본 경찰은 유림단의 주동인물이자 파리 장서사건을 일으킨 김창숙을 혹독하게 고문해서 배후를 밝히려고 했다. 하지만 그는 끝끝내 굴복하지 않고 조선인 변호사의 도움도 거절한다. 변론을 한다는 것 자체가 일본의 통치를 인정한다는 뜻이니 받아들일 수 없다면서 자신은 죄인이 아닌 포로이고 그에 맞는 대우를 해달라고 요구한다. 결국 그는 법정에서 14년 형을 선고 받는다. 조사 과정에서 심한 고문을 당해서 두 다리가 마비되고 말았지만 그의 정신을 굴복시키지는 못했다.

아픈 몸을 이끌고 감옥생활을 보낸 그는 1934년 다시 세상 밖으로 나온다. 밖으로 나온 그가 마주친 세상은 독립운동의 열기는 온데간데없이 사라지고 일본에 기댄 친일파와 변절자들만 득실대는 곳이었다. 만주 사변을 일으키고 중일전쟁까지 벌인 일본은 조선 백성들에게 창씨 개명을 강요했다. 김창숙은 창씨 개명을 끝끝내 거부하면서 조선건국동맹에 가담한다. 이윽고 1945년 8월 15일 일본이 연합국에 무조건 항복을 하면서 조선은 마침내 광복을 맞이한다. 조국을 되찾기 위해 망명한 스승 이승희는 오래전에 세상을 떠났고, 함께 독립운동을 하던 안중근과 신채호도 고인이 된 지 오래였다. 비록 연합국의 승리로 얻은 광복이긴 하지만

'해동청풍'비. 문화재청
자하 장기석을 기리기 위해 세운 비로 김창숙이 글을 짓고 김구가 글씨를 썼다.

김창숙의 기쁨은 그 누구와도 비교할 수 없었을 것이다.

하지만 그에게 해방된 조국은 또 다른 투쟁의 무대였다. 비록 임시정부를 비판하긴 했지만 정통성을 인정한 그는 김구를 중심으로 한 임시정부가 새로운 정부를 구성해야 한다고 믿었다. 하지만 미국과 소련은 조선을 바로 독립시키는 대신 신탁통치를 실시하기로 합의한다. 환국한 임시정부가 그대로 정부로 구성되어야 한다는 입장을 가지고 있던 김창숙으로서는 받아들일 수 없는 결정이었다. 병든 몸을 이끌고 반탁 투쟁에 앞장선 그는 미군정에 기대는 태도를 보이는 이승만과도 갈등을 겪는다. 해방된 조국에 임시정부가 주체가 된 정부를 설립해야 한다는 그의 희망은 점점 희미해진다. 우익 세력은 이승만과 김구로 분열되었고, 북한은 소련에 의해 차츰 공산국가의 모습을 갖춰나간다. 이런 모습을 보다 못한 김창숙은 좌우합작을 시도하지만 양쪽 모두의 반발에 부딪치면서 모든 공직에서 사퇴하기에 이른다. 그러는 사이 남북한의 분단은 가속화되면서 남북한이 각기 다른 정부를 구성하게 된다.

남북 분단이 기정사실로 되어가자 김구와 김규식을 중심으로 남북협상을 통해 문제를 해결하자는 분위기가 고조된다. 김창숙은 김구의 남북 협상안에 찬성하지만 북한으로 동행하지는 않았다. 협상이 실패로 돌아가고 김구가 안두희에게 암살당하면서 김창숙은 정치에서 손을 떼고 성균관을 다시 설립하는 일에 매진한다. 한국전쟁이 터지면서 서울에 남게 된 그는 북한군의 협조를 거절하고 부산으로 내려가서 이승만의 독재 정치에 반기를 든다. 전쟁이 한참인 와중에도 자신의 정권 유지에만 급급한 모습을 보고 크게 실망한 것이다. 그는 일흔에 가까운 나이에 또 다시 투옥되고 만다. 이후에도 3선 개헌안을 통과시킨 이승만의 행동을 강하게 비판한 것이다.

그런 그가 매진한 또 한 가지 일은 성균관대학교의 설립이었다. 조선의 유일한 국립대학이라고 할 수 있던 성균관은 성리학이 조선의 중심임을 알려주는 상징이었다. 하지만 한말과 일제 강점기를 거치면서 대학들이 세워지고 일본에 의해 경학원으로 격하되면서 침체기를 맞이한다. 김창숙은 광복 이후 우후죽순처럼 생긴 유교 관련 단체들을 유도회儒道會로 통합시키는 한편, 성균관의 후신인 성균관대학교의 설립을 서두른다. 물론 성균관대학교가 성균관의 전통을 고스란히 계승한 것은 아니지만 유교의 전통을 살릴 수 있는 교육기관이라는 점에서 그 가치가 높다고 할 수 있다. 비록 이승만의 방해로 중간에 유도회에서 물러나야 했지만 그는 유학자로서의 마지막 길을 제대로 걸었다.

두려움 없는 삶의 비밀

한말에 태어나서 일제 강점기를 거쳐 조국의 광복과 독재자가 물러나는 것까지 본 그의 삶을 지탱한 것은 오직 원리원칙이었다. 나쁜 것은 나쁘다고 말하고 옳지 않은 것은 옳지 않다고 말하는 것이 얼마나 어렵고 힘든 일인지 그는 몸소 보여주었다. 그에게는 수없이 많은 갈림길이 있었다. 한말에서는 현실을 외면한 유학자의 길이 있었고, 다른 사람들처럼 적당히 고개를 숙이고 순응하면서 살아가는 평범한 식민지 국민의 길이 있었다. 광복 이후 이승만의 독재로 이어졌을 때는 나이를 핑계로 현실을 외면해도 괜찮았었다. 하지만 그는 수많은 갈림길에서 오직 자신의 길을 걸어갔다. 그 대가로 두 아들은 독립운동에 참여했다가 그보다 먼저 세상을 떠났고 자신 역시 혹독한 고문을 받고 두 다리를 쓰지 못하게 되었다.

광복 이후에도 투쟁의 삶은 이어졌다. 덕분에 지긋한 나이에 감옥에 가야 했고 정치 폭력배들에게 구타를 당하기도 했다. 어떤 사람은 늙은 사람이 참을 줄 모른다고 손가락질을 했고 유학자가 나선다고 비아냥거렸다. 하지만 일생을 독립운동에 바친 그에게는 나이는 숫자에 불과했고 탄압은 거쳐야 할 과정일 뿐이었다. 그에게 진정한 광복은 4·19 혁명으로 독재자 이승만이 하야한 것일지도 모른

경북 성주에 있는 김창숙의 생가. 문화재청
심산이 22세 때 화재로 소실된 것을 1901년 다시 지었다.

강북구 수유동에 있는 김창숙의 묘. 문화재청

다. 하지만 말년에 얻은 기쁨은 오래가지 못했다. 불과 1년 만에 일어난 쿠데타로 정부가 무너진 것이다. 정권을 장악한 군부는 정통성을 얻기 위해 이승만 정부가 외면한 독립운동가들에게 훈장을 수여했다. 김창숙에게도 건국공로훈장이 주어졌다. 살아 있는 독립운동가가 받은 유일한 건국공로훈장 수여자였다. 이미 일흔이 넘었던 그는 노환으로 병원에 입원한 상태였다. 그가 입원한 병원에 박정희 국가재건최고회의 의장이 찾아온다. 남아 있는 사진에는 쑥스러운 표정으로 모자를 벗은 채 서 있는 박정희와 의식을 잃은 상태로 누워 있는 김창숙의 모습이 보인다. 박정희 의장이 방문한 지 며칠 후 김창숙은 세상을 떠난다.

해외 망명을 불사하면서까지 평생을 투쟁하던 유학자로 살았던 그의 삶은 스승인 이승희의 가르침을 그대로 이어받은 것이며, 진정한 선비의 길이 무엇인지 보여주는 생생한 다큐멘터리이다. 단테는 지옥의 가장 뜨거운 자리는 중립을 외치는 자에게 주어진다고 말했다. 조선의 중심이라고 자처했던 유림은 천도교와 개신교가 국권회복운동과 독립운동에 앞장서는 것을 지켜보면서도 경전을 읽는 데에만 몰두했다. 한주학파를 중심으로 유림단 의거를 일으키긴 했지만 유림들의 독립운동은 초라하기 그지없었다. 그들은 말했을 것이다. 유학자가 세상일에 나서는 것은 도리가 아니라고. 이승희와 김창숙은 세상일에 나선 유학자의 모습을 보여주었다. 학문은 세상의 전부가 아니지만 가르침이 주는 위대한 힘이 바로 두 사람의 행적에서 드러난 것이다.

스승인 이승희는 부친이 창시한 한주학파를 굳건하게 뿌리내리는 데 결정적인 역할을 했다. 행동파였던 그는 다른 유학자들처럼 국가의 몰락을 마냥 지켜보지만은 않았다. 결국 해외로 망명해서 쓰러져가는 조국과 유교를 일으켜 세우기 위해 안간힘을 썼다. 입으로는 도리와 법도를 앞세웠지만 총칼을 앞세운 일본에게는 입도 뻥긋하지 못했던 대다수 선비들과는 분명한 구분점을 남긴 것이다.

제자인 김창숙은 스스로 평범했다고 회고했다. 하지만 스승과 함께 세상 속으로 뛰어든 그는 일평생을 독립운동에 바쳤다. 그리고 해방된 조국에 돌아와서는 나라와 유교를 바로 세우기 위해 노력했다. 평범한 제자가 위대한 스승의 가르침을 충실하게 받들면서 역사에 거대한 흔적을 남겼다. 가르침이 한 사람의 삶은 물론 국가와 학문에 어떤 흔적을 남길 수 있는지 가장 명징하게 보여주는 두 사람이다.

| 3부 | 스승을 추월하다

* 9장에 등장하는 이제현(1287~1367, 고려 후기의 학자)의 초상화. 국립중앙박물관

——————— 선각자 혹은 개척자가 외로운 것은 보통 사람들이 따를 수 없는 길을 가기 때문이다. 남들이 현상을 바라볼 때 그들은 현상의 배후에 있는 원인을 찾고 이를 통해서 결과를 예측한다. 하지만 이런 능력은 저절로 생겨나지 않는다. 자기보다 뛰어난 다른 사람을 본받아 배우거나 혹은 피나는 반복 훈련을 통해서 후천적으로 습득해야 한다. 스승이 제자에게 가르쳐주는 지식의 가치는 바로 앞날을 설계할 수 있는 능력에 있는지도 모른다. 국가나 조직, 그리고 개인 모두 끊임없이 외부의 영향을 받는다. 낯선 상황과 맞닥뜨리면서 한계를 절감하고 또 돌파하면서 미래를 향한 머나먼 여정을 가는 것이다. 우리가 고리타분하고 당장 써 먹을 수 없는 역사를 배우는 것도 그 안에 담긴 미래를 향한 도전을 읽기 위해서다.

스승이 제자에게 알려주는 가장 쉬운 길은 자신을 따라오게 하는 것이다. 그리고 대부분의 제자는 일말의 의문도 품지 않고 그 길을 따라간다. 오직 소수의 제자만이 스승의 가르침 속에 들어 있는 본질을 깨닫는다. 무슨 일이 벌어졌는가가 아닌 왜 그런 일이 벌어졌는가를 탐구하면서 자신이 가야 할 길을 찾는다.

두 발로 걷던 사람이 말을 타고 수레를 이용하다가 철도와 자동차를 사용하면서 겪는 변화는 단지 교통수단이 편리해지고 빨라졌다는 것을 의미하지 않는다. 말은 전쟁의 판도를 바꿔 놓았고 수레는 국가를 정복의 길로 인도했다. 철도는 전 세계를 하나로 묶으면서 산업혁명과 제국을 탄생시켰고 자동차는 인간의 삶을 근본적으로 바꿔 놓았다. 인류가 이런 길을 걸을 수 있었던 것은 말을 타면 먼 거리를 빨리 갈 수 있다는 단순한 깨달음을 터득한 사람들 중에 전쟁에서도 말은 유용하게 쓰일 것이라고 깨달은 누군가가 있었기 때문이다. 세상을 바꾼 혁신은 단순한 가르침에서 나오지 않는다. 그 안에 숨어 있는 창조의 법칙을 깨달은 소수의 제자만이 혁신을 이룰 수 있다. 그리고 이 혁신의 밑바탕에는 스승의 가르침이 침전되어 있다.

고려 최초의 세계인으로 일컬어지는 이제현은 스승인 백이정에게서 성리학을 배웠다. 그리고 그 성리학을 한민족의 DNA 속에 장착시켰다. 근본적으로 바뀌어야 한다는 믿음이 가져온 변화였다.

김굉필과 조광조가 스승과 제자로 인연을 맺은 시간은 지극히 짧았다. 하지만 조광조에게는 배움의 시간은 중요하지 않았다. 스승의 길을 따라가야 한다는 집념이 어떤 측면에서는 스승을 뛰어넘는 운명과 맞닥뜨리게 만든 것이다.

허균은 미친한 스승 이달에게서 세상을 배웠다. 그리고 다른 미천한 사람들을 위한 혁명의 길에 나선다. 스승의 가르침 속에서 세상을 향한 울분을 읽은 것이다. 제자는 스승의 뒤를 따랐지만 자신의 길을 갔다. 그것 또한 가르침이었기 때문이다.

스승과 같은 꿈을 꾸지만

스승보다 큰 걸음을 걷는다

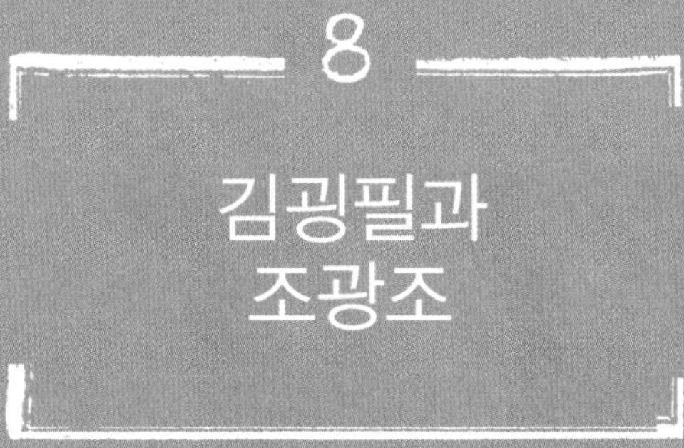

8

김굉필과 조광조

무오사화는 경상도 관찰사이자 훈구의 대표적인 인물인 이극균의 천거로 조정에 출사했던 김굉필의 운명에도 큰 영향을 끼쳤다. 사헌부 감찰을 거쳐 형조좌랑까지 비교적 순조롭게 승진하지만 김종직의 제자라는 이유로 평안도 희천으로 유배를 떠나게 된 것이다. 그리고 바로 그곳에서 김굉필은 자신의 운명을 바꿔줄 제자를 만난다. 바로 조광조였다.

하루 종일 역참驛站[42]을 관리하느라 지칠 대로 지친 어천찰방魚川察訪[43] 조원강趙元綱은 눈이 쌓인 마당으로 들어섰다. 한양에서 멀리 떨어진 평안도는 명나라 사신들이 자주 오가는 곳이라 역참이 할 일이 많았다. 거기다 역에 속한 말과 노비들을 관리하는 문제는 보통 골치 아픈 게 아니었다. 힘든 그에게 위안이 되는 것은 이제 열일곱 살이 된 아들 광조였다. 어릴 때부터 영특했던 아들은 멀리 평안도 영변까지 따라와서 열심히 글공부를 하는 중이었다. 역시 아들이 머무는 작은 방에서는 글 읽는 소리가 들려왔다. 그러다 글 읽는 목소리가 끊기고 문이 열렸다. 아버지가 마당에 서 있는 걸 본 아들 조광조趙光祖는 버선발로 나와서 고개를 조아렸다.

"오셨습니까? 아버님."

"날이 춥다. 어서 들어가자."

조원강은 댓돌에 가죽신을 벗고 안방으로 들어섰다. 입고 있던 도포를 벗자 아들이 받아서 횃대에 걸어주었다. 머리에 쓴 휘항을 벗어서 바닥에 내려놓은 그는 보료 위에 걸터앉았다. 방안은 부엌일을 봐주는 언년이가 가져다 놓은 곱돌화로 때문인지 생각보다 훈훈했다. 보료에 앉은 그에게 절을 한 조광조가 조심스럽게 입을 열었다.

42 조선시대 공문서의 전달과 사신의 접대를 맡은 지방의 행정기구

43 평안도 영변 지역의 역참을 책임지는 종6품 관직

44 김굉필의 호

"아버님. 희천에 한훤당寒暄堂[44]께서 오셨다고 들었습니다. 아버님께서 허락해주시면 찾아뵙고 학문을 배우고 싶습니다."

아들의 얘기를 들은 조원강은 이글이글 타오르는 곱돌화로로 눈길을 돌렸다. 어릴 때부터 책 보기를 좋아했던 아들은 기울어져가는 집안의 희망이었다. 조광조를 눈여겨보던 조원강의 동생 조원기趙元紀도 기대감을 감추지 않았다.

"형님. 이 아이는 반드시 우리 집안을 일으킬 겁니다. 그러니 잘 가르치시고 교만하지 않도록 끊임없이 경계해야만 합니다."

동생의 말을 떠올린 조원강은 고민에 빠졌다. 한훤당 김굉필金宏弼에 대해서는 그도 잘 알고 있었다. 소학동자라고 불릴 정도로 소학에 푹 빠져 있고, 김종직金宗直의 가르침을 받았기 때문에 어찌 보면 가장 좋은 스승일지도 몰랐다.

문제는 죄인의 신분인 김굉필의 처지와 그것이 아들에게 어떤 영향을 미칠지 모른다는 점이었다. 아버지의 속마음을 눈치챘는지 조광조가 머리를 조아리면서 말했다.

"아버님이 무슨 걱정을 하시는지 저도 잘 알고 있습니다. 비록 유배를 온 몸이라고는 하나 죄를 지어서 온 것은 아니니 배우는 데 무슨 주저함이 있겠습니까?"

단호한 아들의 말에 아버지의 고민은 더욱 깊어졌다. 아들의 고집을 잘 알고 있던 그는 돌려서 말하기로 했다.

"광조야. 너는 우리 집안의 내력에 대해서 어떻게 생각하느냐?"

"집안의 내력이라 하심은…"

아들의 주저함 앞에서 아버지는 한숨을 내쉬었다.

"내 할아버지, 그러니까 너에게는 고조부高祖父[45]가 되시는 양절공良節公[46]께서는 태조 대왕의 생질이셨고 개국공신이셨으며 정사공신과 좌명공신으로 책봉되셨다. 무슨 연유로 그리 되셨는지는 너도 잘 알고 있겠지?"

"무인정사戊寅定社[47] 때 궁궐을 지키고 계셨다가 궐문을 열어주시지 않으셨습니까?"

"맞다. 그때 함께 궁궐을 지켰던 정국군靖國君[48]은 목숨을 잃었다. 그 사실을 안 태조 대왕은 노발대발하셨지. 어릴 때 부모를 잃고 애지중지 길렀는데 자신을 배신했으니 어찌 그렇지 않겠느냐? 어쨌든 그 일로 공을 세운 고조부께서는 태종 대왕 때에는 의정부 찬성사까지 지내셨느니라. 하지만 성균관 사예를 지내셨던 할아버지께서는 수양대군이 단종의 왕위를 찬탈하려던 계유정난에 휘말려서 십여 년간 유배 생활을 하셨다. 어디 그 뿐이냐? 사관이었던 내 숙부도 사초를 보는 일 때문에 파면당한 상태니라. 양절공께서 비록 조선의 개국에 공훈을 세우고 태종 대왕이 바로 서시는 데 힘을 보태면서 높은 관직에 올랐다고는 하나 태조 대왕께서는 용서할 수 없다면서 처벌을 하라고 명하실 정도였다. 절의와 지조를 목숨처럼 여기는 선비들에게 우리 집안은 용서할 수 없는 원죄를 가지고 있는 셈이다."

45 4대조 조상

46 조온의 시호

47 태조 7년, 서기 1398년에 일어난 제1차 왕자의 난을 지칭한다.

48 박위朴威를 지칭한다. 그는 제1차 왕자의 난 때 이방원 일파에게 피살당했다.

그래서인지 조원강은 어릴 때부터 남에게 흠을 잡히지 말라는 얘기를 무수히 많이 들었다. 그리고 자신 역시 아들 조광조에게 같은 얘기를 수없이 했다. 아버지는 아들에게 계속 말했다.

"이렇게 가세가 기울어진 상황에서 우리가 기대하는 바는 오직 너와 네 형제들이 과거에 합격해서 관리로서 현달하는 것이다. 그런데 유배를 온 죄인에게 글을 배우면 혹시나 너의 앞날에 해가 될까 그것이 걱정이다."

잠시 고민하던 아들이 입을 열었다.

"제가 어찌 아버님의 염려를 모르겠습니까? 하오나 학문을 배우고 진리를 깨닫는 것은 관리로서 출세를 하는 것보다 더욱더 중요한 군자의 길이라고 믿습니다. 부디 허락해주시옵소서."

"내가 찾아간다고 해도 한훤당이 가르침을 허락해주겠느냐?"

"허락을 받을 때까지 계속 뜻을 말씀드리겠습니다. 자고로 뜻이 있는 곳에 길이 있다고 하지 않았습니까?"

"진정 두렵지 않느냐?"

"제가 두려운 것은 오직 학문을 이루지 못하는 것뿐입니다. 뜻을 이룬 후에 집안을 일으켜 세우는 것을 걱정하는 것이 사내대장부의 도리라고 믿습니다."

"오늘은 늦었으니 내일 아침 해가 뜨면 찾아가거라."

"감사합니다."

기쁨을 감추지 못하는 아들을 보고 아버지는 잠시 앞날에 대한 걱정을 털어버리기로 했다.

유배가 만든 만남

김굉필과 조광조의 만남은 운명이라는 단어를 빼고는 설명하기 어렵다. 사실 두 사람이 스승과 제자로 함께 한 시간은 그리 길지 않았다. 김굉필은 유배를 온 자신을 스승으로 모시겠다고 찾아온 약관의 젊은이를 대견스러워했고, 조광조는 선비로서의 절개를 지키고 있는 그를 스승으로 삼는 것을 영광으로 생각했다. 두 사람의 만남에서 알 수 있는 것은 시간이 스승과 제자를 가깝게 하는 절대적인 요소가 아니라는 점이다. 오히려 짧고 강렬한 가르침이 스승과 제자에게 불멸의 인연을 가져다주기도 한다. 김굉필과 조광조처럼 말이다.

우리는 흔히 조선의 건국에 적극적으로 참여한 공신 세력인 훈구와 고려를 잊지 못하고 은거한 세력인 사림은 정치적인 지향점과 목표 모두 달랐기 때문에 서로 사이가 좋지 않았다고 생각한다. 그래서 사림의 정계 진출에 대해서 훈구는 갖가지 방법으로 저항했고, 그 와중에 4차례의 사화가 일어났지만 결국 사림이 정계를 장악했다는 식으로 알고 있다. 마치 정의로운 주인공이 온갖 고난과 방해를 무릅쓰고 악당을 물리치는 내용의 만화 영화처럼 말이다.

그러나 훈구는 악당이 아니었고 사림 역시 착한 주인공이라고 할 수 없다. 사림의 정의라는 것 역시 사실이 아니다. 결정적인 것은 훈구와 사림을 딱 잘라 구분할 수 없다는 점이다. 어제의 훈구가 오늘의 사림이 되었고, 사림이 오랫동안 정계의 요직에 눌러앉아 있으면 훈구가 되었다. 비록 몰락하긴 했지만 조광조 역시 전형적인 개국공신 집안, 즉 훈구였다. 여하튼 훈구와 사림의 구분은 선과 악, 진보와 보수라는 관점으로 보기는 모호하다. 차라리 시대별로 등장하는 정치 세력으로 보는 것이 더 합당하다. 기득권 세력으로 공격받는 훈구 역시 시작은 고려의 권문세가를 무너뜨린 신흥사대부들이었다. 동서고금을 막론하고 새롭게 등장한 정치 세력은 앞선 세력의 부패와 타락을 공격하면서 자신을 대안이라고 내세웠으며 사림 역시 마찬가지였다.

이렇게 등장한 사림 세력 중에는 스스로를 소학동자라고 칭한 김굉필이 있었다. 1454년 한양에서 태어난 그는 1480년 소과小科[49]에 합격해서 성균관에 입학했다. 실록에는 같은 해 그가 임금에게 올린 장문의 상소가 남아 있다. 어리석은 백성들을 속인 사특한 원각사의 중들을 처벌하라는 내용이었다. 발단은 오늘날 탑골 공원에 있던 원각사의 불상이 저절로 돌아앉는 일이 벌어진 데서 비롯됐다. 그러자 영험한 일이 일어났다는 소식을 들은 한양의 백성들이 구름처럼 몰려들었다. 가뜩이나 도성 한복판에 사찰이 있는 것을 못마땅해 했던 사림파는 즉시 비난을 퍼부었다. 김굉필 역시 붓을 들었던 것이다.

그가 다시 실록에 등장하기까지는 14년이 걸린다. 1494년 경상도 관찰사 이극균李克均이 현지의 인재를 천거할 때 다시 등장한다. 성균관을 나온 그는 밀양으로 낙향한 점필재 김종직의 제자로 들어간 상태였다. 김종직은 야은 길재吉再로부터 시작되는 사림의 학맥을

49 생진과시라고도 불리는 시험. 조선시대 과거는 한 번만 치루는 게 아니라 소과라고 부리는 초시와 복시를 치치룬 다음 대과에 합격해야만 관직에 진출할 수 있다.

잇는 인물로, 사림 최초로 정계에 진출해서 기반을 닦은 인물로 알려져 있다. 여기서 한 가지 짚고 넘어갈 점은 사림이 개혁적이라는 인식에 대해서다. 흔히 보수적인 훈구와 대립했기 때문에 사림이 개혁적인 성향을 가지고 있을 것이라고 생각하는데 오히려 반대에 가깝다. 정통 유학자를 자처하는 사림은 불교와 도교 같은 다른 종교들을 박해했다. 김굉필의 스승 김종직 역시 하늘에 제사를 지내는 관청인 소격서昭格署를 없애고 불교의 탄압을 주장했다. 오랫동안 정치 일선에 있었고 현실에 대해서 잘 알고 있던 훈구가 유연한 모습을 보이는 것과는 달리 이상을 앞세운 사림이 오히려 꽉 막힌 모습을 보여준 것이다. 김종직에 관한 일화 중 유명한 것은 유자광柳子光과의 악연이다. 경상도 관찰사인 유자광이 정자에 걸어놓은 현판을 군수인 김종직이 떼어내서 불태워버린 것이다. 글에 문제가 있었던 것은 아니고 단지 서자라는 이유에서였다. 그리고 이걸로 원한을 품은 유자광이 김종직과 사림들을 박해한 것으로 나온다. 임용한 교수는 이런 사림들의 모습을 보고 산골의 소년까지 소학을 읽고 성리학을 깨우친 세상은 우리가 상상했던 것보다 훨씬 무서운 세상일 것이라고 말했다.

김종직의 가르침을 받은 김굉필은 특이하게도 소학에 푹 빠졌다. 주자의 제자인 유자징劉子澄이 쓴 《소학》은 열 살 미만의 어린아이에게 일상에서 지켜야 할 예의범절과 수양을 위한 격언들로 구성되어 있다. 어린이용 학습서

《소학》 유자징. 문경새재박, e-뮤지엄
내편內篇과 외편外篇으로 되어 있으며 총 6권이다.

라고 할 수 있는 《소학》에 어른인 김굉필이 왜 빠져들었는지는 확실하지 않다. 어쨌든 김굉필은 《소학》에 푹 빠져 살면서 스스로를 소학동자라고 칭하기도 했다. 요즘 같았으면 소학 마니아로 불렸을 그의 소학 사랑은 제자인 조광조에게도 깊은 영향을 미쳤다.

제자를 만나러 가는 길

사림의 정계 진출이 활발하게 이뤄지던 연산군 4년인 1498년 사림들이 타격을 받게 되는 첫 번째 사화인 무오사화戊午士禍가 발생한다. 사관 김일손金馹孫이 스승인 김종직이 쓴 조의제문弔義帝文, 즉 세조의 실록을 편찬하면서 단종으로부터 왕위를 찬탈했다는 뜻으로 해석할 수 있는 글을 사초史草에 기록한 것이 발각되면서 사건이 시작되었다. 여기서 짚고 넘어가야 할 점은 무오사화의 발단이 되는 조의제문 사건이 유자광의 모함이나 모략이 아니라는 점이다. 세조의 왕위 찬탈에 대한 판단은 둘째 치고 공정해야 하는 실록에 사관이 개인적인 소회를 적는 것이 과연 옳은지는 의문이다. 거기다 조의제문을 쓴 김종직은 왕위를 찬탈한 세조와 그의 아들인 예종, 성종 대에 걸쳐서 계속 관리로 일해 왔고, 그 조의제문을 실록에 끼워 넣은 제자 김일손 역시 세조의 후손인 성종과 연산군 밑에서 일을 했다. 이 사실을 안 연산군은 김일손에게 이렇게 물었다.

"세조께서 왕실을 중흥하신 공덕은 천지가 다 알고 있다. 그리고 그 자손들이 계승해서 지금까지 왔는데 네가 반심을 품고서 어찌 우

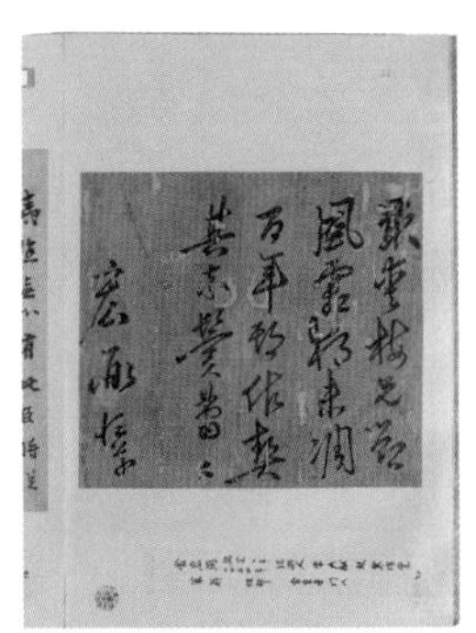
오세창의 《근묵槿墨》 중에서 김굉필의 시와 글씨. 성균관대, e-뮤지엄

리 조정에 출사했느냐?"

질문이 아니라 조롱에 가까운 이 물음에 김일손은 세조의 공이 크고 그 뒤를 이은 성종 역시 성군이었기 때문에 출사를 하였다는 다소 민망한 변명을 했다. 자기중심적인 이중적인 모습을 보인 것이다. 어쨌든 이 조의제문 사건은 조선 최초의 사화라고 일컬어지는 무오사화로 이어졌다. 몇 년 전에 죽은 김종직은 무덤에서 파헤쳐져서 처형을 당하는 부관참시를 당하고 당사자인 김일손은 한양 한복판에서 비참하게 죽음을 맞이했다. 비록 사림이 여러 가지 문제가 있었고 김종직과 김일손이 죄를 지었다고 해도 이런 식의 처벌을 받을 정도는 아니었다. 거기다 훈구파의 오랜 권력 독점은 분명한 문제점을 드러내고 있었다.

비록 미숙한 모습을 보이긴 했지만 사림은 그에 대한 대안, 혹은 응답이었다. 무오사화는 경상도 관찰사이자 훈구의 대표적인 인물인 이극균의 천거로 조정에 출사했던 김굉필의 운명에도 큰 영향을 끼쳤다. 사헌부 감찰을 거쳐 형조좌랑까지 비교적 순조롭게 승진하지만 김종직의 제자라는 이유로 평안도 희천으로 유배를 떠나게 된 것이다. 그리고 바로 그곳에서 김굉필은 자신의 운명을 바꿔줄 제자를 만난다. 바로 조광조였다.

사림의 거두 조광조의 출신 성분은 다소 뜬금없다. 1482년 용인에서 태어난 그의 4대 조부 조온은 태조 이성계의 조카였다. 조온과 이성계는 공통점이 하나 있었는데 바로 고려를 배신한 집안의 후손이라는 점이다. 조온은 고려를 배신하고 원나라에 투항한 쌍성총관부 총관 조휘趙暉의 후손이었고, 이성계의 조상 역시 〈용비어천가〉에서 어떻게 포장했건 고려를 떠나 원나라 땅인 쌍성에 자리 잡은 배신자였다. 원나라 땅이 된 쌍성에 자리 잡은 이성계와 조온의 집안은 서로 혼인을 통해 가까워진다.

두 집안의 운명이 극적으로 갈린 것은 공민왕 시기의 쌍성 수복 과정이었다. 이성계의 아버지인 이자춘李子春은 쌍성을 공격해오는 고려군에 재빨리 투항함으로써 지위를 보장받았다. 하지만 조휘의 집안은 고려군에게 끝까지 저항함으로써 몰락하고 만다. 물론 이성계는 몰락한 조카인 조온을 잘 챙겨줬다. 조온 역시 이성계를 따라 전쟁터를 따라 누비면서 공을 세웠다. 그리고 제1차 왕자의 난이 벌어졌을 때 궁궐을 지키고 있던 그는 이방원의 편에 가담함으로써 공신의 자리에 오른다. 믿었던 조카인 조온에게 배신을 당한 충격에 이성계는 저놈을 죽이라고 길길이 날뛰었다. 하지만 조온은 그러거나 말거나 이방원에게 충성을 다하면서 공신의 자리에 올랐다. 그것도 정사定社와 좌명佐命, 두 번이나 연거푸 공신에 책봉된 것이다. 조선이 건국하면서 이미 개국공신에 책봉되었기 때문에 공신 3관왕이라는 전무후무한 기록의 소유자가 되었다.

하지만 이성계의 저주는 조온의 후대로 내려갈수록 효과를 발했다. 이기는 편이 내 편이었던 아버지 조온과는 달리 후손들은 줄을 잘못 서면서 쇠락해간 것이다. 아버지인 조원강이 가까스로 종6품 찰방에 임명된 것이 고작이었다. 역참을 관리하는 찰방은 힘든 일인 데다가 승진하기 좋은 자리는 아니었다. 거기다 조원강이 맡은 어천

찰방은 한양에서 멀리 떨어진 평안도 지역이었다.

조원강은 장성한 아들 조광조를 데리고 임지로 부임했다. 어릴 때부터 글공부에 재능을 보인 아들을 직접 옆에서 보살피고 싶은 마음이었을 것이라는 추측이지만 상대적으로 좋은 스승을 만날 수 있는 한양 근교를 놔두고 머나먼 평안도까지 데려갔다는 것은 이 당시 조광조의 집안 사정이 꽤 어려웠다는 짐작을 하게 한다. 어쨌든 아버지를 따라 평안도 영변에 온 조광조는 근처인 희천에 유배를 온 한훤당 김굉필에 대한 소문을 듣고는 그에게 가르침을 받기로 결심한다. 아들의 결심을 들은 아버지는 심사숙고 끝에 승낙한다. 가르침을 받기로 한 조광조나 승낙한 아버지 모두 그것이 어떤 결과를 가져올 지는 전혀 예상하지 못했다. 그렇게 1498년 겨울, 희천에 유배 중인 김굉필에게 조광조가 찾아간다. 유배를 와서 적적한 스승과 한참 배울 나이인 제자는 많은 얘기를 나눴을 것이다. 훗날 조광조가 선비로서의 몸가짐과 자세를 중시한 것으로 봐서는 소학동자였던 김굉필의 영향을 뼛속 깊이 받아들인 것으로 보인다. 그 밖에도 김굉필에 의해 조정의 혼탁함과 부패에 대해서도 들었을 것이다. 스승의 이런저런 영향들은 위대한 정치인 조광조의 탄생에 밑거름이 되었다.

짧은 만남, 평생의 관계

깊은 인연에 비해 두 사람의 만남은 극히 짧게 끝나고 말았다. 2년 후인 1500년 김굉필의 유배지가 갑자기 전라도 순천으로 바뀌면서 헤어지게 된 것인데, 평안도에 흉년이 들어서 유배 온 죄인들을 보살피는 게 부담이 된다는 우의정 이극균의 요청 때문이었다. 이극균은 7년 전 그를 천거했던 인물이었다. 그렇게 2년 남짓 이뤄졌던 스승과 제자의 만남은 막을 내린다. 순천으로 유배를 간 김굉필은 4년 후인 1504년 갑자사화[50]에 연루되어서 저자 거리에서 효수 당한다.

국오 정홍래가 1750년에 그린 조광조의 초상화

처형을 명령한 연산군이 형을 집행한 관리를 불러다가 김굉필이 죽을 때 무슨 얘기를 남겼는지 물었다. 그러자 관리는 아무 말도 남기지 않았다고 짤막하게 보고했다.

스승의 죽음은 아버지를 여의고 어머니를 모시면서 열심히 과거 준비를 하고 있던 조광조의 귀에 전해졌다. 그리고 조광조는 스물아홉 살이 된 1510년 스승이 30년 전에 입학했던 성균관에 발을 내디딘다. 그의 등장은 공부벌레들의 집합소인 성균관을 뒤흔들었다. 특이한 언행과 태도 때문이었다. 선비들의 갓과 도포는 사실 한 여름의 무더위에는 오랫동안 착용하기 힘들다. 따라서 대부분의 선비들은 외출에서 돌아오면 훌훌 벗어던지고 편안한 차림으로 쉬곤 한다. 하지만 조광조는 남들이 보지 않을 때에도 항상 의관을 제대로 차

50 연산군의 어머니인 폐비 윤씨 문제와 어울려서

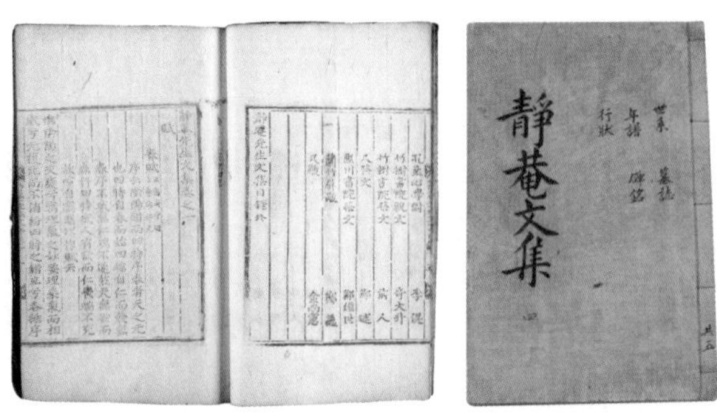

조광조의 문집 《정암문집》. 국립중앙박물관(왼쪽), 관동대

려입고 꼿꼿하게 앉아서 책을 읽었다. 바른 마음은 바른 몸가짐에서 나온다는 스승의 가르침을 실행에 옮긴 것이다.

남들과 다른 이런 유별난 모습은 감탄보다는 조롱과 비아냥을 불러왔지만 그는 개의치 않았다. 그러면서 소수의 동조자 내지는 지지자들이 생겼는데 이들은 스스로를 사성四聖과 십철十哲이라고 불렀다. 사성은 맹자와 안자, 자사와 증자 같이 공자에 버금가는 성인을 뜻하고, 십철은 공자의 직계 제자 열 명을 뜻한다. 그러니까 새파란 성균관 학생들이 너는 맹자고 나는 자로라고 멋대로 이름을 부르고 다닌 것이다. 조광조는 패악으로 가득 찬 세상을 바꾸겠다는 분명한 의지를 드러냈고, 현실에 불만을 가진 유생들이 어깨를 나란히 했다. 공자의 가르침을 신성시하고 있던 성균관에 어떤 파장을 일으켰을지 짐작이 가고도 남을 만한 대목이다. 성균관의 전체 유생들에 비하면 한 줌에 불과한 숫자였지만 예나 지금이나 변화와 도전의 시작은 작은 불씨로도 충분했다.

그해 10월 그들의 이상한 행동에 불편과 불안을 느낀 예문관과

승문원의 관리들이 임금에게 그들의 처벌을 요청했다. 본때를 보여주겠다는 심정이었겠지만 오히려 중종과 대신들이 호기심을 보이면서 실패로 돌아간다. 중종이 조광조의 존재를 어떻게 알았는지는 알 수 없으나 남겨진 실록의 기록을 보면 호의어린 시선을 보낸 것만은 틀림없다. 오히려 옛 성현을 흠모해서 그들을 본받으려고 노력하는데 경박한 무리들이 훼방을 하고 있다고 질타했다. 그렇게 해서 조광조와 그의 일파는 옛 성현을 흠모한 진정한 선비가 되었고, 그를 고발한 쪽은 경박한 무리로 낙인 찍혔다. 조광조가 정치 무대에서 거둔 첫 번째 승리였다.

그리고 5년 후인 1515년 6월 조광조는 과거를 거치지 않고 종이를 만드는 관청인 조지서의 책임자인 사지司紙로 임명되었다. 그리고 두 달 후에는 과거에 합격해서 정6품 성균관 전적에 오른다. 그리고 얼마 후에 다시 사간원 정언에 임명된다. 그리고 사간원 정언에 임명된 지 며칠 만에 조정에 커다란 폭탄을 하나 터트린다. 같은 해 역모 사건이 빈번하게 일어나고 흉년이 거듭되자 중종은 민심을 안정시키기 위해 구언求言[51]을 하라는 명령을 내린다. 그러자 박상朴祥과 김정金淨이라는 관리가 중종반정 직후 폐위된 중전 신씨의 복위를 주장하는 상소를 올린다. 신씨는 반정 당시 피살된 연산군의 측근 신수근愼守勤의 딸이었기 때문에 중종의 즉위 직후 반정공신들에 의해 폐출된 상태였다. 그런 신씨를 복위시키자는 얘기는 반정의 명분을 뒤집는 얘기나 다름없었다. 거기다 복위한 신씨가 혹시나 아들

51 바른 말을 듣겠으니 아무 의견이나 솔직하게 말하라는 명령

을 낳고, 그 아들이 왕위에 오르기라도 한다면 연산군의 비극이 또 빚어질 게 뻔했다. 두 사람의 상소는 조정의 반정 세력들에게 집중 포화를 맞았고 결국 유배를 가야만 했다. 구언으로 올라온 상소의 경우 아무리 과격하다고 해도 일종의 면책특권이 주어지는 법이지만 이들에게는 그런 혜택이 주어지지 않았다. 조광조가 정언에 임명된 것은 이 난리가 일어난 지 얼마 후의 일이었다.

그가 올린 첫 번째 상소는 박상과 김정의 처벌 문제에 관한 것이었다. 한마디로 '두 사람의 처벌을 반대해야 하는 대간臺諫[52]들이 오히려 처벌에 앞장섰으니 크게 잘못된 일이다, 나는 이렇게 자기 임무를 망각한 대간과 일하고 싶지 않으니까 몽땅 파직시켜 달라'는 내용이었다. 사간원에 들어온 지 며칠 되지도 않은 신참 관리가 상관들을 대놓고 모욕한 것이다. 그의 패기 어린 발언에 조정은 뒤집어졌고 특히 지목을 당한 사헌부와 사간원의 관리들은 펄펄 뛰었다. 하지만 중종은 조광조의 편을 들어서 조광조를 비롯한 당사자들을 모두 파직시켰다. 조광조라는 이름을 조정에 알린 큰 사건이었다. 무엇보다도 중종의 마음과 시선이 그를 향해 있다는 것이 확연히 드러나면서 존재감이 부각된다. 조광조는 이후에도 승승장구하면서 1518년에는 정3품인 홍문관 부제학의 자리에 오른다. 과거에 합격해서 당상관이 되는 데 3년 밖에 걸리지 않은 것이다. 김식金湜과 김정 같은 동료들도 빠른 속도로 관직에 올랐다. 이윽고 조광조는 드디어 자신의 꿈을 실현시킬 순간이 찾아왔다고 느꼈다.

52 사헌부와 사간원의 간관들을 지칭한다.

그를 비롯해서 실학자들과 정조 등 흔히 조선시대 개혁가라고 불리는 이들이 내세운 개혁과 변화는 오늘날 우리가 생각하는 미래 지향적인 개혁과는 거리가 멀다. 정조의 경우 문체반정文體反正을 통해서 사상의 통제를 시도했고, 실학자들 역시 과거의 제도에서 해답을 찾아냈으며, 좋았던 옛 시대로 돌아가자고 주장하는 경우가 많았다. 조광조가 찾은 해답 역시 성리학에 있었다. 성리학의 이치를 깨달은 사람들이 많아지고 그들에 의해 사람들이 교화되면 올바른 세상이 된다는 것이다. 비록 지나친 원칙주의자이고 성리학을 앞세워 다른 이념을 용납하지 않았다는 비난을 받지만 변화가 필요한 시기라는 것은 분명했고 그들은 적절하진 않았지만 최선을 다해 시대의 부름에 답했다.

성리학의 떠오르는 별 조광조

조선 건국 초기에는 모든 것이 잘 돌아갔다. 몇 번의 난리를 겪긴 했지만 이를 계기로 지도층이 물갈이 되면서 오히려 새로운 인물에게 기회가 돌아갔다. 하지만 세월이 흐르면서 이런저런 이유로 공신들이 늘어나면서 문제가 발생했다. 이들이 권력과 부를 모두 나눠가지면서 소외된 이들이 늘어난 것이다. 심지어는 공신들 사이에서도 격차가 생기기 시작했다. 조광조처럼 공신 3관왕인 조온의 후손조차 제대로 대접을 받지 못한 상황까지 벌어진 것이다. 권력을 독점한 소수의 공신들의 횡포가 심해지면서 민심까지 어지러워졌다.

그런 상황에 기름을 끼얹은 것은 바로 중종반정과 그 후의 공신 책봉이다. 반정 당일 날 집 앞에 나타나 반정군이 자신을 죽이러 온 금부도사인 줄 알았을 정도로 중종의 기반은 허약했다. 그 약점을 보충하고자 공신들이 남발되었는데 심지어는 반정 당일 현장에 없었던 인물도 포함되었다. 진짜 문제는 공신들에게 각종 포상과 권력이 주어지면서 새로운 특권층이 생겨났다는 것이다. 그러면서 원칙이 사라지고 편법과 꼼수가 횡횡했다. 나라가 나눠준 포상에 만족하지 못한 공신들은 다른 방법으로 주머니를 채우려고 들었다. 그러는 와중에 기회를 박탈당했다고 생각한 세력들은 또 다시 역모를 꾸몄다. 훗날 조광조를 죽인 배후로 오해를 받은 남곤南袞도 이런 역모 사건을 고발하면서 출세 길을 걸었다.

이런 상황에서 원칙을 중시하고 성리학 본연의 모습으로 돌아가자고 한 조광조의 외침은 사람들을 충분히 사로잡을 만했다. 원로대신인 안당安瑭이 그의 적극적인 후원자를 자처했다. 그렇게 열광한 사람 중에는 당시 조선의 임금이자 그의 제자였던 중종도 포함되어 있었다. 반정공신에 의해 추대된 중종의 왕권은 허약하기 그지없었다. 그러다가 반정 3공신인 박원종朴元宗과 성희안成希顔, 유순정柳順汀이 차례대로 세상을 떠나면서 숨통이 트인 중종은 자신만의 정치를 펼치기로 했다. 그러기 위해서는 자신의 뜻대로 움직일 외척이나 신하가 필요했다. 하지만 그들 역시 나중에는 자신을 압박할 세력으로 성장할지도 몰랐다. 적당한 조력자를 찾던 그의 눈에 띈 인물이 바로 조광조였다. 무엇보다도 그가 가지고 있던 명분이 탐이 났다. 그렇게 세상을 바꾸고 싶어 하던 남자와 자신만의 세상을 꿈꾸던 남자가 손을 잡게 되었다.

이때까지만 해도 조광조는 중종이 자신과 같은 꿈을 꾸고 있다고 믿었다. 그렇게 중종의 후원을 받은 조광조는 반정 3공신이 사라진 조정의 핵심으로 떠오른다. 중용된 조광조의 행보는 파격적이었다. 정몽주와 성삼문成三問, 박팽년朴彭年을 성균관의 문묘에 모시자고 주장한 것이다. 정몽주는 조선의 건국에 반대했다가 이방원의 손에 죽은 인물이고 성삼문과 박팽년은 세조를 몰아내고 단종을 복위하려고 시도했던 사육신의 일원이었다. 지금이야 그들의 충성심과 지조를 거리낌 없이 얘기할 수 있지만 조선시대에는 왕조의 정통성을 부정한다고 의심받을 수 있기 때문에 극도로 조심해서 언급할 인물들이었다. 그런데 언급을 하는 것도 모자라서 아예 문묘에 모시자는 발언을 한 것이다. 거기다 별다른 업적을 남기지 못한 자신의 스승 김굉필까지 포함시켰다. 이런저런 논의 끝에 결국 정몽주만 모시는 것으로 결론이 났다.

이 일은 조광조가 꿈꾸는 세상의 방향을 분명하게 제시하는 이정표였다. 왕조나 권력과 무관하게 군자가 대우받는 세상, 그런 군자들로 인해서 소인은 없어지고 평범한 사람도 자연스럽게 교화가 되는 것이 그가 꿈꾸던 세상이었다. 그러기 위해서는 현실 정치의 역학 관계에 상관없이 문묘에 정몽주와 성삼문 같은 군자들이 배향되어야 했다. 조광조를 비난하는 사람들은 그가 권력의 독점을 시도했다고 힐난한다. 하지만 조광조에게 권력은 그가 꿈꾸는 세상을 만들기 위한 도구에 불과했다.

문묘 종사 문제가 마무리되고 조광조가 꺼내든 카드는 바로 기존의 관리 선발 제도인 과거제를 대체할 현량과賢良科의 시행이었다. 현량과는 조광조가 권력을 독점하기 위한 장치였다는 비난에 자주 이용된다. 공정한 과거제도가 아닌 천거제를 이용해서 자신의 세력을 구축하려고 했다는 것이다. 하지만 시험을 봐서 뽑는다는 것은 한 가지 방법일 뿐 정답은 아니다. 조광조는 죽어라 유교 경전만 외우면 소인이라도 합격할 수 있는 현 과거제도와 그렇게 조정에 들어온 소인들 때문에 나라가 어지러워졌다고 판단했다. 소인들을 견제하고 몰아내기 위해서는 진정한 현자들을 뽑아야 했다. 물론 조정 대신들은 조정에 자신의 세력을 확대시키기 위한 조광조의 수법이라고 생각했다. 반론은 다양했다. 일단 추천에 의한 관리 선발은 아는 사람만 뽑게 된다는 점이 가장 큰 걸림돌이었다. 논쟁은 길어졌고, 결국 다음 해인 1519년이 되어서야 결론이 났다. 현량과를 시행하지만 일단 뽑힌 사람들을 대상으로 시험을 보는 절충안이 채택된 것이다. 그렇게 추천받은 120명을 대상으로 시험이 치러졌고 그중에서 28명이 뽑혔다. 문제는 애초에 기대했던 시골에 은거하면서 글공부를 하고 도를 닦은 선비들이 뽑힌 게 아니라 한양에 사는 명문가 자제들이 대거 합격했다는 사실이다. 특히 조광조를 후원한 안당의 세 아들인 안처겸, 안처근安處謹, 안처함安處諴 3형제가 나란히 뽑힌 것은 물의를 일으켰다. 조선시대 통틀어 3형제가 같은 시험에 합격한 경우는 없었다. 거기다 김식 같이 누가 봐도 조광조의 측근인 사람이 포함되면서 공정성 논란이 일었다. 조광조의 손을 들어서 현량과를 시행하게 만들었던 중종조차 의구심을 품게 만든 이 일은 다음번 벌어질 일에 비하면 사소한 일이었다.

중종이 답하지 않았다

중종반정은 다양한 사람들이 다양한 목적을 가지고 참여했다. 사실 조선시대에 쿠데타가 성공할 확률은 복권 당첨과도 같았다. 조선 왕조가 존속된 5백년 내내 성공한 쿠데타는 제1차 왕자의 난과 계유정난, 중종반정과 인조반정뿐이었다. 대신 성공하면 자손대대로 부귀를 누릴 수 있으니 반대급부는 확실했다. 그러나 쿠데타로 즉위한 임금은 모두 정통성 논란에 휩싸이거나 권력 기반이 허약했다. 이런 문제를 해결하기 위해서 공신을 만들어서 지지 세력으로 만드는 일은 필수였다. 실록을 보면, 쿠데타로 즉위한 태종이나 세조가 신하들과 동맹을 맺는 의식을 치르거나 언급하는 부분들이 많이 나온다. 왕권 유지를 위해 어쩔 수 없는 측면이 있다고는 하나 공신 책봉이 가져온 부작용은 심각했다. 앞서 언급한대로 무작위로 남발한 공신들에게 포상을 해주느라 국가 재정에 문제가 생겼고 새로운 특권층이 생겨버린 것이다.

무엇보다 가장 큰 문제는 공정성 문제였다. 중종반정에 가담한 공신은 모두 117명인데 그중에는 반정 당일 한양에 없던 종친이 공신에 오르거나 연산군의 측근이었던 유자광이 1등 공신에 오르는 등 납득하기 어려운 인물이 이름을 올렸다. 특히 불만을 품은 무리는 직접 칼을 들고 나선 무인들이었다. 이들은 현장에서 공을 세운 자신들은 낮은 등급을 받는데 한 일도 없는 자들이 이름을 올리는 걸 보고는 심사가 뒤틀렸다. 중종 재위 초반에 일어난 대다수의 역모 사건은 공신 책봉에 불만을 품은 쪽이 벌였다. 이런 어수선한 상황이 대충 정리되고 있는 중에 조광조가 위훈僞勳, 즉 거짓으로 공을 세운 자들을 공신 명단에서 제외하자고 주장하고 나선 것이다. 사실 공신들이 잘못 선정되었다거나 바뀌야 한다는 주장은 내내 있었다. 하지만 그들과 조광조의 생각은 달랐다. 조광조는 가짜 공신들이 많으니 아예 이들을 모두 몰아내야 한다고 선포한 것이다. 지금으로 치면 국회의원의 숫자를 갑자기 3분의 1로 줄이겠다고 한 것과 다를 바가 없었다.

조광조가 이 문제를 꺼낸 이유는 조정 내 소인을 몰아내기 위해서였다. 원칙주의자인 그의 눈에 공신들이 조정에서 설치고 다니는 모습이 좋게 보일 리는 없었다. 정치가였다면 임금까지 연관된 이런 거대한 기득권에는 도전할 엄두조차 내지 않거나 혹은 최대한 조심스럽게 접근했겠지만 군자를 위한 나라를 꿈꾸던 조광조는 달랐다. 중종 14년인 1519년 10월 25일 사헌부 대사헌 조광조는 사정전에서 중종을 알현한 후에 정식으로 이 문제를 거론했다. 조광조는 중종을 설득하기 위해 잘못된 공신 선정의 사례들을 길게 언급하면서 결단을 촉구했다. 이 날짜에 기록된 실록의 마지막은 실로 의미심장하다.

중종이 답하지 않았다.

중종의 침묵은 명백하게 불길한 징조였다. 노련한 정치인이었다면 여기서 한발 물러났을 것이다. 하지만 조광조는 중종을 설득할 수 있으리라 믿었다. 한 달간의 기나긴 설득 끝에 결국 이번에도 조광조의 뜻이 관철되었다. 다음 달인 11월 11일 중종이 가짜 공신들을 골라내서 명단에서 삭제하라고 지시한 것이다. 그렇게 되면서 117명의 공신 중에 76명이 삭제되었다. 조광조는 드디어 조정에서 소인들을 몰아내게 되었다고 기뻐했다.

하지만 그 기쁨은 오래가지 못했다. 중종이 바로 명단에서 제외된 공신들에게 포상으로 주어진 재산의 환수를 중단시킨 것이다. 그리고 다음 날 경연에서 중종은 송나라의 개혁가 왕안석王安石을 언급하면서 개혁을 너무 급하게 진행하지 말라는 언급을 했다. 지금이야 위대한 개혁가로 칭송되지만 왕안석은 근대에 접어들기 전까지 성급한 개혁을 추구하면서 나라를 혼란에 빠트린 인물로 비춰졌다. 따라서 중종이 왕안석까지 언급했다는 얘기는 이번 일에 대해서 아주 안 좋게 생각한다는 뜻이었다. 조광조는 제자인 중종이 자신의 뜻을 이해하지 못하는 것을 안타까워하면서 가르침을 베풀려고 했다. 하지만 중종은 역시나 침묵을 지킴으로써 자신의 뜻이 변하고 있음을 암시했다. 고집을 부리는 제자의 모습에 안타까움을 느낀 조광조는 다음 기회에 천천히 설득하리라 다짐한다. 하지만 그에게 다음 기회는 오지 않았다.

기묘한 몰락

그날 새벽, 궁궐에서 숙직을 하던 승지 윤자임尹自任은 바깥이 소란스러워지는 것을 느꼈다. 밖으로 나온 그의 눈에 보이는 것은 경복

경기도 용인에 있는 조광조의 묘. 문화재청

궁의 서문인 연추문延秋門이 활짝 열려 있고, 군사들이 근정전을 에워싸고 있는 모습이었다. 놀란 윤자임이 다가가자 병조판서 이장곤李長坤을 위시한 조정 대신들이 서 있는 게 보였다. 그리고 조광조와 가까웠던 윤자임은 그 자리에서 파직되고 감옥에 갇혔다. 그리고 조광조를 비롯해서 그와 가까웠던 인물들에 대한 전격적인 체포령이 내려진다. 기묘사화의 시작이었다.

너무도 느닷없는 일이었기 때문에 다들 어리둥절해했다. 이 때문인지 조광조를 미워한 남곤과 심정 등이 후궁인 경빈 박씨와 짜고 경복궁 후원 나뭇잎에 주초위왕走肖爲王이라는 글씨를 새기고 꿀을 바른 다음 벌레에게 파먹도록 했다는 소문이 떠돌았다.(너무나 극적인 얘기라서 TV사극에서도 고스란히 재현되었다.) 주走와 초肖를 합하면 조趙가 되기 때문에 주초위왕은 '조씨가 왕에 오른다'는 뜻이 된다. 실록에는 이밖에도 '목자는 이미 쇠퇴하고木子己衰 주초가 천명을 받는다走肖受命는 내용이 새겨진 나뭇잎으로도 공작을 꾸몄다고 나와 있다. 하지만 완고한 성리학자인 조광조가 스스로 왕이 될 꿈을 꾸었을 리는 만무하다. 그리고 꿀을 바른다고 해도 벌레가 글씨를 따라 나뭇잎을 파먹는 것이 가능한지도 의문이다. 결정적으로 웬만한 나뭇잎 크기로는 이 복잡한 글씨를 적지 못한다. 어쨌든 중종은 선을 넘은 조광조를 버릴 결심을 했고 냉혹하게 처벌했다. 오히려 중종을 말린 사람은 조광조를 미워했거나 모함했다고 알려진 남곤과 심정 같은 인물이었다. 만류하는 그들을 향해 중종은 조광조는 자신이 잘 안다면서 죽어도 아까울 것이 없다는 말을 내뱉는다.

사실 중종은 조광조에 대한 반감을 차곡차곡 쌓아두고 있던 상태였다. 소격서 철폐 문제를 두고 중종이 세종대왕도 없애지 않은 곳을 자신의 손으로 없앨 수 없다고 말한 적이 있었다. 그러자 조광조는 소격서를 없애지 못한 것은 세종대왕의 잘못이라고 대답했다. 그 얘기를 들은 중종의 심정이 어땠을지는 어렵지 않게 짐작할 수 있다. 이런 식의 반감들이 차곡차곡 쌓이다가 위훈 삭제 문제를 두고 한꺼번에 폭발해버린 것이다. 결국 조정의 거의 모든 대신들이 말리는 상황에서도 조광조에게 사약이 내려졌다. 함께 귀양을 간 동료인 김정과 김식 등도 처형을 당하거나 도망을 쳤다가 자살을 한다. 조선의 4대 사화 중 하나인 기묘사화는 이렇게 조광조와 그의 동료들의 죽음으로 막을 내렸다.

조광조를 숙청한 중종은 이후 외척들을 중용하면서 측근으로 삼았다. 그리고 시간이 흐르면서 두 사람의 위상은 바뀌어갔다. 조선이 사림의 나라가 되면서 조광조는 불세출의 영웅이자 비운의 개혁가로 거듭났다. 그러면서 영의정에 추증되었고 그가 온갖 무리수를 두면서까지 스승 김굉필을 모시려고 했던 성균관의 문묘에 모셔지게 되었다. 아울러 기묘사화 때 화를 입은 사림들은 기묘명현己卯名賢이라고 일컬어지면서 사림의 영웅, 혹은 표상으로 인식되었다. 중종은 공신들에게 휘둘린 그렇고 그런 임금으로 남았다.

군자를 위한 나라

평범한 스승과 위대한 제자의 짧은 만남은 조선 중기 사림의 형성과 발전에 큰 영향을 미쳤다. 조광조의 등장과 죽음으로 명분을 손에 쥔 사림은 명종과 선조 대를 거치면서 기어코 조정의 주류가 되었다. 조광조에 대한 추모는 권력을 장악한 사림에 의해 의도적으로 조장된 측면이 있다. 조광조는 훈구의 후손이었고 충분히 집안을 일으킬만한 능력을 가지고 있었지만 자신의 재능을 일신의 출세와 집안의 부흥에 쓰지 않았다. 비록 잘못된 방법을 택했으나 국가의 백년대계를 위해 쏟아 부었다.

두 사람의 만남은 재능과 꿈이 어우러졌을 때 어떤 일이 만들어지고 기억되는가를 보여준다. 그 꿈은 1498년 평안도 희천에 유배온 죄인과 찰방의 아들이 만나면서 시작됐다.

성리학의 씨를 뿌린 건 스승이지만

싹을 틔운 건 제자였다

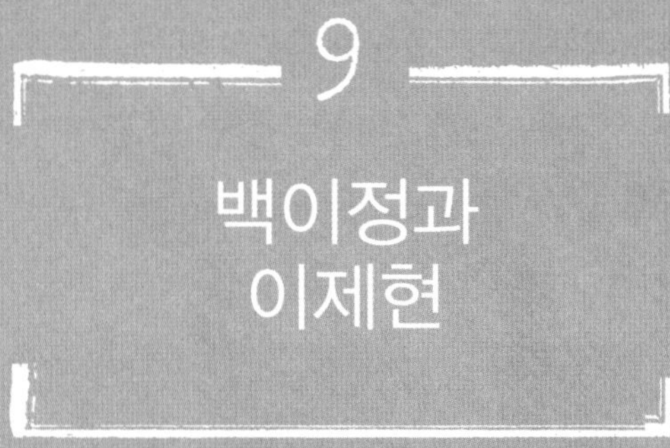

9

백이정과 이제현

스승과 제자는 어느 단계를 넘으면 여러 형태의 공동운명체로 묶이게 된다. 스승 백이정과 제자 이제현은 성리학이라는 새로운 학문을 배우고 가르치는 관계를 넘어서서 하나의 정치적 동맹관계로 결속하기에 이르렀다.

충숙왕 1년(서기 1314년) 가을, 원나라 연경

"여기가 바로 만권당일세."

충선왕을 뒤따라 전각 안으로 들어선 이제현李齊賢은 입을 다물지 못했다. 전각의 이름인 만권당에 걸맞게 족히 만 권은 되어 보이는 책들로 가득했기 때문이다. 검정색 평정건에 홍색 도포 차림의 이제현은 책들로 가득한 만권당 안을 천천히 둘러봤다. 개체변발開剃辮髮[53]을 한 머리에 황색 질손質孫[54] 차림의 충선왕이 감탄스러운 눈으로 만권당 안을 바라보는 이제현에게 물었다.

"고려의 관리들과 백성들은 내가 개경을 떠나 이곳에 머무르고 있음을 불만스럽게 생각한다고 들었네."

이제현은 아무 대답도 하지 못했다. 그가 과거에 합격해서 관직에 나아갈 즈음 왕위에 오른 충선왕은 젊고 야심찬 임금이었다. 그래서 젊은 관료를 등용하고 새로운 정책을 펴나갔다. 그러다 그런 개혁을 못마땅하게 여긴 왕비 계국대장공주薊國大長公主와 친원파에 의해 왕위에서 물러나고 연경으로 소환되어야 했다. 사실상의 추방이자 유폐였고, 잘못하면 연경에서 영원히 돌아오지 못하거나 쥐도 새도 모르게 죽을 수 있었다.

하지만 충선왕은 몽골 왕실의 내분에 개입해서 큰 공을 세우면

53 몽골식으로 주변머리를 모두 밀어버리고 정수리 부분만 남기고 길게 땋은 헤어스타일. 겁구아(怯仇兒)라고도 부른다.

54 몽골족들이 입은 일상복

서 다시 왕위를 되찾았다. 고려로 돌아갔던 충선왕은 얼마 뒤 아들인 강릉대군에게 왕위를 물려주고 연경으로 돌아갔다. 덕분에 고려에서 연경으로 매번 사신을 보내고 필요한 물자를 옮겨야 하는 번거로움이 생겼다. 그래서 고려 조정에서는 충선왕에게 거듭 돌아올 것을 청했다. 하지만 충선왕은 연경에 그대로 머무르면서 만권당을 열어서 조맹부趙孟頫와 요수姚燧, 염복閻復 같은 학자와 문인들과 교류를 했다. 그러자 고려에서는 이제현을 불러들인 것이다. 그가 아무 말도 하지 못하자 충선왕이 의미심장한 미소를 지었다.

"사람들은 과인이 어렵게 되찾은 왕위를 내놓고 멀리 연경으로 간 이유를 궁금해 하겠지. 혹시 권력 다툼에 시달려서 왕위에 흥미를 잃었다고 생각할지도 모르겠군."

이제현은 고개를 숙이며 대답했다.

"임금님의 높으신 뜻을 신이 어찌 알겠습니까?"

"과인이 이곳에 있는 이유는 왕위를 지키기 위해서일세."

다소 뜬금없는 대답에 이제현은 고개를 갸우뚱했다. 그러자 충선왕이 희미하게 웃었다.

"과인의 첫 번째 왕위는 이곳 연경으로 소환되면서 몇 달 만에 막을 내렸네. 한 번 일어난 일이 두 번 세 번 일어나지 말라는 법은 없지 않은가? 고려의 왕위는 바로 이곳 연경에서 결정되는 것이니 마땅히 이곳에 있어야지."

충선왕이 권력 다툼에 지쳐서 염증을 느낀 게 아니냐는 동료들의 얘기를 떠올린 이제현은 권력의 속성을 새삼 깨달았다. 이제현의 얼굴이 굳어지자 충선왕이 분위기를 바꾸려는 듯 화제를 돌렸다.

"고려에 있을 때 이재彛齋[55]에게 성리학을 배웠다고 들었네."

"그렇습니다. 치암恥菴[56]과 함께 첫 번째 제자가 되었지요."

"과인이 그대에게 거는 기대가 크네. 이곳에 드나드는 연경의 학자는 모두 천하제일의 인재들이네. 그에 반해 내 곁에는 고려의 인재라고 할 수 있는 사람이 없어서 자네를 부른 것일세. 이곳에서 원나라 학자들과 교류를 하면서 고려에 필요한 것들을 배우고 익히게나."

"명심하겠습니다."

충선왕과 이제현은 이런저런 얘기를 나누면서 만권당 구석의 누각에 올라섰다. 나무로 된 계단을 밟고 올라가자 담장 너머 연경의 모습이 펼쳐졌다. 해가 저물 때가 되면서 핏빛 석양이 연경의 성벽과 그 안에 있는 집들의 지붕을 서서히 물들이고 있었다. 석양으로 아름답게 덮히는 연경을 말없이 바라보던 이제현에게 충선왕이 말했다.

"중국은 고려와는 비교할 수 없을 정도로 넓은 곳일세."

"그런 것 같습니다."

"고려의 식자들 중에는 중국의 것은 우리와는 다르니 받아들일 필요가 없다고 말하는 부류도 있다고 하더군. 이 넓은 땅에서 나오는 것들 중에는 분명 우리에게 도움되는 것이 있을 걸세. 내가 자네를 부른 것은 그런 것들을 골라낼 안목이 있다고 믿기 때문이야."

바늘로 찌르는 것 같은 충선왕의 말에 이제현은 말없이 고개를

55 백이정의 호

56 박충좌의 호

숙였다. 떠나기 전 스승 백이정白頤正이 충선왕은 통찰력이 남다른 사람이라고 말했던 것이 떠올랐다. 몸을 돌려서 연경의 풍경을 바라보던 충선왕이 등 뒤에 서 있던 이제현에게 물었다.

"그나저나 궁금한 게 하나 있네."

"하문하십시오."

"우리나라는 예로부터 중국처럼 유학이 융성했던 곳 아닌가? 지금은 왜 학자들이 사찰에 들어가서 승려들에게 가르침을 받고 있는 건가?"

이제현은 질문을 듣는 순간 그것이 단순한 호기심에서 나온 것이 아니라는 것을 직감했다. 그는 천천히 입을 열었다.

"예전 태조께서 고려를 세우셨을 때 국고에 여유가 없었음에도 불구하고 먼저 학교를 세우셨습니다. 그리고 널리 인재들을 모아서 녹봉을 나눠주면서 학문을 익히게 하였습니다. 이후 광종께서 도성에 국학을 세우고 지방에 향교를 설치하면서 유학을 크게 장려하였습니다. 중국처럼 유학이 융성하였다고 한 것은 바로 이때를 가리킵니다."

잠시 숨을 고른 이제현은 계속하라는 충선왕의 눈짓을 보고는 덧붙였다.

"그러나 불행하게도 의종 말년에 무신의 변란이 일어나 문신들이 모조리 참살을 당하고 말았습니다. 요행히 살아남은 문신들은 깊은 산속으로 달아나 승려 행세를 하면서 여생을 마쳤습니다. 그 후에 무신들이 물러나면서 나라가 회복되었습니다만 학문을 익히고자 해도 배울 곳이 없어져 버렸습니다. 그래서 할 수 없이 사찰에 가서 승려들에게 글을 배울 수밖에 없게 된 것입니다."

이제현의 대답을 들은 충선왕이 수염을 쓰다듬으면서 잠시 생각하다가 재차 물었다.

"그렇다면 어찌해야 유학을 제대로 가르칠 수 있겠는가?"

"전하께서 국학을 다시 세우고 지방의 무너진 향교들을 일으켜서 배울 곳을 마련해준다면 누가 산속의 사찰까지 가서 승려에게 가서 글을 배우겠습니까?"

이제현은 단호하게 대답했다. 스승인 백이정과도 오랫동안 그 문제를 논의했었다. 나라가 바로 서려면 유학, 그중에서도 성리학이 필요했다. 하지만 성리학을 배우고 가르칠만한 곳이 없었다. 지금처럼 스승이 한두 명의 제자를 받아들이는 것으로는 성리학을 널리 퍼트릴 방도가 없었다. 스승과 제자가 만나서 배우고 가르치는 건 여러 가지 한계가 있기 때문이다.

이제현의 대답을 들은 충선왕은 흡족한 표정으로 말했다.

"과연 이재의 제자답군."

명쾌한 충선왕의 대답에 이제현은 고개를 숙이며 대답했다.

"앞으로 새로운 시대가 펼쳐질 것입니다 그 시대를 맞이하려면 인재가 필요하고, 그 인재를 가르치기 위해서는 새로운 학문이 필요합니다."

간절함이 담긴 이제현의 말에 충선왕은 호탕한 웃음과 함께 말했다.

"자네가 생각하는 그 길의 시작이 바로 이곳 연경당이 될 것일세. 이곳에서 마음껏 공부하고 돌아가게. 내 자네의 꿈이 이뤄지도록 애쓰지."

얘기를 마친 두 사람은 잠자코 누각에 서서 연경을 내려다봤다. 어둠이 내리면서 하인들이 불을 밝히기 위해 바쁘게 뛰어다니는 소리가 들려왔다.

새로운 세상, 새로운 사상

스승인 백이정과 제자인 이제현은 오랫동안 원나라에 체류하면서 실시간으로 그들의 학문과 사상을 받아들였다. 물론 그 두 사람만이 그런 혜택과 기회를 누린 것은 아니었고, 안향 같은 다른 사람들도 성리학의 도입에 크게 기여를 했다. 하지만 스승인 백이정이 십여 년 간 연경에 머물면서 갈고 닦은 성리학은 제자인 이제현을 통해 고려에 뿌리를 내리게 되었다. 이렇게 도입한 성리학은 이후 고려는 물론 조선을 거쳐 오늘날까지 엄청난 영향을 끼쳤다. 당시에는 새로운 유학이라는 뜻으로 신유학이라고 불렸을 정도로 낯설었고 문벌 귀족들이 별로 흥미를 느끼지 않았었다는 점을 감안하면 놀라운 파급력이다.

그 시작에는 성리학을 앞장서서 받아들인 백이정과 그의 제자 이제현이 있었다. 시작은 호기심 혹은 도전정신이었다. 흔히 말하는 원 간섭기라고 부르는 시대에 접어들면서 고려는 역설적으로 외부의 위협으로부터 완전히 벗어났다. 몽골에게 복속된 북방의 유목민들은 물론이고 일본 역시 고려를 위협할 엄두를 내지 못했다. 기나긴 몽골의 침략 끝에 찾아온 달콤한 평화였던 셈이다.

아울러 원나라와의 관계가 밀접해지면서 생각지도 못한 장점이 생겼는데 바로 교류가 자유로워졌다는 점이다. 물론 지금과는 비교할 수 없을 정도로 교통수단이 불편했고, 무엇보다 중국에서는 주변국들이 자신들의 문물을 베끼기 위해 자주 드나드는 것을 그다지 탐탁지 않게 여겼다. 따라서 한반도의 왕조들은 중국의 선진 문물을 수입하기 위해서 많은 노력을 기울였지만 항상 쉽게 얻지는 못했다. 반면, 이 시기에는 국경선이 무의미해질 정도로 교류가 잦았고 왕래가 자유로웠다. 물론 원나라의 간섭으로 국왕이 멋대로 교체되거나 심지어 멀리 귀양까지 갈 정도였지만 말이다. 자기 마을을 벗어나는 것만 해도 큰 모험이었던 고려인들이 이런저런 이유로 자유롭게 대륙으로 건너가 마음 놓고 돌아다니면서 견문을 넓혔다.

한 곳에서 평생 살아간다는 것은 장점과 단점을 함께 가지고 있다. 농사를 짓는 평범한 백성이라면 고향에서 한평생을 지낸다고 해도 상관없겠지만 학문을 연구하는 지식인이나 국가의 미래를 책임지는 관료의 행동 반경이 좁은 것은 문제가 될 수 있다. 경험이 밑바탕에 깔리지 않은 지식은 편협해지기 때문이다. 멀리 갈 것도 없이 외부와의 교류가 불가능해진 조선 후기에 접어들면 성리학에서 한 발자국만 벗어나도 같은 유학자일지언정 이단으로 취급했다. 조금이라도 성리학의 가르침에서 벗어나는 시도들은 사문난적이라고 칭하면서 인격적, 육체적으로 말살해버렸다.

성리학에 갇혀버린 먼 훗날의 조선인과는 달리 이 시기의 고려인들은 상대적으로 자유롭게 국경을 넘어 대륙을 왕래하면서 마음껏 견문을 넓혔다. 아예 원나라로 가서 따로 과거를 보기도 했다. 이런 식의 교류는 특히 사상적인 측면에서 엄청난 이득을 주었다. 성리학의 경우 거의 실시간으로 고려로 유입할 수 있게 되었다. 성리학을 들여오게 된 밑바탕에는 왕위를 내놓고 원나라 연경으로 건너간 충선왕이 있다. 충선왕은 만권당을 세우고 원나라의 학자와 고려의 학자들이 만나서 세미나를 열 수 있는 기회를 마련했다.

유학의 한 갈래인 성리학은 중국 송나라 때 태동해서 원나라 때 폭발적으로 발전한다. 애초에 유학은 혼란스러운 춘추전국 시대에 새로운 질서를 세워가는 과정에서 탄생했다. 신하가 왕을 죽이고 아들이 아버지를 죽여서 왕위를 빼앗는 것을 본 공자는 개개인에게는 주어진 역할이 있으니 딴마음을 먹지 말고 자기 일을 열심히 해야 한다고 역설하면서 각자 할 일을 정해주었다. 학문을 배운 사대부에게는 왕권을 견제해야 한다는 임무가 주어졌다. 지배자는 자신의 권위를 인정하는 내용을 눈여겨봤고, 사대부는 자신들이 왕권을 견제해야 한다는 임무에 주목했다. 이렇게 사대부의 입맛에 맞은 유학은 왕조의 흥망과 상관없이 계속 발전하면서 여러 가지 모습을 가지게 되었다.

수많은 유학의 갈래 중에 성리학이 이렇게 두각을 나타낼 수 있었던 것은 뜬구름 잡는 이야기만 하는 다른 유학과는 달리 집안에서 지켜야 하는 예절을 뜻하는 가례家禮를 비롯해 눈에 보이는 측면을 중시했기 때문이다. 그리고 실제 눈에 보이는 것에 대한 문제는 상당히 중요하다. 인간은 결국 시각을 통해 인식하는 이미지와 메시지를 기억하는 메커니즘을 가지고 있다. 그런 측면에서 성상을 앞세운 가톨릭처럼 성리학은 예를 보여주고 실천하는 모습을 보여줌으로써 독보적인 위치를 차지할 수 있었다. 물론 학문에 대한 깊은 이해가 없던 원나라 지배층에게 매력적으로 비춰질 수 있는 요소들이기도 했다. 덕분에 원나라 때 급속한 발전을 이룬 성리학은 우리가 잘 알고 있는 안향을 비롯해서 백이정과 그의 제자 이제현을 통해 고려에 들어와 서서히 이 땅에 뿌리를 내린다.

한반도는 이미 삼국시대부터 유학을 접했지만 국가의 통치 이념으로까지 자리 잡지는 못했다. 후삼국 시대의 뒤를 이은 고려도 불교를 더 중시했다. 보통 성리학의 도입을 마치 당연한 시대적 흐름이나 숙명인 것처럼 서술하지만 유학 중에서도 성리학이 도입되고 살아남은 데는 명백한 이유가 있었다. 일단 성리학의 도입은 당시 고려의 사정과도 깊은 연관이 있다. 고려 말의 상황도 춘추전국 시대와 비슷했다. 백여 년간 이어진 무신정권과 뒤이은 몽골의 침략과 간섭을 받으면서 기존의 질서가 무너졌다. 고려의 왕이 몽골의 황제에게 고개를 숙여야 했고 몽골 출신의 여인을 왕비로 맞아야만 했다. 영원할 것 같던 중원의 국가들도 몽골의 손아귀에 무너져버렸다. 훗날 병자호란을 겪은 조선의 사대부들이 머리에 버선을 쓰고 발에 모자를 쓴 꼴이라고 했던 것처럼 고려가 받은 정신적인 충격은 어마어마했다.

기나긴 전쟁과 무신정권을 거치면서 사회 지도층에도 차츰 변화가 생겼다. 물론 도읍인 개경의 권력층인 문벌 귀족들은 크게 흔들리지 않았지만 지방을 근거로 하는 신흥 관료층이 차츰 생겨났다. 사림 혹은 향리라고 부르는 이들은 훗날 조선의 건국을 이끌지만 이때까지만 해도 이제 막 태동하기 시작한 세력이었다. 문벌 귀족에 비해서 경제력이나 정치력 모두 열세였던 이들에게는 자신을 무장시키고 규정할 수 있는 새로운 사상이 필요했다. 그들의 눈에 원나라에서 한참 유행하고 있는 성리학이 들어왔다. 원나라가 공인했다는 권위 말고도 유학을 잘 모르는 사람에게도 쉽게 설명할 수 있다는 장점이 있었고, 경쟁자라고 할 수 있는 도교와 불교에 대해서 강렬한 적대감을 드러냈다는 점이 이들의 입맛에 딱 맞았다.

성리학을 도입하다

이런 필요성에 의해 성리학이 선택되었지만 도입 과정은 소수 지식인들의 선견지명과 노력에 의해 이루어졌다. 시작은 안향, 그리고 백이정이었다. 보통 성리학을 이 땅에 들여온 선구자로 안향을 꼽는다. 하지만 백이정 역시 그에 못지않게 성리학을 체계적으로 연구하고 뿌리를 내리는 데 큰 역할을 한 인물이다. 백이정이 태어난 시기는 서기 1247년, 고종 34년이다. 재위 기간 내내 몽골의 침략과 최씨 정권에게 시달린 고종은 최의崔竩가 죽고 나서야 겨우 한숨을 돌린다. 그건 연달아 침략을 당하던 백성들도 마찬가지였다. 이후에도 삼별초의 항쟁과 두 차례의 일본 원정이 잇달아 이어지지만 어쨌든 평화가 찾아왔다.

백이정은 아버지 백문절白文節처럼 과거에 합격하면서 정계에 진출한 지방 향리였다. 집안을 배경으로 한 문벌 귀족과는 달리 과거제를 통해 들어온 백이정은 유학에 대해서 잘 이해하고 있는 인물이었다. 물론 종2품 관등인 첨의평리 등의 고위관직을 역임하지만 《고려사》에는 그가 무슨 일을 했는지 명확하게 나오지 않는다. 하다못해 다른 사람의 열전에 자주 실리는 상소문조차 나오지 않는다. 이렇게 40대까지는 나름 순탄했지만 평범하게 지내던 그에게 역사에 남을 기회가 찾아왔다. 바로 충선왕을 따라 원나라 연경으로 가게 된 것이다.

몽골의 간섭이 시작되면서 고려의 임금들은 이름에 '충'자를 써야만 했다. 시작부터 좋은 소리를 들을 수 없는 상황이었지만 그나마 충선왕은 개혁적인 성향을 가지고 있었고 만권당을 여는 등의 업적을 가지고 있어서 덜 비난받는 편이다. 충선왕은 특이하게도 아버지 충렬왕에게 양위를 받아서 왕위에 올랐다가 몇 달 만에 쫓겨나서 연경으로 소환된 특이한 기록을 가지고 있다. 백이정은 연경으로 쫓겨난 충선왕을 따라가서 그 후 십 년간 연경에 머무르게 된다. 당시 충선왕은 원나라에 찍혀서 폐위된 상태로 끌려갔기 때문에 목숨이 위태로운 상황이었으니 정치적인 계산을 가지고 있었던 것은 아닌 것으로 보인다.

이렇게 목숨을 걸고 따라갔건만《고려사》열전에는 충선왕이 그의 조언을 받아들이지 않았다고 기록되어 있다. 정치적인 성향이 맞지 않았든지, 아니면 충선왕이 관료로서 그를 높이 평가하지 않은 것으로 보인다. 어쨌든 백이정은 제자인 이제현처럼 정치적으로 중용되지는 못한다. 하지만 연경에 십 년 동안 머무르면서 원나라의 최신 학문인 성리학을 접하고 학자들과 만나서 토론을 거듭하면서 소양을 쌓아간다.

그가 애초부터 성리학을 마음에 두었는지 혹은 여러 유학들을 비교하다가 최종적으로 선택했는지는 알 수 없다. 하지만 그는 오랜 혼란을 겪고 갈 길을 잃은 조국 고려에게 성리학을 선물하기로 결심한다. 십여 년의 세월을 보낸 백이정은 성리학이라는 새로운 학문과 함께 고려로 귀환한다.

젊은 제자

고국으로 돌아온 백이정을 맞이한 것은 20대 초반의 젊은 관리였던 이제현과 박충좌朴忠佐였다. 두 사람 모두 백이정의 제자가 되었는데, 특히 이제현은 백이정보다 한발 앞서 성리학을 고려에 들여온 안향의 주목을 받았던 적이 있었다. 안향은 그가 쓴 시를 보고는 장차 귀인이 되어서 장수할 것이라는 칭찬을 남겼다. 이제현이 안향과 백이정을 연거푸 찾아간 것을 보면 원나라에서 이제 막 들어오기 시작한 성리학에 깊은 관심을 기울이고 있음을 알 수 있다.

충렬왕 13년인 1287년에 태어난 이제현은 스승인 백이정과 약 40년의 나이 차이가 나지만 집안 배경은 놀랍도록 유사하다. 백이정이 과거에 급제해서 정계에 진출한 지방 향리 출신인 것처럼 그 역시 과거를 통해 조정에 모습을 드러냈다. 아버지들이 나란히 과거에 합격해서 집안의 발판을 마련했다는 점도 똑같았다. 문벌 귀족이 아닌 지방 향리 출신으로 과거시험을 거쳐 자신의 능력으로 세상에 모습을 드러냈다는 공통점은 나이를 떠나서 두 사람을 공동운명체로 묶었다. 이제현은 열다섯 살에 성균관 입학시험에 합격하고 몇 년 후에 다시 과거에 합격했다. 이때 과거시험을 주관했던 권보權溥가 그에게 딸을 주었을 정도로 촉망받는 인재였다. 하지만 이제현은 교만에 빠지지 않고 계속 학문을 닦았다.

특히 주목할 점은 문장이나 시를 짓는 일에 열중하는 대신 유교 경전을 읽는 일에 몰두했다는 것이다. 이것은 훗날 새롭게 정비된 과거시험 과목이 문장을 보는 대신 책문策問이라고 불리는 일종의 논술로 바뀌는 데 결정적인 역할을 한다. 이렇게 과거시험 과목을 바꾼 것은 당시에는 사소한 변화였지만 뒤에 미친 영향은 어마어마했다. 한민족을 규정하는 것 중 혈통을 제외하고 가장 강력한 영향력을 발휘하는 것이 유학, 그중에서도 성리학이 될 수 있었던 데는 바로 이제현의 조언과 결정이 크게 작용했다. 물론 국립 교육기관인 성균관이 제대로 운영된 것은 먼훗날인 공민왕 때였다. 하지만 그때 다시 세워진 성균관의 교수는 성리학적 소양을 갖춘 이제현의 제자들이었다. 또한 그 성균관에서 고려를 지키려고 했던 정몽주와 고려를 무너뜨린 정도전이 함께 공부를 하고 토론을 했다. 고려가 무너진 이후에도 성균관의 영향력과 위상은 그대로 유지된 채 조선을 성리학의 나라로 만드는 데 결정적인 역할을 했다. 이제현이 충선왕에게 이런 식의 건의를 했던 것은 성리학을 연구한 스승 백이정의 영향이 있었기에 가능했다.

이제현 초상화. 국립중앙박물관
1319년 이제현이 33세 때 충선왕이 진감여라는 원나라 화가를 시켜 그린 것이라 한다.

한편, 충선왕의 곁에 있던 이제현은 독특한 경험을 하게 된다. 바로 중국 전역을 여행한 것이다. 충선왕을 따라 촉 지방을 돌아봤고 절강을 비롯한 강남 지방을 두루 돌아봤다. 삼국시대 때 인도를 여

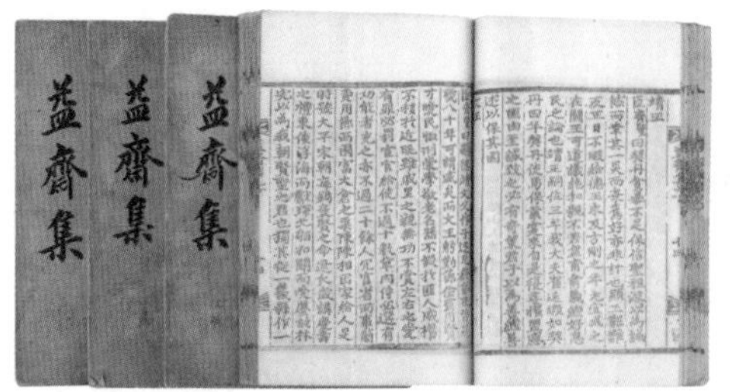
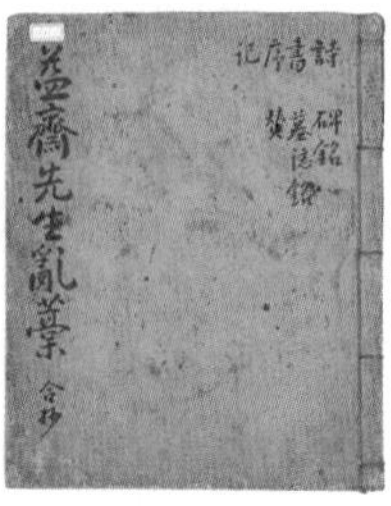

이제현의 문집 《익재집》과 《익재난고》. 국립중앙박물관(왼쪽), 문경새재박, e-뮤지엄
《익재집》은 시문집 《익재난고》 10권, 수필집 《역옹패설》 4권, 빠진 부분을 모아 만든 습유拾遺 1권으로 구성되어 있다.

행하고《왕오천축국전》을 쓴 혜초나 지금의 중앙아시아의 사마르칸드까지가서 아프랍시압 벽화에 모습을 남긴 고구려인[57]들을 제외하고는 가장 먼 거리를 돌아본 것이다. 그가 여행한 총 길이가 4만 킬로미터가 넘는다고 하니까 얼마나 많은 곳을 돌아봤는지 알 수 있다. 지금이야 여행이 흔하지만 당시의 쉽지 않은 여행길에서는 길가의 돌 하나, 풀 한포기가 신기했을 것이다.

심지어 이제현은 권력 다툼에서 밀린 충선왕이 티베트로 유배를 떠나자 그곳까지 따라갔다. 야트막한 산이 있던 고려에서 자란 그가 티베트의 까마득히 높은 산을 보고 느낀 감정의 깊이는 짐작조차 할 수 없다. 거기다 사람이 죽으면 화장을 하던 고려와는 달리 돌로 쪼개서 독수리 먹이로 주는 티베트의 풍장은 이제현에게 죽음에 대해서 다시 생각하게끔 했을 것이다. 평범한 사람이었다면 낯선 지형에 눈살을 찌푸리고 끔찍한 풍습에 고개를 절레절레 저었을 경험이었

57 여러 가지 논란이 있긴 하지만 대체로 고구려인으로 보고 있다.

다. 하지만 이제현은 당대 최고의 학자 중 한 명이었다. 높고 가파른 산에 사는 사람들의 삶을 들여다봤고 풍장을 해야만 하는 이유도 납득했다. 그리고 그렇게 갖게 된 넓은 시야는 스승 백이정의 가르침과 더불어 이제현을 위대한 학자이자 관료, 그리고 개혁가로서 자리매김해 주었다. 여행을 통한 이제현의 성장과 단련은 당사자는 물론 고려에게도 행운이었다.

앞서 얘기한대로, 원나라의 간섭은 고려에 무작정 나쁜 것만은 아니었다. 하지만 빛이 있으면 어둠 역시 있는 법. 원나라가 왕위 교체를 마음대로 하고 유배를 보내거나 심지어 사신을 접견하는 자리에서 왕을 발로 걷어차고 체포를 하는 등 치욕스런 사건도 있었다. 당장 이제현을 연경으로 부른 충선왕 역시 원나라 왕실의 권력 다툼에 휘말려서 머나먼 티베트로 유배를 가야만 하는 처지가 되었다. 그런 문제들과 얽혀서 나온 것이 바로 입성책동立省策動이었다. 고려에 원나라의 지방 행정기구인 행성을 설치하자는 논의는 친원파에 의해 진행되었다. 물론 원나라가 그럴 필요성을 느끼지 못했기 때문에 매번 논의로만 그쳤지만 충선왕이 유배를 간 즈음 때 입성책동은 상당히 진척되었다.

충선왕은 고려 출신의 환관 백안독고사伯顔禿古思의 모략으로 귀양을 갔고, 양위한 아들 충숙왕은 옥쇄를 빼앗기는 일이 벌어졌다. 입성책동의 근원지는 요양 지역의 고려인을 통치하는 심왕瀋王과 그 주변이었다. 원래 고려왕과 심왕을 겸임하던 충선왕은 양위를 할 때 고려왕의 자리는 아들인 강릉대군에게 넘기고 심왕의 자리는 조카인 고暠에게 넘겼다. 덕분에 문벌 귀족들은 고려왕과 심왕 양편으로 나뉘졌고, 심왕의 세력들은 입성책동을 통해서 자신의 권력을 키우려고 했다. 덕분에 삼한행성이라는 이름까지 만들어지는 등 고려의 행성 편입은 상당히 구체화되어 갔다. 한말과 일제강점기를 제외하면 한반도의 주권이 가장 큰 위험에 처한 순간이었다.

이때 이제현은 원나라의 중서성에 입성책동에 강력하게 반발하는 내용의 상소를 올렸다. 《중용》의 한 구절인 천하의 국가를 다스리는 아홉 원칙을 언급하면서 변방의 작은 나라를 흡수하는 것은 제국의 도리가 아니라고 말했다. 아울러 고려의 종묘사직을 보존하게 하라는 세조 쿠빌라이의 조서를 무시할 것이냐고 반박했다. 때마침 원나라 내부에서도 고려에 행성을 설치할 필요가 없다고 판단한 관료들이 많아서 다행스럽게도 철회되었다. 이후에도 몇 차례 입성책동이 있었지만 모두 실패로 돌아갔다. 덕분에 역사책에서는 원 간섭기에 있었던 해프닝 정도로 넘어가지만 이때 정말로 삼한행성이 설치되었다면 한민족은 중국의 소수민족으로 남았을 것이다.

스승의 시대가 막을 내리다

제자인 이제현이 입성책동을 막기 위해 동분서주하고 있던 그때 스승인 백이정이 세상을 떠났다. 고려로 돌아온 백이정은 이제현을 비롯한 제자들을 양성하는 데 많은 노력을 기울였는데 그중에는 이색의 아버지인 이곡도 있었다. 스승과 제자는 어느 단계를 넘으면 여러 형태의 공동운명체로 묶이게 된다. 성리학이라는 새로운 학문을

경남 남해에 있는 백이정의 사당. 문화재청
매년 음력 3월 10일이면 이 지역의 유림들이 제례를 지낸다.

배우고 가르치는 관계를 넘어서서 하나의 정치적 동맹관계로 결속되는 것이다. 사실 성리학이 주체가 되었다기보다는 문벌 귀족에 맞서서 새로 성장하는 지방 향리 세력이 자신의 사상으로 성리학을 받아들였다고 하는 편이 옳을 것이다. 어쨌든 안향을 거쳐 백이정에 의해 고려로 들어온 성리학은 지방의 향리 세력들에게 빠르게 흡수되었다. 이제현의 제자인 이색이 다시 제자를 둘 즈음에 성리학은 돌이킬 수 없는 대세가 되어갔다.

백이정이 숨을 거둘 시점은 바로 성리학이 고려에 튼튼하게 뿌리를 내리고 제자 이제현이 막 가지를 뻗어가던 시점이었다. 스승의 죽음과 입성책동의 위기를 넘긴 이제현은 귀양을 간 충선왕이 풀려날 수 있도록 힘을 썼다. 충선왕에게서 고려를 바꾸겠다는 희망을

이제현의 작품으로 전해지고 있는 〈사냥〉. 국립중앙박물관

보았던 그로서는 당연한 일이었다. 하지만 귀양에서 돌아온 충선왕은 에너지를 다 소비했는지 몇 년 지나지 않아서 세상을 떠났다. 이후에는 충숙왕이 죽은 틈을 타서 고려의 왕위를 노리는 심왕파를 척살한 충혜왕이 또 다시 원나라로 소환되자 앞장서서 변호했다. 하지만 그가 목숨을 걸고 구한 충혜왕은 고려의 충자 돌림 임금 중에서 최악의 임금이었다. 원나라에 있던 세자 시절 하도 횡포를 부린 덕에 악명을 떨쳐서 원나라 승상 바얀이 무뢰배나 건달이라는 뜻의 '발피'라는 별명으로 부를 정도였다. 위기를 넘기면 대개 정신을 차리지만 충혜왕은 그러지 못했다. 발피라는 별명에 걸맞게 닥치는 대로 여자를 겁탈하고 다니는 통에 고려에 온 원나라 사신에게 두들겨 맞고 연경으로 끌려갔다. 그리고 멀리 광동성 조주의 게양현으로 유배를 가게 되었는데《고려사》에 따르면, 아무도 따르는 이가 없어서 혼자서 옷 보따리를 들고 귀양길에 올라야 했다고 한다. 고려왕으로는 충선왕에 이어 두 번째 귀양살이였는데 충격이 너무 컸는지 게양현으로 가는 도중에 죽고 말았다.

이 시기 고려에 있던 이제현은 충혜왕의 망나니짓에 크게 실망했는지 관직을 내놓고 은거 중이었다. 하지만 아직 그의 시대는 끝나지 않았다. 귀양을 가던 충혜왕이 죽자 어린 충목왕이 즉위했다. 충목왕의 스승이 된 이제현은 최고 정무기관인 도당에 11조의 정치 개혁안을 제시한다. 신하가 임금에게 유학의 경서를 강연하는 경연을 열어서 국정을 논의하고, 현명한 사람을 뽑아서 지방관으로 삼도록 하며, 무신정권 시절 설치된 인사 기관인 정방을 혁파하라는 내용이었다. 구체적인 개혁정책은 아니지만 미래를 위한 밑바탕을 깔아둔 것이다.

충목왕 시기 고려에서는 개혁에 대한 논의가 활발하게 진행되면서 개혁을 전담할 기관인 정치도감을 설치하는 등 활발한 움직임을 보였다. 이제현 역시 충선왕 이후 고려가 바뀔 수 있는 소중한 기회라고 생각했다. 하지만 이제현의 바람과는 달리 정치도감의 활동은 불과 3개월 만에 막을 내렸다. 기득권의 벽을 뚫지 못한 것이다. 원나라 기황후의 친척이 옥사를 하는 사건이 발생하자 원나라에서 온 조사관들이 정치도감의 관계자들을 체포하고 처벌하면서 허무하게 끝나버리고 말았다.

야심찬 개혁이 허무하게 막을 내리는 광경을 지켜본 이제현은 얼마 후에 충목왕이 세상을 떠나자 원나라 연경으로 가서 다음 임금으로 훗날 공민왕이 되는 강릉대군을 봉해달라고 요청한다. 아마 연경을 오가면서 그가 개혁의 적임자라고 생각한 것으로 보인다. 명목상으로도 충혜왕의 동생이었으니 왕위에 오르는 게 충분히 가능했다. 하지만 정작 임금의 자리에 오른 건 충혜왕의 서자인 왕저王晠였다. 서자인데다가 십대 초반인 왕저가 누가 봐도 왕의 재목인 강릉대군을 제치고 왕위에 오른 이유는 외척들의 농간 때문이었다.

어린 충정왕을 낀 외척들과 친원파들이 권세를 누리자 이제현은 미련 없이 벼슬을 버리고 은거했다. 어차피 충정왕의 즉위를 막은 셈이 되었기 때문에 물러날 수밖에 없는 상황이었다. 은퇴 아닌 은퇴를 한 그는 제자인 이곡과 함께 붓을 들고 고려의 역사를 기록하는 일을 했다. 충렬왕과 충선왕, 그리고 충숙왕 3대의 실록을 만들면서 역사를 돌아본 것이다. 그러는 사이 어린 충정왕에게 고려의 미래를 맡길 수 없다는 공감대가 널리 형성되었다. 결국 이번에도 최종 결정권을 가진 원나라가 움직였다. 어린 충정왕을 폐위시키고 강릉대군을 다음번 고려왕으로 임명한 것이다. 원나라에 있던 강릉대군이 고려로 돌아오기 전 이제현은 사전 정지 작업을 한다. 일단 충정왕을 끼고 권세를 부리던 외척들을 정리하면서 그를 맞을 준비를 한 것이다. 왕이 폐위된 상태에서 사실상 옥좌가 빈 상태라 다들 불안했는데 이제현이 적절한 조치를 취하자 안심했다고 한 것으로 봐서는 사실상 섭정을 한 것으로 보인다. 원나라 사신을 맞이할 때 의전이 어마어마해서 뭇사람들의 비난을 받았다고 나온다. 아마도 이때가 학자로서가 아닌 정치가로서 이제현의 황금기였을 것이다.

공민왕의 시대

원나라에서 돌아온 강릉대군은 왕위에 올랐으니 그가 바로 공민왕이었다. 이제현의 도움을 받은 공민왕은 그를 최고위 관직인 문하시중에 임명했다. 이제현은 이제야 스승의 뜻대로 성리학을 널리 전파하고 개혁정책을 추진할 수 있으리라고 생각했다. 계림부원군으로 봉해진 그는 과거시험 감독관인 지공거가 되어서 과거시험을 주관했다. 이때 뽑힌 과거 합격자 중 한 명이 바로 이곡의 아들 이색이었다. 하지만 공민왕 곁에는 그가 원나라에 있을 때 따랐던 자들이 있었다. 연저수종공신燕邸隨從功臣으로 불린 이들은 당연히 목숨을 걸고 공민왕은 보필한 대가를 원했다.

특히 1등 공신인 조일신趙日新은 공민왕의 총애를 받으며 가장 두각을 나타냈다. 이제현이 없앤 정방을 부활시킨 조일신은 자신보다 높은 관직에 있는 이제현을 미워했고, 낌새를 챈 이제현은 사직서를 내고 관직에서 물러났다. 무서웠다기보다는 엮이지 않는 게 좋으리라고 판단한 것이다. 그리고 그의 예상은 적중했다. 얼마 후 조일신은 기황후의 오라버니인 기철奇轍 일파를 제거하기 위해 정변을 일으킨다. 기철의 동생 기원奇轅을 제거하는 데는 성공했지만 일이 뜻대로 돌아가지 않자 돌연 공민왕을 볼모로 잡는 어처구니없는 일을 저지른다. 그러면서 살아난 기철에게 보복을 당할까 두려워서 자신과 함께 행동했던 부하들에게 죄를 뒤집어씌우고 처형한다. 반란이라고 부르기에는 애매한 조일신의 소란은 공민왕이 은밀히 또 다른 측근들을 동원해서 전격적으로 그를 체포하고 처형하면서 7일 만에 정리된다.

조일신의 난을 피해가면서 이제현은 인생의 마지막 위기를 넘기게 된다. 이제현은 사태 수습을 위해 우정승으로 복귀하고 공민왕은

경북 경주에 있는 구강서원. 문화재청
이제현의 학문과 덕을 기리기 위해 만든 서원으로 매년 음력 2월과 8월에 제사를 지낸다.

그에게 예우를 다했지만 어쨌든 그의 시대는 막을 내렸다. 기철 일파를 숙청하고 승려 신돈을 등용해서 개혁정책을 펴는 등 급진적인 정책을 펴던 공민왕과 옛 법을 준수하고 기존의 제도에 손대는 걸 싫어한 이제현과는 궁합이 맞지 않았던 것이다. 이제현은 공민왕이 자신의 말을 무시하고 신돈을 중용하는 모습을 지켜보다가 여든의 나이로 세상을 떠났다.

불꽃같은 개혁 군주인 공민왕이 보기에는 늙고 소심한 이제현이 답답해 보였을 것이다. 하지만 이제현이 성취한 것은 절대 만만하게 볼 수 있는 게 아니다. 무신정권의 잔재인 정방을 없앴고 경연제도를 도입해서 임금과 신하가 머리를 맞대고 토론할 명분을 만들었으며, 무엇보다 과거시험 과목을 시와 문장을 보는 것에서 책문으로 바꾸어 놓았다. 우리가 당연하다고 여긴 전통의 토대를 쌓은 인물이며 그가 주도한 변화는 후대에 엄청난 영향을 끼친다. 만약 고려가 무너지지 않고 쭉 이어졌거나 혹은 조선이 건국한 이후에 이런 변화를 추구했다면 이제현의 행적은 지금보다 더 크게 보였을 것이다. 야심차게 개혁을 추진하던 충선왕이 하루아침에 왕위에서 쫓겨나고, 원나라의 승인까지 받고 출발한 개혁기구인 정치도감이 불과 석 달 만에 문을 닫는 것을 본 이제현은 좀 더 긴 호흡으로 갈 수밖에 없었다. 그 덕분인지 최고위 관직인 문하시중을 수차례 역임하고 충선왕부터 공민왕까지 적지 않은 임금을 모셨으면서도 단 한 번도 귀양을 가지 않았다. 정치가인 이제현도 대단하지만 스승인 백이정에게 배운 성리학을 고려에 제대로 뿌리를 내렸고, 그걸 기반으로 한 지방 향리들을 대거 정계에 진출시킨 것을 보면 제자로서도 탁월했다고 할 수 있다.

스승과 제자의 선택

훗날 예학이 정적을 공격하는 수단이 되고, 가르침을 벗어나면 사문난적이라고 하면서 사람 취급도 하지 않던 조선과는 달리 초창기 성리학은 좀 더 자유로운 모습을 보였다. 그것은 폐쇄적이고 고립적이라는 성리학의 이미지와는 달리 초기 성리학자들은 백이정과 그의 제자인 이제현이 모두 외국 문명에 일찍 눈을 뜬 지식인이었기 때문에 가능했다. 넓은 견문과 그것을 뒷받침할만한 지식이 있으면 광기에 지배당하지 않는다.

수백 년 후에 성리학이 변질되었다고 해서 이들에게 책임을 물을 수는 없다. 결국 같은 길을 간다고 해도 무슨 생각을 하는지, 어떤 것을 보는지에 따라 마음가짐이 달라질 수밖에 없기 때문이다. 원나라를 통해 드넓은 세계를 봤던 백이정과 이제현의 성리학과 조선 안에만 있던 선비들의 성리학이 같으면서도 다른 결정적인 이유가 바로 여기에 있다.

스승은 세상이 싫어 술에 취했고

제자는 그 세상을 향해 허허 웃었다

10 이달과 허균

무엇을 가르치고 어떤 것을 배우느냐는 지엽적인 문제인지도 모른다. 가르침이라는 것은 단순히 학문을 전수하는 것이 아닌 어떻게 살아가야 하는지에 대한 대답이기 때문이다. 쉽게 정답을 찾을 수 없는 이 문제로 수많은 스승과 제자들이 부딪쳤지만 이달과 허균은 그들만의 답을 찾았다. 세상의 눈높이에 맞출 필요는 없다는 것으로 말이다.

광해군 1년(1609년) 여름, 경기도 여주 남한강

"저곳입니다. 스승님."

앞장 선 심우영沈友英이 걸음을 멈춰 서서는 뒤따라오는 허균許筠에게 말했다. 산 속의 오솔길을 걷느라 온몸이 땀에 흠뻑 젖은 허균은 길을 따라 흐르는 남한강을 내려다봤다. 여름이라 물이 많이 줄긴 했지만 여전히 기세 좋게 흘러가고 있었다. 길 중간에 선 심우영이 강가와 닿아 있는 기슭을 바라봤다. 커다란 바위 위에 정자가 하나 지어져 있었다. 기와 대신 초가를 얹었고 크기도 작은 편이었지만 주변 풍경과 잘 어우러졌다. 한숨을 돌리고 땀을 식힌 허균은 발걸음을 떼었다. 정자가 가까워지자 기다리고 있던 심우영의 친구 여섯 명이 두 사람을 발견하고 몸을 일으켰다. 정자 밖으로 나온 그들은 허균을 향해 고개를 조아렸다. 그들 중 우두머리격인 박응서朴應犀가 입을 열었다.

"이리 누추한 곳까지 발걸음을 해주시다니 감사합니다. 교산 어르신."

"당연히 와야지. 어디 자네들이 남인가?"

활짝 웃은 허균은 정자로 향했다. 그러다 정자의 처마에 걸린 현판을 발견하고 걸음을 멈췄다.

"무륜당無倫堂이라? 이름이 특이하군."

의미심장한 이름을 보고 미소를 짓는 허균의 말에 박응서가 대답했다.

"그렇습니다. 윤리가 필요 없는 곳이라는 뜻으로 지었습니다."

"윤리가 없다니? 그럼 사람이 아니란 말인가?"

허균의 농담에 그를 안내했던 제자 심우영이 어두운 낯빛으로 대답했다.

"언제 우리 같은 서출들이 사람 대접을 받았던 적이 있기나 합니까? 이곳에서만큼은 서출이라는 윤리 아닌 윤리를 잊고 싶어서 이리 달았습니다."

허균은 심우영과 그들 주위에 선 그의 친구들을 바라봤다. 세상에서는 버르장머리 없고 놀기 좋아하는 한량이라고 손가락질을 받고 있지만 허균은 그들의 마음속에 가시처럼 박혀 있는 아픔을 잘 알고 있었다. 딱히 대답할 말을 찾지 못한 허균을 대신해서 쾌활한 성격의 서양갑徐洋甲이 나섰다.

"자자, 이렇게 좋은 날 스승님을 모셔놓고 이 무슨 풀 죽은 얘기들인가? 어르신! 어서 정자 안으로 드시지요."

서양갑의 안내를 받으며 들어선 정자 안에는 술과 음식들이 미리 준비되어 있었다. 제일 상석에 마련된 방석에 앉은 허균은 갓을 벗고 망건 위로 흐르는 땀을 닦았다. 그러자 옆자리에 앉은 심우영이 은근히 권했다.

"스승님. 어차피 보는 눈도 없으니 갑갑한 중치막中致莫[58]을 벗으시지요."

"그렇게 하지. 나도 벗을 테니까 자네들도 벗게나."

58 조선 후기 선비들이 외출할 때 입은 도포의 한 종류

중치막을 벗고 한숨을 돌린 허균에게 심우영이 술을 권했다. 제자가 권한 술을 한 모금 마신 허균에게 박응서가 물었다.

"월과月課[59]에 세 번이나 수석을 차지하셨다고 들었습니다. 조만간 높은 관직에 임명될 것이라는 소문도 들었고요."

박응서의 얘기에 허균은 쓴웃음을 지었다.

"그래봐야 뭐하는가? 벌써부터 나에게 주는 상이 과하다는 사헌부와 사간원의 상소가 올라갔네."

그러자 심우영이 답답하다는 표정으로 말했다.

"도무지 이 나라는 우리 같은 서출이나 스승님 같은 사람들이 숨쉬고 살 만한 곳이 아닙니다."

"어디 하루 이틀 일인가? 내가 이번에 출사하게 되면 자네들을 힘껏 도와주겠네."

"스승님만 믿겠습니다."

제자인 심우영의 힘없는 대답을 들으면서 허균은 한없이 무거운 한숨을 쉬었다. 그의 제자 심우영의 아버지는 임금의 외척이자 경기도 관찰사를 지낸 심전沈銓이었다. 심전의 딸이 그의 본부인의 친어머니였기 때문에 촌수로 따지면 심우영은 허균 처의 서외삼촌이었다. 이들의 우두머리 격인 박응서는 영의정 벼슬을 한 박순朴淳의 아들이었다. 늘 싱글벙글한 모습을 보이는 서양갑은 의주목사를 지낸 서익徐益의 아들이었다. 함경도 병마절도사를 지낸 이제신李濟臣의

59 조선시대 매월 문신들을 대상으로 치르는 시험

아들 이경준李耕俊도 있었고, 나머지 무리인 박치인朴致仁과 박치의朴致毅, 그리고 김평손金平孫 역시 알아주는 사대부 집안 출신이었다. 하지만 모두 어머니의 신분이 미천한 서출이라는 이유로 천대를 받았다. 반쪽 양반이라 과거도 볼 수 없었고 집안에서는 무시와 냉대를 받기 일쑤였다. 비슷한 처지의 서출 일곱 명이 모여서 신세를 한탄하면서 지냈는데 중국의 죽림칠현竹林七賢을 흉내 내서 강변칠우江邊七友라고 스스로를 칭했다. 허균은 그들의 얼굴에 드러난 절망과 냉소, 분노를 이해했다. 세상 사람들은 먹고살 걱정 없는 처지에 배부른 고민이라고 했지만 세상을 살아가는 데는 먹고사는 것만이 전부는 아니었다.

"그때 선대왕께서 허통 상소를 승낙만 하셨어도…"

작년에 강변칠우들이 선조에게 서얼에게도 과거를 볼 수 있게 해달라고 연명으로 상소를 올렸다. 하지만 선조는 아무 답변도 하지 않고 승하했다. 그나마 왜란 중에는 수급을 가져오거나 곡식을 바치면 관직을 내려주었지만 전쟁이 끝나자 그마저도 없애버렸다. 결국 나라가 위급할 때나 필요할 때만 써먹다가 끝나고 나니까 예전으로 돌아간 것이다. 차라리 중간에 틈을 보이지나 않았다면 이들이 이렇게 절망하지도 않았을 것이라는 생각에 허균은 차마 입을 떼지 못했다.

"우리는 사람이 아닌가 봅니다. 아버지를 아버지라 마음 놓고 부르지도 못하고, 이게 어디 사는 건지 모르겠습니다."

사람 좋은 서양갑이 술을 벌컥벌컥 들이키고는 넋두리처럼 중얼거렸다. 다른 동료들도 표정으로 같은 생각이라고 말했다. 천출인지 아닌지를 따지는 사람들을 피해 한양을 떠나 여주까지 내려왔지만 이곳에서도 신분의 굴레를 벗지 못했다. 술잔을 내려놓은 허균이 입을 열었다.

"내가 동서고금의 경전들을 모두 찾아봤지만 서얼을 차별해야 한다는 구절은 눈을 씻고 찾아봐도 없었네. 모두 자기들만 관직을 독차지하려는 자들의 소행이지. 시간은 걸리겠지만 우리가 세상을 바꿔보세. 사람 힘으로 못하는 게 뭐가 있겠나?"

허균이 강변칠우 한 명 한 명의 눈을 바라보면서 위로를 하자 제자인 심우영이 술잔을 들면서 말했다.

"스승님을 모신 좋은 날일세. 다들 어깨들 펴세."

분위기를 바꾸려는 듯 심우영이 허균에게 말을 건넸다.

"그나저나 요즘 소설을 쓰신다고 들었습니다."

심우영의 물음에 허균은 빙그레 웃었다.

"아직 생각중일세. 자네들처럼 재주가 많은 서자를 주인공으로 쓸 생각이네."

허균의 대답을 들은 박응서가 물었다.

"그 자도 아버지를 아버지라고 마음 놓고 부르지 못합니까?"

고개를 끄덕거린 허균은 심우영이 채워준 술잔을 들면서 말했다.

"그렇다네. 그래서 홀로 세상 밖으로 나와서 방랑을 한다네. 그러다가 도적떼의 우두머리가 되고 나라를 뒤흔들게 될 걸세."

아직 주인공의 이름을 정하지 못한 그 소설은 자신과 강변칠우의 이야기가 고스란히 담길 터였다. 그의 얘기를 들은 강변칠우의 눈빛이 호기심으로 가득했다. 스승에게 술을 따라준 심우영이 조심스럽게 물었다.

"재미있을 것 같긴 한데 말이 나오지 않을까 염려가 됩니다."

"그래서 양반들이 안 보는 언문으로 쓸 생각일세."

허균은 맑은 표정으로 대답하고는 술잔의 술을 들이켰다. 주변 풍경은 아름다웠고 제자와 그 동료들과의 만남도 기뻤지만 술맛은 한없이 썼다. 그러면서 문득 이들과 닮은 스승이 떠올랐다. 한없이 술을 사랑해서 늘 취해있던 스승 이달李達을 보다 못한 그가 물었던 기억이 난 것이다.

"스승님. 술이 너무 과하십니다. 몸을 돌보십시오."

그러자 스승 이달은 혀가 꼬부라진 목소리로 말했다.

"이 놈의 세상은 술에 취하지 않고는 배겨날 도리가 없지 않느냐? 내가 술에 취한 게 아니라 세상이 날 취하게 만든 것이니라."

스승은 그렇게 살다가 떠났다. 당대 최고의 시인이자 천재였지만 서출이라는 이유로 버림과 냉대를 받다가 세상을 등진 것이다. 허균은 눈앞에 있는 이 젊은이들만큼은 그런 스승의 길을 걷게 하지 말아야겠다고 마음속으로 다짐했다.

시대의 반항아

사람들은 말한다. 자칭 혁명가라는 자들이 선동을 해서 나라가 어지러워지고 사회가 혼란스러워진다고. 혁명가들은 말한다. 어지러운 국가와 혼란스러운 사회를 보고 견디지 못하고 떨쳐 일어났노라고. 여기 시대를 온몸으로 저항한 사람이 있다. 천재이며 불온한 지식인이었고 광인이면서 현명한 사람이었다. 몸을 굽힐 줄 몰랐고 호기심을 숨기지 않았다. 자신의 소설《홍길동전》의 주인공처럼 살기를 꿈꿨던 불온한 스승과 자신의 신분을 뛰어넘고자 했던 제자의 거센 몸부림은 한 시대의 모순과 아픔을 그대로 보여주는 자화상이었다.

> 타고난 성품이 총명하고 책을 많이 읽어서 글을 잘하였다. 그러나 사람됨이 경망하여 볼 만한 것이 없다.

> 행실도 수치도 없는 사람이다. 오직 문장에 재주가 있어서 그나마 인정을 받았지만 선비들은 그와 더불어 서는 것을 부끄러워하였다.

> 성품이 총명하고 문장에 능하였으나 몸가짐이 점잖지 못해서 선비들이 천하게 여겼다.

> 사람됨이 간사하고 또한 행실이 바르지 못했다.

《조선왕조실록》에 나오는 허균에 대한 평가들이다. 똑똑하고 아는 것이 많으며 문장을 잘 짓는다는 평가와 더불어 행실이 바르지

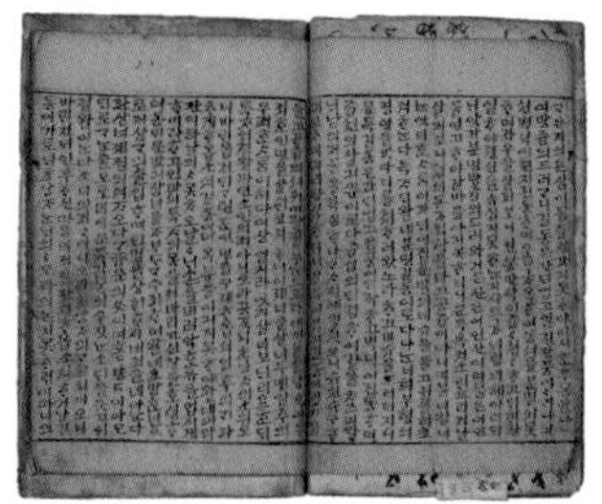
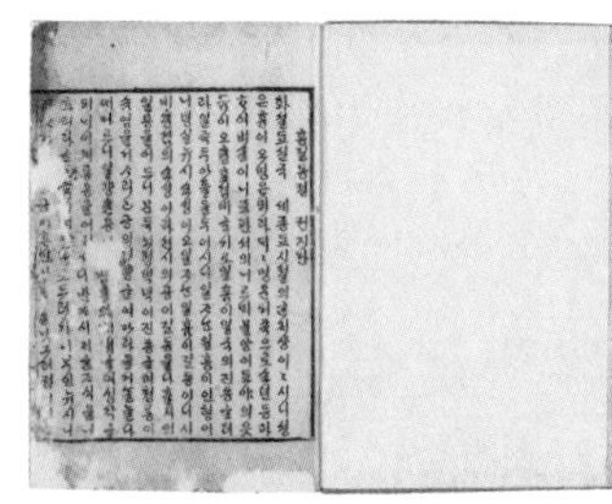

최초의 한글소설 허균의 《홍길동전》. 국립중앙박물관

못하고 경망스러우며 간사하다는 얘기가 따라붙는다. 대체 한 사람에 대한 평이 맞나 싶을 정도로 극과 극의 기록이 남은 것은 당사자가 세상의 시선 따위는 아랑곳하지 않고 살아갔다는 것을 의미한다. 그가 바로 《홍길동전》의 저자이자 조선시대 내내 용서받지 못한 반역자 허균이었다.

허균은 아쉽게 실패한 혁명가라는 이미지가 강하다. 하지만 실록의 기록이나 그가 남긴 저작들을 보면 허균은 사실 혁명가라기보다는 자유롭게 살기를 원했던 자유인에 가깝다. 물론 그가 자유롭게 살기 위해서는 조선이 거의 혁명적으로 바뀌어야 가능했다. 그렇기에 혁명을 꿈꾼 불온한 남자 허균의 삶은 세상과의 싸움으로 얼룩졌다. 고려 말에 들어온 성리학은 임진왜란이 일어날 즈음에는 사상적으로 충분한 발전을 이루지만 시간이 지나면서 차츰 문제점을 들어낸다. 특히 양반들의 기득권이라고 할 수 있는 노비제와 서얼금고법庶孼禁錮法과 얽히면서 점차 어두운 그림자를 드리웠다.

나의 가난이 이해되지 않을 때 타인의 부유함은 부러움이 아닌 증오의 대상이 되는 법이다. 조선시대 서출들이 느끼는 심정이 그랬다. 서얼금고법이라고 불리는 이 법은 사실 역사적 전통이 있는 것은 아니었다. 조선 초기 슬금슬금 징조가 보였다가 15세기 후반, 대략 성종의 치세 때 일종의 관습법으로《경국대전》에 들어간 것이 시작이었다. 그리고 이 시기는 조선이 안정기로 접어들면서 과거를 볼 수 있는 양반의 숫자가 늘어나기 시작한 시점과도 일치한다. 오늘날의 사법고시와 비교되는 조선시대 과거제도는 양반의 지위를 유지하기 위해서는 반드시 합격해야만 했다. 할아버지가 아무리 높은 관직에 올랐다고 해도 자식과 손자가 뒤를 이어서 과거에 합격해서 출사하지 못하면 양반의 지위를 유지하기 어려웠다. 조선시대 양반의 지위는 돈이나 노비의 숫자로 결정되는 것이 아니라 조정에 출사해서 어떤 벼슬을 했는가에 따라 유지되었다. 따라서 양반들은 모두 과거시험에 필사적으로 매달렸다. 그리고 당연히 엄청난 경쟁률을 보였기 때문에 조금이라도 경쟁자를 줄이기 위한 여러 가지 진입장벽들이 세워졌다.

그중 대표적인 것이 바로 첩의 자식이면 어머니가 양인이건 노비이건 모두 과거를 볼 수 없게 하는 서얼금고법이었다. 비록 절반이긴 하지만 양반이라는 사실에 매달려 있던 서얼들은 당연히 반발했다. 그중에서도 양인 출신의 어머니를 둬서 비교적 여유가 있던 서자들의 반발이 컸다. 이 서얼금고법은 당사자인 서얼은 물론 적자 출신의 지식인에게도 악법으로 작용했다. 하지만 기득권을 유지하기 위해서는 이보다 더 좋은 방법은 없었기 때문에 쉽사리 없어지지 않았다. 단순히 과거시험 자격을 박탈하는 데 그치지 않고 서얼들을 확실하게 차별함으로써 집안 내부의 재산 상속이나 주도권 경쟁에

《난설헌집》, 허난설헌, 강릉시립, e-뮤지엄
1606년 난설헌이 27세로 죽자 동생 허균이 유고를 모아 18년 뒤에 간행한 시문집이다.

서도 한층 유리했기 때문이다. 처음에는 양반들 사이에서 통용되던 이 법은 차츰 일반 백성에게까지 퍼지면서 온 나라가 서얼들을 차별하게 되었다.

허균이 활동하던 시기는 이 서얼금고법이 굳어져 가던 시기였다. 갑갑한 조선 사회를 조롱하고 뒤엎으려고 했던 그의 모습은 조선 왕조가 존속되는 기간 내내 용서받지 못했지만 오늘날에는 매혹적인 인물로 비춰지면서 종종 쿠바의 혁명가 체게바라와 비교되기도 한다. 그의 행적과 미스터리한 죽음에 대해서는 많은 얘기들이 오가고 있지만 정작 그가 왜 조선 사회의 규범과 형식을 거추장스러워하고 증오하게 되었는지에 대해서는 별다른 관심을 기울이지 않는다. 허균이었으니까 그랬을 것이라는 막연한 추측만 할 뿐이다. 그러나 의외로 허균은 명문이라고 할 수 있는 양천 허씨 집안에서 태어났다. 그의 아버지 허엽許曄은 경상도 관찰사를 지냈던 인물로 명망과 학식이 있었다. 그의 큰형 허성許筬도 병조판서를 지냈고 둘째 형 허봉許篈은 사헌부 장령을 지냈다. 거기에다 허균까지 과거에 합격해서 관직을 받았으니 조선시대 기준으로는 명문 중의 명문에 해당된다. 게다가 서자도 아니었기 때문에 그들의 아픔을 느끼거나 공감할 이유도 없었다. 그런 그가 서얼들의 심정을 이해하게 된 것은 바로 둘째 형 허봉의 친구이자 당대에 이름난 시인인 이달을 스승으로 모셨기 때문이다.

족쇄가 채워진 운명

중종 34년인 1539년에 태어난 이달은 조선 초기 사헌부 대사헌과 홍문관 대제학을 역임한 쌍매당 이첨李詹의 후손이었지만 서자의 신분이었다. 비록 서자이긴 했지만 어렸을 때부터 책 읽기를 좋아하고 시를 잘 지었다. 붓글씨 솜씨 또한 좋아서 선비로서 갖춰야 할 모든 덕목을 지녔지만 단 하나, 어머니의 신분이 미천하다는 이유로 빛을 보지 못했다. 그럭저럭 낮은 관직을 받긴 했지만 곧 때려치우고 마음이 맞는 친구들과 어울려 시를 짓는 일로 세월을 보냈다. 그와 교류한 인물로는 최경창崔慶昌과 백광훈白光勳 같은 당대의 저명한 시인은 물론 임진왜란 때 전사한 의병장 고경명高敬命과 허균의 둘째 형인 허봉이 있었다. 훗날 정승의 자리까지 올라간 박순朴淳 역시 그와 가까이 지낸 사이였다.

원래 이달이 좋아했던 시인은 소동파로 잘 알려진 송나라의 소식蘇軾이었다. 하지만 어느 날 박순이 시는 역시 당나라 시가 최고라면서 이백李白의 시를 소개했다. 그걸 보고 충격에 빠진 이달은 이백

이달의 《손곡집》에 있는 시 일부를 초록한 《손곡시초》, 작자미상. 대전향토, e-뮤지엄

과 당나라 시인들의 시집을 가져다가 고향인 강원도 손곡리에 은거했다. 그리고 몇 년 동안 시를 보고 또 보면서 실력을 갈고 닦았다. 그리고는 당나라 풍의 시를 지어서 친구들에게 보여주었다. 그러자 최경창과 백광훈은 나는 도저히 이런 시를 쓸 자신이 없다며 혀를 내둘렀다. 고경명과 허봉은 당나라의 유명 시인에 못지않은 솜씨라면서 신라와 고려 때를 통틀어서 이런 시를 지은 사람은 없을 것이라고 칭찬했다. 이렇게 당나라 풍의 시를 완벽하게 소화한 이달은 최경창, 박광훈과 함께 당나라 시를 잘 짓는 삼당시인三唐詩人으로 불렸는데 그중에서도 이달이 으뜸으로 꼽혔다.

그의 특별한 재능은 소수의 지지자와 친구들, 그리고 그의 재능을 질투하고 미워했던 다수의 사람들을 만들어냈다. 이달은 그런 주변의 사정을 아는지 모르는지 세상을 떠돌면서 시를 짓는 일에 열중했다. 시를 짓고 유랑을 하면서 세상을 잊어버리려고 했는지도 모른다. 정조 때 편찬된 주요 인물들의 전기집인 《국조인물고國朝人物考》에는 이달이 시대의 미움을 받았다고 나와 있다. 장담하건데 이달도 시대를 미워했을 것이다.

이달이 허균을 언제 만나고 가르침을 주었는지는 정확하지 않다. 다만 허균이 자신이 쓴 책에 남긴 기록으로 봐서는 허균이 열네 살 무렵인 선조 15년인 1582년 즈음에 형인 허봉과 함께 있던 이달이 찾아왔다는 내용이 남아 있다. 그것으로 봐서는 그 이전에 인연

《한정록閑情錄》, 허균, 문경새재박, e-뮤지엄
은거자를 위한 교양서로 17권 4책으로 구성되어 있다.

을 맺은 것으로 보인다. 두 사람이 약 서른 살의 나이 차이가 있으니 원숙한 이달이 가르친 허균은 아주 새파란 어린아이였을 것이다. 정조 때 문인인 홍만종洪萬宗이 쓴《소화시평小華詩評》에는 이달과 허균의 첫 만남이 다소 삐딱했다고 서술한다. 형 허봉의 집에 갔던 허균이 먼저 와 있던 이달을 보고도 전혀 예의를 차리지 않았다. 아마 서자라고 무시했던 것으로 보인다. 그런 동생의 모습을 본 허봉이 짐짓 이달에게 시를 한 수 부탁하면서 운을 띄었다. 그러자 이달은 기다렸다는 듯 멋진 시를 한 수 읊었다. 깜짝 놀란 허균이 비로소 자세를 갖추고 벗이 되었다는 내용이다.

멋진 첫만남이지만 애석하게도 사실이 아니다. 앞서 얘기한대로 이달은 허균보다 서른 살이나 많았고 형인 허봉이 존경하는 친구였다. 따라서 첫 만남 때 서자라는 이유로 불손하게 굴 수도 없었고, 이미 시인으로서 명성이 자자한 이달이 굳이 능력을 보일 필요도 없었다. 어쨌든 이달이 한참 어린 허균의 스승이 된 것은 친구인 허봉의 부탁 때문이었다. 어린 허균에게 이달이 가르쳐준 것은 자유로움이었다. 자신을 천대하는 지긋지긋한 세상에 대한 분노를 시에 고스란히 적었던 이달은 시간이 흐르면서 차츰 원숙한 모습을 보이기는 했다. 하지만 그것은 시의 기교가 변한 것일 뿐 가슴속에 담은 분노나 회한까지 사라진 것은 아니었다.

재능은 뛰어났지만 쓸 곳이 없었던 이달은 전국을 유람하면서 마음 내키는 대로 살았다. 무례해보일 정도로 거침이 없었기 때문에 선비들에게 방탕하고 예의를 모른다는 손가락질을 받았다. 하지만 그는 개의치 않고 자신만의 삶을 살면서 시를 짓고 전국을 유랑했다. 그러면서 보고 느꼈던 경치와 그럴 수밖에 없는 자신의 처지, 그리고 방랑하는 탓에 오랫동안 만나지 못한 친구들에 대한 그리움을 시로 남겼다. 이달이 허균을 얼마나 가르쳤는지는 알 수 없다. 하지만 허균의 자유분방한 삶을 보면 얼마나 그가 큰 영향을 미쳤는지 알 수 있다. 아울러 허균이 승려와 기생, 서자 등을 가리지 않고 교류를 했다는 점에서도 스승 이달의 그림자를 느낄 수 있다. 허균은 안동 김씨 집안의 여인과 첫 번째 결혼을 했는데, 아내의 외할아버지가 바로 심전이었고 심전의 서자가 바로 심우영이었다. 허균과 심우영이 스승과 제자 사이라는 얘기가 있는데 그게 사실이라면 허균은 서자 스승에게 배우고 서자 제자를 둔 셈이다. 심우영은 훗날 계축옥사의 시발점이 된 강변칠우의 일원이 되었다.

천재이자 광인

이달에게 가르침을 받던 허균은 임진왜란이 터진 다음 해인 선조 27년 1594년에 과거에 합격한다. 하지만 전쟁의 폭풍은 그를 비켜가지 않았다. 부인과 아들이 전쟁 통에 목숨을 잃은 것이다. 슬픔을 뒤로 한 채 관직에 나간 그는 뛰어난 문장과 재치의 소유자로 당장 사람들의 눈길을 끌었다. 특히 문장에 뛰어나고 친화력이 좋아서 명나라에서 온 사신을 접대하거나 명나라에 사신으로 가면서 많은 성과를 거두었다. 그러면서 한때 병조좌랑에 오를 정도로 실력을 인정받는다. 하지만 그의 자유분방한 성격과 신분을 가리지 않고 사람을 사귀는 성정 때문에 수많은 탄핵을 당한다. 그러면서도 시와 문장을 짓는 솜씨가 탁월했으니 실력 대신 체통과 점잖음을 앞세운 사람들에게 얼마나 미운털이 박혔을지 짐작이 간다. 그가 관직에 오르고 파직당한 과정은 대략 비슷하다. 그의 능력을 본 임금이 중용을 하면 얼마 후에 그를 탄핵하는 상소가 올라왔다. 임지에 부임해서도 기생을 옆에 끼고 살다시피 하고, 승려와 교류를 하고 사찰을 거리낌 없이 드나든다는 것이다. 거기다 미천한 자와 호형호제를 하고 지내니 두고 볼 수 없다는 내용이었다.

파직과 복귀, 그리고 파직을 반복하던 허균은 선조가 죽고 광해군이 즉위하면서 잠깐 숨통이 트인다. 그의 이복형인 허성이 정권을 장악한 북인의 실세였기 때문이다. 하지만 과거시험 감독관으로 임명되었다가 부정 시비에 휘말리면서 이번에는 아예 전라도 함열로 유배를 떠나고 말았다. 낯설고 쓸쓸한 유배지에서 홀로 지내게 된 허균은 아이들을 가르치는 한편, 자신의 문집을 엮으면서 한글로 된 소설을 한 편 쓴다. 바로 최초의 한글소설 《홍길동전》이다.[60] 《홍길동전》은 당대에는 거의 읽히지 못했고, 그가 저자라는 사실조차 나중에 알려질 정도로 빛을 보지 못했다. 하지만 그 안에 담긴 내용은

60 현재는 훨씬 앞에 나온 설공찬전이 최초의 한글소설로 인정받고 있다.

불온하며 자유분방한 허균의 사상이 고스란히 녹아 있다. 아마 천재적인 재능을 가졌지만 불우했던 스승 이달과 번듯한 양반의 자식으로 태어났지만 어머니가 미천하다는 이유로 제대로 대접받지 못했던 제자 심우영, 그리고 심우영이 가담한 서자들의 모임인 강변칠우가 이 소설을 쓰는 데 큰 영향을 미쳤을 것이다. 허균은 《홍길동전》만큼 유명하지는 않지만 또 한 편의 한문소설을 썼는데 바로 스승인 손곡 이달을 주인공으로 하는 《손곡산인전孫谷山人傳》이다. 이 소설에서 허균은 스스로 해설자가 되어서 불우한 스승의 처지와 그럼에도 불구하고 당당하게 살아가는 모습을 그리고 있다. 《홍길동전》과 《손곡산인전》을 완성한 허균은 유배에서 풀려나 복직한다. 그리고 사신으로 명나라를 다녀온다. 돌아온 그가 맞닥뜨린 것은 제자인 심우영이 가담한 강변칠우의 살인사건이었다.

《역상易象》, 허균. 문경새재박, e-뮤지엄
'주역'의 역법을 풀어 설명한 책으로 2권 1책으로 이루어져 있다.

박응서와 서양갑, 심우영 등이 주축이 된 강변칠우는 명문가의 서자들로 구성된 불온한 모임이었다. 반쪽 양반인 자신들의 신세를 한탄하면서 자연스럽게 모인 이들은 처음에는 선조에게 상소를 올려서 과거를 볼 수 있게 해달라고 간청했다. 하지만 선조는 물론 뒤를 이은 광해군도 꿈쩍하지 않자 절망한 이들은 여주의 남한강변에 무륜당이라는 정자를 짓고 술로 시름을 달랬다. 그러면서 차츰 불손한 생각들을 갖게 되었다. 맘 놓고 얘기할 수 있는 동료들이 있으니 비난의 수위는 높아졌고 그러다가 사고로 이어졌다. 유흥비를 마련하기 위해 상인을 죽이고 돈을 빼앗은 것이 들통 난 것이다. 살인죄를 저지른 이들은 모두 체포되어서 한양으로 압송된다. 지금도 부잣집 자제의 일탈은 가십거리인 것처럼 이때도 큰 화제를 모았다.

다들 수군거리는 와중에 이들을 다른 곳에 활용할 생각을 한 사람이 있었다. 바로 광해군의 측근이자 대북大北의 실력자인 이이첨李爾瞻이었다. 선조의 아들이자 세자인 광해군은 어머니가 후궁인데다가 둘째 아들이었기 때문에 끊임없이 세자의 자리를 위협받았다. 거기다 전쟁이 끝난 후 선조가 인목대비를 맞아들이고 영창대군을 낳으면서 광해군의 위치는 다시 흔들린다. 방계로서 왕위에 오른 선조는 정비의 자식인 영창대군을 왕세자로 삼으려고 했기 때문이다. 그러다가 선조가 갑작스럽게 숨을 거두면서 가시방석에 앉아 있던 광해군은 꿈에도 그리던 옥좌에 앉는다.

광해군을 후원하던 대북은 정권을 장악하게 되자 반대파들을 숙청할 계획을 추진한다. 가장 큰 골칫거리인 광해군의 형 임해군을 제거한 대북의 다음 목표는 바로 영창대군과 인목대비의 아버지이자 선조의 장인이었던 김제남金悌男이었다. 이들이 살아 있는 한 언제 자신들을 겨냥한 역모가 일어날지 몰랐기 때문이다. 이런 와중에 강변칠우의 살인사건이 터지자 이이첨은 이들과 엮어서 제거할 계획을 꾸민다. 이이첨이 회유한 사람은 맨 처음 체포된 박응서였다. 허균의 스승인 이달과 친분이 있던 박순의 서자였던 그는 이이첨의 회유에 넘어가서 심문장에서 폭탄 선언을 한다. 우리는 단순한 도적들이 아니라 나라를 뒤집을 역모를 꾸몄다고 자백한 것이다.

박응서가 자백한 계획은 거창하다 못해 휘황찬란했다. 일단 무사 3백 명을 모집해서 궁궐을 습격하는 것이 계획의 핵심이었다. 그리고 조정의 고위 관리에게 뇌물을 써서 같은 편을 궁궐의 수문장이나 선전관으로 심어둘 계획도 세웠다. 역시 같은 편인 정협鄭浹을 훈련대장에 앉혀서 최종적으로 궁궐을 공격하기로 한 것이다. 세부 계획도 털어놨는데 일단 광해군을 죽이고 그 다음은 세자까지 없앤 다음에 옥새를 가지고 대비, 그러니까 인목대비에게 수렴청정을 시킨다는 것이다. 그리고 한양의 성문을 굳게 잠그고 반대파들을 모조리 죽인 다음 서양갑을 영의정에 앉혀서 국정을 장악하려고 했다. 그리고 마지막으로 유배 중인 죄인들을 석방해서 지지 세력으로 삼고 지방관까지 같은 편으로 모조리 교체한 다음에 영창대군을 옹립하고 명나라의 승인을 받는다는 것이 최종 계획이었다.

어디까지나 계획이었기 때문에 구체적인 준비를 하지는 못했고 인목대비나 영창대군에게 알리지도 않았다고 털어놨다. 아울러 상인을 죽이고 재물을 탈취한 이유도 군자금을 마련하기 위해서였다고 진술한다. 거창하기는 한없이 거창한데 막상 구체적인 준비는 없다고 한 대목을 보면 이 계획의 실체가 무엇인지 어렵지 않게 짐작할 수 있다. 아마 무륜정에서 술에 취해서 떠들면서 오갔던 얘기들이었을 것이다. 역모 아닌 역모 같은 이 사건은 계축옥사로 확대되었다. 살인강도에서 졸지에 역적이 된 강변칠우는 고문을 못 이겨 하나둘 입을 열었다. 허균의 제자 심우영은 박응서의 계획이 사실이라고 자백했다. 그나마 완강하게 부인하던 서양갑은 어머니와 형이 끌려와서 죽게 되자 심경의 변화를 일으키고 이이첨의 입맛에 맞는 자백을 했다. 박응서가 같은 편을 궁궐의 수문장이나 선전관으로 심기 위해 뇌물을 주려고 했던 조정의 고위 관리가 다름 아닌 김제남이라고 자백한 것이다.

불똥은 이렇게 역모의 배후가 된 김제남은 물론 인목대비에게도 튀었다. 인목대비가 선조의 병환을 의인왕후의 탓이라고 보고 그녀의 무덤인 유릉에 무당을 보내서 저주를 했다는 얘기가 나온 것이다. 의인왕후는 어릴 때 어머니를 잃은 광해군을 돌봐줬고 나중에는 양어머니가 되었다. 따라서 의인왕후에 대한 저주 행위는 곧 광해군을 겨냥한 것이나 다름없었다. 인목대비를 모시던 상궁과 나인들이 차례대로 잡혀와 고문을 당하면서 의혹은 사실로 변해갔다. 박응서를 제외한 강변칠우는 모두 처형당했고 김제남을 비롯한 연루자들도 모두 목숨을 잃었다. 최종 목표인 영창대군은 폐서인이 되어서 강화도 교동에 위리 안치되었다. 다른 유배형과는 달리 집 주변에 가시나무를 잔뜩 심어서 밖으로 나오지 못하도록 한 것이다. 그리고 얼마 후 병이 들어 숨을 거두면서 의혹으로 시작해서 역모로 이어진 계축옥사는 막을 내린다.

강변칠우가 맨 처음 체포되었을 때 명문가의 자식들이 살인강도를 저질렀을 리 없다고 의심하는 사람들이 많았다. 따라서 이들을 체포한 포도대장도 선불리 처리하지 못했다. 그 사실을 안 이이첨이 포도대장을 배후에서 움직여서 박응서를 회유한 것이 계축옥사의 실체라는 것이 실록의 기록이다. 물론 이런 식의 음모론은 정여립의 역모를 비롯해서 대부분의 사화나 옥사에서 나오는 얘기다. 하지만 강변칠우의 역모 사건 같은 경우는 이이첨의 음모에서 비롯되었다는 얘기는 거의 정설이다. 이 계축옥사는 허균에게도 여파를 미쳤는데 강변칠우와 가깝게 지냈으며, 특히 그중 한명인 심우영은 그의 제자였기 때문이다.

신변의 위협을 느낀 허균은 대북의 실력자이자 계축옥사의 배후인 이이첨을 찾아간다. 그러면서 내내 비주류 혹은 자유인으로서의 허균을 벗어던지고 대북의 일원인 허균으로 변신한다. 강변칠우의 죽음을 보고 살기 위해서 고개를 숙인 것인지, 아니면 더 큰 꿈을 위해서 잠시 대북의 일원이 되었는지는 알 수 없다. 어쨌든 탁월한 문장가이자 전문 외교사절인 허균은 이이첨에게 큰 환영을 받는다. 그러면서 허균은 고속 승진을 하게 된다. 명나라에 여러 차례 드나들면서 신임을 받은 그는 정2품 예조판서의 자리까지 오른다. 관직을 얻기만 하면 얼마 못 가서 파직 당하던 때와는 달리 대북이라는 든든한 방패가 생긴 덕분이었다.

하지만 그를 받아들인 이이첨은 물론 대북은 그의 본심을 의심했다. 자신에 대한 의심이 완전히 사라지지 않자 허균은 신임을 얻기 위해서였는지, 아니면 진심이었는지 모를 행동을 취한다. 인목대비의 폐출 논의에 앞장선 것이다. 유교 국가인 조선에서 어머니를 쫓아내자는 얘기는 절대 입 밖으로 낼 수 없는 말이었다. 왕의 이복동생인 영창대군이 넘어갔던 대북 내부에서도 반대의 목소리가 터져 나왔다. 가장 강력하게 반대한 사람은 이이첨과 더불어 대북의 지도자였던 기자헌奇自獻이었다. 결국 허균이 폐출 논의에 앞장선 것은 스스로 무덤을 판 꼴이 되었다. 가뜩이나 의심의 눈길을 거두지 않던 차에 빌미를 제공한 것이다. 결국 기자헌의 아들 기준격奇俊格

에게 역모를 꾸미고 있다는 공격을 받던 와중에 측근이 벽서를 남대문에 붙이는 사건이 발생한다. 벽서 사건의 배후로 의심을 받은 허균은 사실이 아니라는 상소문을 올리지만 결국 체포되고 만다. 실록에는 허균 역시 나름대로 역모를 꾸몄다고 나온다. 그가 사건 백정이나 서자들을 이용해서 여진족과 왜구가 쳐들어온다는 흉흉한 소문을 퍼트려서 도성을 혼란에 빠트렸다는 것이다. 임진왜란이 끝난 지 20년도 안 지났고 여진족의 세력이 점차 커지고 있는 상황에서 이러한 소문으로 불안감을 부채질함으로써 도성에 사는 백성들 상당수가 피난을 떠나게 했다는 얘기였다. 하지만 허균이 이렇게 백성들이 모두 떠난 텅 빈 도성에서 무엇을 하려고 했을지는 의문이다. 허균이 저지른 일들은 역모라기보다는 불안감 조성에 불과했고, 그나마 계축옥사 때의 강변칠우처럼 구체적인 거사 계획도 없었다. 따라서 허균의 역모 사건 역시 모략 전문가인 이이첨의 작품이라는 얘기 역시 실록에 실려 있다. 이즈음 허균의 딸이 세자의 후궁으로 입궐하는 일이 생긴다. 세자빈의 아버지가 바로 이이첨이라는 점을 감안하면 그가 허균을 경계할 이유는 충분했다.

때 이른 죽음

광해군 10년인 1618년 허균에게 최후가 찾아왔다. 그의 최후는 드라마틱했는데 절차와 자백을 중시한 조선시대에서는 이례적으로 순서를 밟지 않고 신속하게 처형된 것이다. 그의 반대파였던 기자헌조차 절차를 무시한 처형에 우려를 표할 정도였다. 하지만 허균은 죽음과 함께 빠르게 잊혀졌다. 그가 죽은 이후에도 광해군은 끊임없이 옥사를 일으켜서 죄인을 양산해냈다. 만주지방에서 세력을 떨치기 시작한 후금과 명나라와의 관계 문제도 복잡하게 돌아갔다. 그리고 허균이 죽은 지 6년 후인 1623년 조선 왕조 시대에 벌어진 마지막 성공한 쿠데타 인조반정이 일어난다. 그를 죽음으로 몰아넣었던 이이첨도 이때 목숨을 잃는다. 그 와중에 허균은 반역자로 낙인찍혔고 잊혀져갔다.

우리나라 최초의 음식평론서인 《도문대작屠門大嚼》을 쓰고 기생 매창梅窓의 무덤 앞에서 제문을 바칠 정도로 자유분방했던 허균에게서 스승인 이달의 영향을 깊게 느낄 수 있다. 허균 역시 스승인 이달을 몹시 존경하고 그의 처지를 안타까워했다. 죽은 장소와 날짜까지 알 수 있던 허균과는 달리 이달은 언제 죽었는지 명확하지 않다. 어쨌든 허균이 죽기 전에 세상을 떠난 것은 확실하다.

스승 이달의 죽음을 애통해한 허균은 그가 남긴 시를 모아서 문집을 엮는다. 제목은 이달의 호를 따서 《손곡집》으로 정했는데, 허균이 직접 쓴 서문에는 스승의 죽음을 안타까워하면서 그가 쓴 시가 천년 후에도 남기를 바라는 간절한 염원이 담겨 있다. 《손곡집》은 허균이 죽기 몇 달 전에 완성되었다. 어쩌면 허균이 자신의 최후를 예감하고 서둘렀는지도 모른다.

처형장에서 죽음을 맞는 순간 허균이 자신의 삶을 후회했을지, 아니면 자랑스러워했는지는 알 수 없다. 하지만 그의 자유분방함과 도전의식, 불합리에 맞서는 기백의 밑바탕에는 스승인 이달의 가르침이 있었다. 이달이 허균이었고, 허균이 이달이었다.

세상의 눈높이

언뜻 보면 미천한 스승에 망나니 제자의 조합이었다. 스승은 재주가 아깝다는 평을 듣긴 했지만 평생을 주변에서 떠돌면서 살아야 했고, 제자는 조선시대가 막을 내릴 때까지 그 이름을 입에 언급하지 못하는 죄인으로 남아야 했다. 하지만 두 사람은 그들을 증오하던 사람들을 뒤로 한 채 오늘날까지 이름을 남겼다. 불행했지만 별처럼 빛나는 삶이기도 했다.

무엇을 가르치고 어떤 것을 배우느냐는 지엽적인 문제인지도 모른다. 가르침이라는 것은 단순히 학문을 전수하는 것이 아닌 어떻게 살아가야 하는지에 대한 대답이기 때문이다. 쉽게 정답을 찾을 수 없는 이 문제로 수많은 스승과 제자들이 부딪쳤지만 이달과 허균은 그들만의 답을 찾았다. 세상의 눈높이에 맞출 필요는 없다는 것으로 말이다.

참고문헌

1장 이색과 정도전

- 조유식, 《정도전을 위한 변명》, 휴머니스트, 2014
- 이익주, 《목은 이색의 삶과 생각》, 일조각, 2013
- 도현철, 《목은 이색의 정치사상 연구》, 혜안, 2011
- 김용옥, 《삼봉 정도전의 건국철학》, 통나무, 2004
- 삼봉 정도전 선생 기념사업회, 《정치가 정도전의 재조명》, 경세원, 2004
- 이상훈, 《전략전술의 한국사》, 푸른역사, 2014
- 조항덕, 〈삼봉 정도전의 개혁사상〉, 《동양철학연구》 제70집, 2012년
- 정만조, 〈목은 이색의 역사적 위상과 영남의 여맥〉, 《민족문화논총》 제50집, 2012
- 이형우, 〈우왕의 정치에 대한 일고찰 : 출생배경과 폐위, 죽음을 중심으로〉, 《한국인물사연구》 제16호, 2011
- 조선왕조실록 사이트

2장 송시열과 윤증

- 이한우, 《숙종, 조선의 지존으로 서다》, 해냄, 2007
- 이한, 《논쟁으로 본 조선》, 청아, 2014
- 이경구, 《17세기 조선 지식인 지도》, 푸른역사, 2009
- 이성무, 《조선을 만든 사람들》, 청아, 2009

- 정재훈, 〈17세기 우암 송시열의 정치사상〉, 《한국사상과 문화》 42권, 2008
- 손흥철, 〈우암 송시열의 예송의 특징과 의미〉, 《충남대학교 유학연구》 제26집, 2012년
- 장세호, 〈우암 송시열의 예송관〉, 《철학논총》 제30집, 2002
- 김용흠, 〈숙종대 전반 회니시비와 탕평론: 윤선거·윤증의 논리를 중심으로〉, 《한국사연구》 148, 2010
- 이형성, 〈명재 윤증에 대한 후대 평가와 추숭〉, 《충남대학교 유학연구》 제20집, 2009
- 김상희, 〈17세기 예송의 정치사적 의미에 대한 재해석: 송시열과 윤휴를 중심으로〉, 중앙대학교 석사학위 논문, 2004

3장 박규수와 김옥균

- 김명호, 《환재 박규수 연구》, 창비, 2008
- 신동준, 《개화파 열전》, 푸른역사, 2009
- 김명호, 《초기 한미관계의 재조명》, 역사비평사, 2005
- 조재곤, 《그래서 나는 김옥균을 쏘았다》, 푸른역사, 2005
- 박은숙, 《김옥균 역사의 혁명가 시대의 이단아》, 너머북스, 2011
- 김옥균·박영효·서재필 저, 조일문·신복룡 역, 《갑신정변 회고록》, 건국대학교 출판부, 2006
- 박은숙, 《갑신정변 연구》, 역사비평사, 2005
- 김영작, 〈김옥균의 사상과 행동〉, 《사회과학연구》 제16집, 2003
- 김종학,〈이노우에 가쿠고로와 갑신정변〉, 《동양정치사상사》 제13권 제1호, 2014
- 박재우, 〈김옥균과 갑신정변에 대한 고찰〉, 《영동문화》 제9집, 2004

4장 우륵과 계고

- 이정숙, 《신라 중고기 정치사회 연구》, 혜안, 2012
- 송지원, 《한국 음악의 거장들 그 천년의 소리를 듣다, 한국 음악 명인열전》, 태학사, 2012

- 정해임, 〈가야금의 창조와 우륵의 예술세계에 관한 연구〉, 《한국의 철학》 통권 제46호, 2010
- 백승충, 〈于勒의 망명과 신라 大樂의 성립〉, 《한국민족문화연구》 29, 2007
- 이정숙, 〈진흥왕대 우륵 망명의 사회 정치적 의미〉, 《이화사학연구》 제30집, 2003
- 정동락, 〈우륵의 생애와 활동: 정치적 측면을 중심으로〉, 《민족문화논총》 제42집, 2009
- 네이버 지식백과 - 삼국사기 완역본

5장 송익필과 김장생

- 이한우, 《조선의 숨은 왕》, 해냄, 2010
- 장세호, 《사계 김장생의 예학사상》, 경인문화사, 2006
- 신정일, 《조선을 뒤흔든 최대 역모사건》, 다산초당, 2007
- 이종호, 《구봉 송익필》, 일지사, 1999
- 이희환, 《조선정치사》, 혜안, 2015
- 김태완, 〈사계 김장생의 예학과 사회정치사상〉, 《율곡사상연구》 21권, 2010
- 최영성, 〈정여립의 생애와 사상〉, 《동양고전연구》 제37집, 2009
- 최진식, 〈조선 중기 정여립 사건에 대한 연구〉, 인하대학교 석사학위 논문, 2001

6장 김정희와 허련

- 김상엽, 《소치 허련》, 돌베개, 2008
- 황지원, 《김정희의 철학과 예술》, 계명대학교 출판부, 2010
- 강행원, 《한국문인화》, 한길아트, 2011
- 양진건, 《제주 유배길에서 추사를 만나다》, 푸른역사, 2011
- 유홍준, 《김정희》, 학고재, 2006
- 김용수, 〈소치 허련에 관한 연구〉, 수원대학교 석사학위 논문, 2014
- 이금자, 〈조선시대 남종화의 유입과 발전 연구〉, 호남대학교 석사학위 논문, 2011
- 안외순, 〈추사 김정희와 윤상도 옥사, 그리고 정치권력〉, 《동방학》 제28집, 2013

• 김규선, 〈새로 발굴된 추사 김정희의 암행보고서〉, 《한민족문화연구》 제38집, 2011
• 박철상, 〈추사 김정희의 금석학 연구: 역사고증적 측면을 중심으로〉, 계명대학교 석사학위 논문, 2011

7장 이승희와 김창숙

• 김삼웅, 《심산 김창숙 평전》, 시대의 창, 2006
• 권기훈, 《심산 김창숙 연구》, 선인, 2007
• 박해남, 《마지막 선비 심산 김창숙의 삶과 생각 그리고 문학》, 한국국학진흥원, 2009
• 이형성, 〈한주학파 성리학의 지역적 전개양상과 사상적 특성〉, 《국학연구》 제15집, 2009
• 권대웅, 〈한말 한주학파의 계몽운동〉, 《대동문화연구》 제38집, 2001
• 김종석, 〈한계 이승희의 공자교운동과 유교개혁론 문제〉, 《철학논총》 제38집, 2004
• 김기승, 〈한계 이승희의 독립운동과 대동사회 건설 구상〉, 《한국민족운동사연구》 50, 2007
• 권오영, 〈한계 이승희 선생: 만주·노령방면 항일독립운동가〉, 《2000년》 통권 301호, 2008년

8장 김굉필과 조광조

• 한명기 외, 《16세기, 성리학 유토피아》, 민음사, 2014
• 이한우, 《왕의 하루》, 김영사, 2012
• 한국인물사연구원, 《기묘사화》, 타오름, 2011
• 김범, 《사화와 반정의 시대》, 역사의 아침, 2015
• 김범, 《연산군》, 글항아리, 2010
• 한희숙, 〈중종비 폐비 신씨의 처지와 그 복위논의〉, 《한국 인물사 연구》 제7호, 2007

• 박준규, 〈조광조의 정치활동과 사회개혁에 관한 연구〉, 경기대학교 석사학위 논문, 2009
• 이상성, 〈정암 조광조의 정치지도자론〉, 《동양철학연구》 제70집, 2012

9장 백이정과 이제현

• 임용한, 《시대의 개혁가들》, 시공사, 2012
• 고혜령, 《고려 후기 사대부와 성리학 수용》, 혜안, 2001
• 이승한, 《혼혈왕, 충선왕》, 푸른역사, 2012
• 이한, 《폭군의 몰락》, 청아, 2009
• 이익주, 〈14세기 전반 성리학 수용과 이제현의 정치활동〉, 《전농사론》 7, 2001
• 장동익, 〈이제현, 권한공 그리고 주덕윤: 고려 후기 성리학 수용기의 인물에 대한 새로운 이해〉, 《한국의 철학》 제49호, 2011
• 장유진, 〈고려 후기 성리학의 수용〉, 서강대학교 석사학위 논문, 2000
• 이형우, 〈노국대장공주와 공민왕의 정치〉, 《한국인물사연구》 제12호, 2009
• 유경래, 〈고려 공민왕 대 연저수종공신에 대한 일고찰〉, 《한중인문학연구》 제30집, 2010
• 네이버 지식백과 - 국역 고려사

10장 이달과 허균

• 허경진, 《허균평전》, 돌베개, 2002
• 이이화, 《허균의 생각》, 교유서가, 2014
• 한명기 외, 《17세기 대동의 길》, 민음사, 2014
• 신봉승, 《조선 정치의 꽃 정쟁》, 청아, 2009
• 오항녕, 《광해군 그 위험한 거울》, 너머북스, 2012
• 한명기, 《광해군》, 역사비평사, 2000
• 김종서, 〈「손곡산인전」과 이달의 생애〉, 《한문학보》 제11집, 2004

스승을 죽인 제자들

1판 1쇄 인쇄 2015년 9월 9일
1판 1쇄 발행 2015년 9월 15일

지은이 정명섭

발행인 양원석
본부장 김순미
책임편집 엄영희
해외저작권 황지현, 지소연
제작 문태일
영업마케팅 이영인, 정상희, 윤기봉, 우지연, 김민수, 장현기, 정미진, 이선미

펴낸 곳 ㈜알에이치코리아
주소 서울시 금천구 가산디지털2로 53, 20층(가산동, 한라시그마밸리)
편집문의 02-6443-8841 **구입문의** 02-6443-8838
홈페이지 http://rhk.co.kr
등록 2004년 1월 15일 제2-3726호

ISBN 978-89-255-5725-0 (03900)